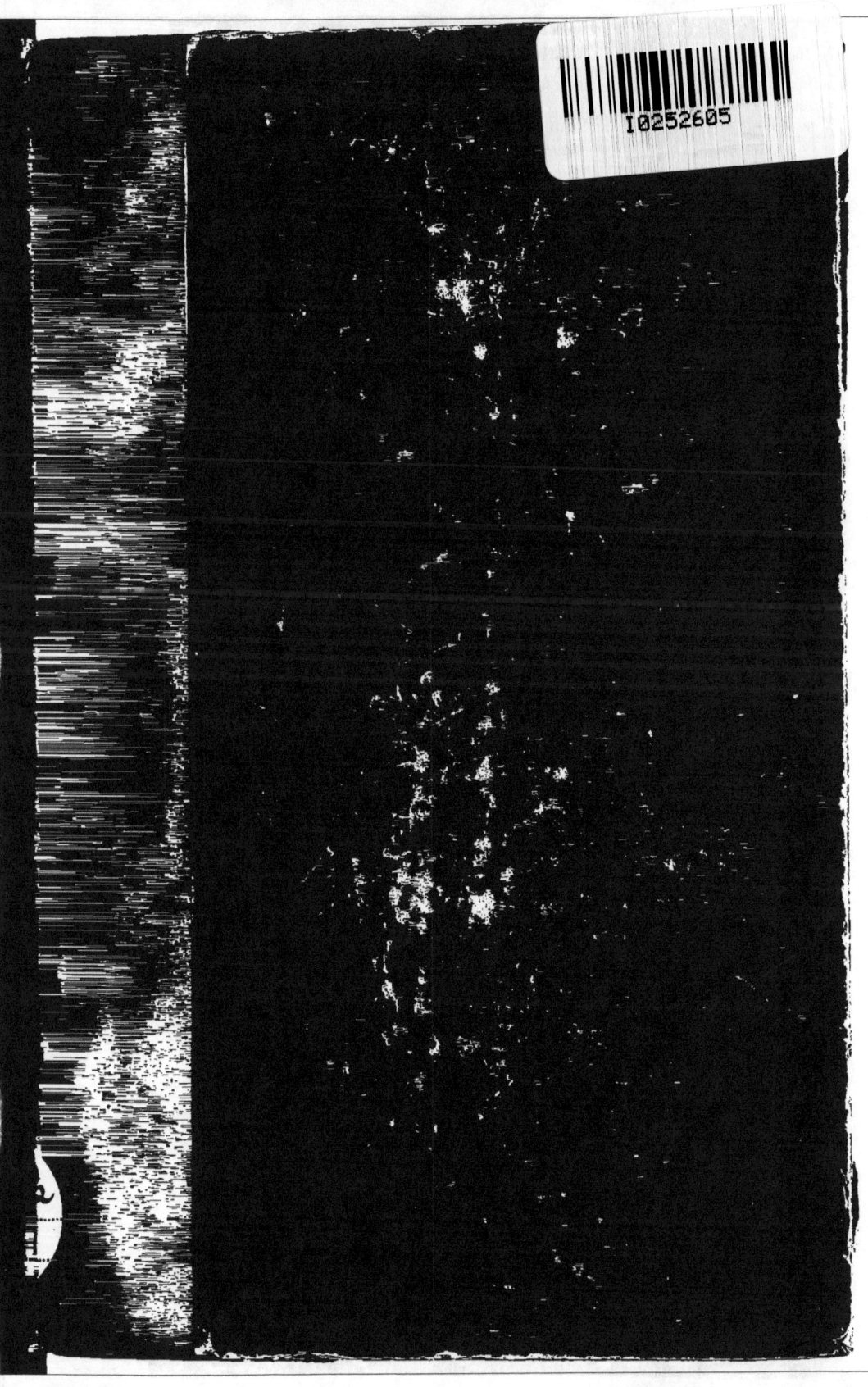

HISTOIRE MUNICIPALE

DE GRENOBLE.

HISTOIRE MUNICIPALE

DE

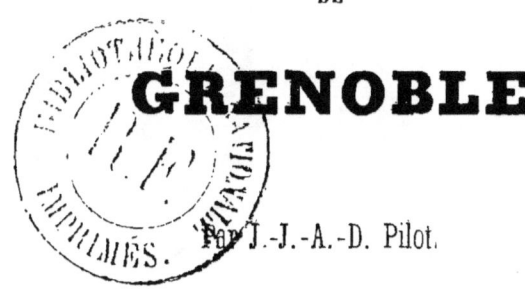

GRENOBLE

Par J.-J.-A.-D. Pilot.

GRENOBLE,
IMPRIMERIE DE PRUDHOMME, RUE LAFAYETTE, 14.

1843.

PRÉAMBULE.

Cet ouvrage, résultat du dépouillement des vieilles archives de Grenoble, travail dont l'auteur a été chargé par M. Berriat, ancien maire de cette ville, est entièrement nouveau, étant rédigé d'après des documents inédits et ignorés pour la plupart, d'après les chartes originales, les lettres patentes et autres titres tirés de ces mêmes archives; il comprend tout ce qui est relatif et qui peut se rattacher à l'ancienne organisation municipale dans la capitale du Dauphiné, dès l'époque la plus reculée. Destiné, aussi, à faire connaître quelles furent les formes successives de cette organisation municipale, quels furent les efforts et les luttes de nos pères, soit pour veiller au maintien de leurs immunités, désignées, dans le moyen âge, sous le nom de *bonnes coutumes*, de *libertés* et de *franchises*, soit pour défendre ces immunités lorsqu'elles étaient attaquées, soit pour leur donner plus d'extension ou pour obtenir de nouvelles concessions, cet ouvrage est, proprement parlant, l'histoire du peuple; il est divisé en plusieurs paragraphes ou chapitres, tels que:

Immunités romaines, à Grenoble; — immunités, sous les Bourguignons et sous les rois Francs; — traces d'une organisation municipale, à Grenoble, aux dixième, onzième et douzième siècles; — charte municipale de Grenoble, de l'année 1244; — nouveaux priviléges concédés aux habitants de Grenoble par l'évêque Guillaume III, par le dauphin Humbert Ier et la dauphine Anne, en 1294; — charte du 1er septembre 1316 contenant l'explication donnée par l'évêque Guillaume IV et le dauphin Jean II, à divers priviléges de la ville mal interprétés par les officiers des deux seigneurs; — nouvelles libertés et nouveaux priviléges accordés aux habitants de Grenoble par Henri, dauphin, et par Humbert II, en 1321 et en 1336; — confirmations des libertés et franchises des habitants de Grenoble; — prestations de serments des dauphins et des évêques de Grenoble de conserver et de maintenir les libertés et les franchises de la ville; — prestations de serment des officiers du dauphin et de l'évêque de Grenoble, d'observer et de faire observer ces mêmes libertés et franchises; — prestation de serment de fidélité des habitants de Grenoble au dauphin et à l'évêque; — noms des habitants de Grenoble qui prêtèrent serment de fidélité au nouveau dauphin Charles, successeur d'Humbert II et à l'évêque Jean II de Chissay, en 1350; — plaintes, émeutes et séditions des habitants de Grenoble pour le maintien et la conservation de leurs libertés et franchises; — faits et actes des consuls de Grenoble pour la défense et le maintien des libertés et des franchises de la ville;

— exemption de tous droits de péages en faveur des habitants de Grenoble; — atteintes portées aux libertés et aux franchises des habitants de Grenoble par Louis XI et par les rois dauphins, ses successeurs; — régime consulaire, depuis l'époque la plus reculée jusqu'en 1790; — liste des consuls de Grenoble, année par année, depuis 1244 jusqu'en 1790; — mairie; — maires de Grenoble depuis 1790, etc., etc.

A cet ouvrage sont jointes de nombreuses et de curieuses notices sur l'ancienne maison commune, le beffroi, la garde urbaine, l'horloge, les archives, le sceau et les armoiries de la ville; sur les portes, les tours, les ponts, les remparts et les agrandissements successifs de la cité; sur ses rues, ses places et ses prisons; sur son hôtel de monnaies; sur ses édifices publics, ses églises, ses hôpitaux et ses établissements de bienfaisance; sur ses écoles et son université; sur ses confréries, ses fêtes et ses usages particuliers; sur ses mimes et les jeux des mystères; sur les pestes, les épidémies et autres fléaux qui ont affligé cette ville; sur son ancienne administration et ses anciens revenus; sur ses foires, son ancien commerce et son ancienne industrie, etc., de manière à faire connaître sous tous les rapports l'état ancien de la cité.

HISTOIRE MUNICIPALE

DE GRENOBLE.

§ Ier. — *Immunités romaines, à Grenoble.*

Quelque vagues et incomplets que soient les renseignements qui nous restent sur l'ancienne administration de notre ville, au temps de la domination romaine dans notre contrée, il est certain, du moins, que Grenoble (1), à cette époque, était une cité municipale, qu'elle choisissait elle-même ses magistrats, et que ses habitants, inscrits à Rome dans la tribu Voltinienne, jouissaient, à peu de chose près, des avantages et des priviléges attachés au titre et à la qualité de citoyen romain. Ces faits résultent du rang qu'occupait la province dont Grenoble faisait partie, des prérogatives nombreuses accordées aux colons et aux indigènes de cette province, et des inscriptions et autres monuments parvenus jusqu'à nous, ou dont les auteurs nous ont transmis le souvenir.

Ces inscriptions, surtout, sont le témoignage le plus authentique des franchises romaines dont jouit de bonne heure notre ville; elles constatent qu'il y eut, à Grenoble,

---

(1) Grenoble (*Gratianopolis*), ainsi nommé, selon toute apparence, de l'empereur Gratien, porta d'abord le nom de Cularo qu'on trouve dans une lettre de Munatius-Plancus à Cicéron, dans les itinéraires et sur des marbres : le même nom se lisait au-dessus des anciennes portes de cette ville, fondées par les empereurs Dioclétien et Maximien.

dès le règne d'Auguste, des édiles chargés de la surveillance et du soin de la police locale, des duumvirs attachés au maniement des affaires publiques, et des décurions remplissant à la fois les fonctions d'intendants, de juges et de sénateurs ; double preuve que Grenoble, à l'époque dont nous parlons, offrait déjà tous les avantages d'une organisation municipale sage et régulière. Ces inscriptions, en même temps, nous font connaître que Grenoble, assimilé aux colonies italiennes, était une ville de droit italique ; c'est-à-dire que ses principaux priviléges consistaient dans le domaine quiritaire des immeubles, dans l'exemption de la capitation et dans une juridiction réelle, donnée aux officiers municipaux. Quant aux noms et au rang de ses officiers, il devait y avoir, outre les quinquenals, nommés, chaque cinquième année, pour présider au cens et pour recevoir les déclarations des citoyens, un premier magistrat décoré du titre pompeux de dictateur, deux duumvirs, dix décurions, quoique leur nombre pût être moindre (ces décurions étaient appelés aussi sextumvirs ou septemvirs, suivant qu'ils étaient au nombre de six ou de sept), un édile, qui souvent réunissait à ses fonctions celles de secrétaire ou celles de questeur, et trois triumvirs, préposés à l'entretien des routes ; ils étaient tous élus annuellement par les curies et pouvaient être continués dans leurs charges. Voici les noms de quelques-uns de ces administrateurs de notre ville, les plus anciens que nous ayons trouvés, et dont les marbres nous ont conservé le souvenir :

Sextus-Julius-Condianus, flamine de la jeunesse, cinq fois questeur-édile (1) ;

(1) SEX. IVL. CONDIANI. DEF. ANN. XXV.
FLAMINIS. IVVENTVTIS. Q. C. V. AEDIL.
M. VALERIVS. IVLIANVS. SOCER ET
VAL. SECVNDILLA. CONIVGI. PIISSIMO.

Aux dieux mânes de Sextus-Julius-Condianus, flamine de la jeunesse, questeur de Cularo pour la cinquième fois, édile ; Marcus-Valerius-Julianus son beau-père, et Valeria-Secundilla, à un époux le plus pieux.

Inscription sur un sarcophage d'une seule pierre, trouvé dans le massif de la porte de l'évêché, détruite en 1803. Ce sarcophage, aujourd'hui dégradé et dont la capacité est de 2 mètres 40 centimètres de

Titus-Cassius-Mansuetus, flamine de Virbius, secrétaire-édile, depuis, duumvir judiciaire (1);

Caius-Papius-Secundus, cinq fois décurion (2);

Un autre Secundus, septemvir (3).

long sur 60 centimètres de large, est placé contre le mur du collége : son inscription paraît dater du siècle d'Auguste; hauteur des lettres, 56 millimètres.

(1) T. CASSIO
MANSVETO
FLAMINI VIRB.
SCRIB. AED.
IIV. IVR. DIC.
CASSIA ATTIA
PATRVELI.

A Titus-Cassius-Mansuetus, flamine de Virbius, secrétaire-édile, duumvir judiciaire (IIVIR IVRE DICENDO); *Cassia Attia, à son cousin germain paternel.*

Inscription trouvée dans la rue Saint-Jacques.

(2) D. M.
G. PAPIO SECV
NDO DECVRIO
NI C. V. INTERCEP
TVS AN. XXXX ET
SECVNDANO FILIO
EREPTVS AN. X
SENIA MARCVLA
CONIVGI
KARISSIMO
SVB ASSCIA
DEDCAV.

Aux dieux mânes, à Caius-Papius-Secundus, décurion de Cularo pour la 5ᵉ fois, enlevé à quarante ans; et à Secundanus, son fils, mort à l'âge de dix ans : Senia Marcula, à un époux le plus cher, a dédié sous la hache.

Cette inscription, qui, par la forme des lettres, paraît appartenir au premier siècle de l'ère chrétienne, a été trouvée, comme celle de Condianus, dans les fondements de la porte Viennoise ou porte de l'évêché, démolie en 1803; la pierre sur laquelle elle est gravée existe contre le mur du collége : hauteur des lettres, 45 millimètres.

(3) T. H. C.
SECVNDO
Q. C. VIIVIR

Plus tard, nos inscriptions font aussi mention d'un *actor* ou *defensor*, espèce de tribun choisi parmi les plébéiens, hors des rangs des fonctionnaires de l'état, et chargé de la défense et de la garde spéciale de l'autorité populaire, contre les empiètements des lieutenants généraux et des gouverneurs de la province.

Ce *defensor*, qu'un modeste tombeau, élevé à sa mémoire par ses enfants et par son épouse, a sauvé de l'oubli, et qu'il nous plaît de rappeler ici à la reconnaissance publique, se nommait Fronton. Peut-être était-il de la famille de ces célèbres Fronton qui longtemps enseignèrent l'éloquence à Clermont en Auvergne, et dont l'un d'eux, devenu le précepteur de Marc-Aurèle, mérita d'être élevé au consulat par son disciple. Peut-être même fut-il du nombre de ces citoyens courageux qui, préférant l'exil à l'asservissement de leur pays natal, vinrent se réfugier en deçà du Rhône, dans le Viennois, lorsque les Visigoths s'emparèrent de l'Auvergne et qu'ils l'assujettirent à leur puissance absolue. C'est alors, en effet, qu'on pense qu'Ecdicius abandonna cette province et qu'il se retira à Grenoble où il avait déjà séjourné, et où, dit-on, il s'était fait remarquer par son désintéressement et par sa générosité (2); il était beau-frère de Sidoine Apollinaire qui avait épousé sa sœur, et fils de l'empereur Avitus qui, à ce qu'on croit, habita aussi quelque temps cette ville après son abdication : Ecdicius et Apollinaire étaient liés l'un et l'autre avec le sénateur Placidus, natif et habitant de Grenoble, nommé consul d'Occident en 481.

D. M.
FRONTONIS
ACTORIS HVIVS
LOCI MATERNA
CONIVGI KARISSIMO
RILVSA PATRI DVL
CISSIMO FACIEN
DVM CVRAVIT

(2) On rapporte que, dans un moment de famine, il nourrit, lui seul, 4,000 personnes.

ET LVDREPITES
FILIVS PARENTI
OPTIMO SVB ASCIA

Aux dieux mânes de Fronton, Actor de ce lieu; Materna, à son époux le plus cher; Rilusa, au père le plus doux, et Ludrepites, fils, au meilleur des pères, ont pris soin de faire élever ce tombeau sous la hache (1).

Le même nom d'*actor*, pris dans le même sens et dans la même signification, s'est conservé, en Dauphiné, jusqu'au moyen âge : on le trouve employé tel dans une ordonnance rendue par des arbitres nommés par le pape, au sujet de discordes survenues entre l'archevêque de Vienne, le chapitre de l'église de Romans et les habitants de cette communauté ; ordonnance, datée du jeudi avant la Pentecôte de l'année 1274, et où Guillaume Fallavel est qualifié de procureur syndic ou *actor* des hommes et des habitants de ladite ville de Romans (2). *Actor* est employé, dans ce dernier titre, comme ayant la même signification que consul, syndic ou échevin : par là, on voit que ce mot, maintenu dans un pays où furent longtemps en usage les lois romaines, indiquait encore, au treizième siècle, un officier municipal à qui était confiée l'administration d'une ville. Il paraît que l'*actor*, chez les Romains, fut, dans les derniers temps de l'empire, ce qu'était le dictateur sous la république, c'est-à-dire le premier magistrat d'une localité ; il y avait un *actor* ou *défenseur* dans les villes et dans les principaux lieux : les duumvirs et les décurions, au contraire, n'existaient que dans les seuls municipes (3).

(1) Inscription trouvée dans l'église cathédrale de Grenoble, lors des réparations faites dans cette église, du temps de l'évêque Lecamus.
(2) Archives de la ville de Romans : *Ordinatio facta per arbitros datos a Gregorio x, super discordias inter Guidonem archiep. Viennensem, et capitulum ecclesie Romanensis cum hominibus dict. ville.*
(3) *L. 28, ad. municip. L. 1 et 4, Cod., de defensor.*

§ II. — *Immunités sous les Bourguignons et sous les rois Francs.*

Les Burgondes ou Bourguignons succédèrent aux Romains dans l'administration de notre province : ceux-ci, plus modérés ou plus tolérants que les autres dévastateurs des Gaules, laissèrent aux vaincus leurs magistrats et leurs lois, se montrant, dans leur conquête, plutôt comme des amis et des alliés que comme des vainqueurs et des maîtres ; ils conservèrent aux villes de leur obéissance leurs franchises latines et leurs immunités, de sorte qu'il n'est point étonnant que ces villes, alors que l'Auvergne et les contrées voisines se trouvaient asservies, parussent offrir un asile à des citoyens opprimés et persécutés, et que ces citoyens, dépouillés de leurs droits, vinssent s'y réfugier comme dans un lieu où respirait encore une certaine liberté. Habitués, d'un autre côté, à vivre épars et disséminés, les Bourguignons s'agglomérèrent de préférence dans les campagnes, où ils prirent, avec le tiers des esclaves, la moitié des maisons et les deux tiers des terres, laissant en entier, moyennant un tribut, les propriétés urbaines à leurs possesseurs ; les forêts restèrent en commun (1). De là il résulta que nos cités municipales, malgré ce changement de pouvoir, continuèrent à se régir et à s'administrer, comme par le passé, suivant leur usage ; il en fut de même sous les premiers rois Francs, successeurs des Bourguignons, si ce n'est que les officiers municipaux commencèrent à perdre de leur autorité, et qu'aux dénominations primitives de duumvirs et de décurions furent substituées d'autres dénominations mieux connues des peuples du Nord, et, pour eux, plus simples et plus expressives, telles que celles de *scabini* et *scabiones* (on a dit depuis échevins), de *viri probi* et de

---

(1) *Lex Burgundiæ*, tit. 13, § 67 ; tit. 54, § 1 et 3 ; tit. 57 ; *ibid.*, addit. 2, lib. 2.

viri sagii (hommes probes ou prud'hommes , hommes judicieux).

Nous ajouterons que les lois romaines furent longtemps usitées et maintenues en Dauphiné ; que leur observation, dans notre contrée, sous les Bourguignons et sous les rois Francs, est un fait qu'on ne saurait contester (1), et que, tout le temps que ces lois furent en usage dans cette même province, les anciennes libertés municipales, garanties par ces lois aux citoyens, y furent, comme elles, observées et maintenues (2). A cet égard, il suffira de dire que le droit des Bourguignons, nom donné dans le neuvième siècle, soit aux mêmes lois romaines, soit aux lois particulières des Bourguignons, était encore suivi, à cette époque, dans les anciens états de ces peuples, au point qu'Agobard, archevêque de Lyon, conseillait à l'empereur Louis-le-Débonnaire, en 840, de le remplacer par le droit des Francs (3).

(1) Nos chartes et les titres anciens en fournissent plusieurs preuves ; nous citerons, de ce nombre :

Le testament du patrice Abon qui vivait dans notre contrée ; ce testament, daté du 9 des nones de mai de la vingt-unième année du règne de Charlemagne (3 mai 789), est signé par cinq témoins, conformément à la jurisprudence romaine ;

Un acte, daté de l'année 894, et qui est une confirmation faite par Louis, roi de Bourgogne, en faveur d'Isaac, évêque de Grenoble, des droits et possessions dont jouissait ce prélat dans le Viennois, le Lyonnais et la Provence, et du don de l'église et du bourg de Saint-Donat, concédés par le roi Boson à l'église épiscopale de cette même ville ; cet acte est conçu en ces termes : *A cause de la malice de quelques méchants hommes*, nous avons ordonné d'insérer, si quelqu'un se trouve opposé, en quelque chose, à notre fait, qu'il subisse aussitôt la peine infligée par la loi de Théodore, c'est-à-dire une amende de 30 livres d'or ;

Un autre acte, daté de l'année 1034, contenant une donation de divers droits, dans l'ancien mandement de Nerpol, à l'église de Saint-Laurent de Grenoble ; il est dit dans cet acte : *Nous les concédons tels que notre loi romaine nous prescrit de le faire.*

(2) De là vint la présomption légale, en Dauphiné, sauf preuve contraire : *que toutes les terres étaient franches et tous les habitants libres.* (Guy-Pape, quest. 307 ; Salvaing de Boissieu, *Traité des fiefs.*)

(3) Savigny : *Histoire du Droit romain*, tom. 2, pag. 8.

§ III. — *Traces d'une organisation municipale à Grenoble, aux dixième, onzième et douzième siècles.*

Ici, sous nos rois de la deuxième race, l'histoire commence à se couvrir d'un voile épais et obscur. Des guerres longues et sanglantes, l'oppression du peuple, la violence, la rapine, les caprices des grands devenus autant de lois, les empiétements de l'autorité militaire sur les droits du clergé (1), le faible asservi par le fort, constituent, seuls, la série des événements que présentent nos annales, pendant le règne trop long des derniers Carlovingiens et des rois de Bourgogne, et, pendant la crise qui, après la chute de ce royaume, servit de fondement à la puissance de nos anciens dauphins : partout s'offre le spectacle d'une misère triste et affreuse.

Ce n'est pas que, pendant ce même temps, le peuple des villes et des bourgs qui se sentait avili et méprisé, qui voyait sa faible industrie et son commerce ruinés par des droits onéreux de péage et de leyde (2), qui se rappelait qu'antérieurement l'on n'avait eu à supporter, ni les rigueurs de la féodalité, ni le poids des impôts, ni les charges nombreuses toujours

---

(1) Ce fut sous le règne de Charles-le-Chauve que les hauts dignitaires de l'état commencèrent à s'emparer des bénéfices ecclésiastiques, exemple que suivirent bientôt les seigneurs dans leurs terres respectives. Le concile d'Anse, tenu en 995, se plaint de *ces hommes inquiets et avides qui envahissent les biens ecclésiastiques et qui vont jusqu'à ruiner des églises par leurs violences.* A cette époque, dans les seuls environs de Grenoble, les dîmes, les droits d'oblations, de prémices, de mariage, de sépulture, etc. des églises de Sassenage, de Noyarey, de Vourey, de Lans, de Meylan, de Biviers, de Saint-Ismiers, du Freynet, du Mont-de-Lans, de Quincieu, de Nerpol, etc., etc., étaient perçus et même souvent les églises de ces lieux étaient possédées par de simples laïques. L'évêque Ponce II, d'abord, et saint Hugues, ensuite, tous les deux évêques de Grenoble, par leur sage fermeté et par leurs insinuations, firent peu à peu restituer ces droits et ces églises à leurs anciens possesseurs.

(2) Leyde, impôt sur le commerce de grains.

croissant depuis l'invasion des Francs, n'ait cessé de solliciter la remise en vigueur de ses anciennes franchises et n'ait entrepris plus d'une fois de les recouvrer à main armée ; mais que pouvaient ces efforts de bourgeois isolés et abandonnés à eux-mêmes contre la force et la supériorité imposante des hommes de guerre, contre ces populations arrachées aux campagnes toujours prêtes à obéir à la voix de leurs oppresseurs et toujours disposées à seconder en tout leur vouloir ?

Il ne fallait rien moins, dans ces circonstances difficiles et pénibles, qu'un courage civique qu'il n'appartient plus à nous d'apprécier, qu'une constance ferme et inébranlable, qu'une adresse étudiée, qu'une force d'âme peu commune, pour savoir épier et attendre le moment propice et conduire à fin un projet commencé, pour ne point se laisser abattre par des revers multipliés ni intimider par la crainte ni par les menaces dont s'armait le pouvoir. Ce sont là, cependant, de longs et de vrais sacrifices dont ne tiennent aucun compte à leurs contemporains les auteurs du temps, eux qui, pour la plupart, injustes et partials, ne se plaisent qu'à blâmer et à flétrir la conduite et les démarches de tels intrépides citoyens : c'est que ceux qui écrivaient l'histoire d'alors, qui nous transmettaient le passé, figuraient eux-mêmes au rang des oppresseurs, ou tout au moins, qu'ils soutenaient et qu'ils défendaient leur cause. A ces oppresseurs et à leurs adulateurs sont dus nos mépris, tandis qu'au contraire, reconnaissants envers nos pères, nous ne saurions trop élever ces infatigables bourgeois qui, les premiers, ont donné le signal de la grande révolte et préparé ces *conjurations communales*, ces associations de *pairs* et de *jurés*, ces petites républiques du moyen âge, dont les constitutions, achetées au prix du sang, sont restées le fondement de nos constitutions modernes.

Notre ville eut part à ce mouvement européen du moyen âge ; elle eut, elle aussi et de bonne heure, sa commune, ses franchises et ses magistrats électifs, soit que, plus heureuse et plus avantagée que d'autres cités, elle eût su conserver jusque-là quelques-unes de ses anciennes immunités, soit qu'il lui eût fallu les reconquérir une à une sur ses dominateurs. Rien de précis, toutefois, n'est parvenu jusqu'à nous à cet égard, de même qu'il n'est plus rien qui puisse, en cela, nous servir de guide et d'indication, depuis qu'un grand nombre de nos titres a été détruit lors de l'inondation de 1219 et que ceux de ces titres, qui échappèrent alors à ce premier désastre, furent eux-mêmes détruits par un incendie qui arriva en 1252 et qui consuma les archives entières de la ville (1). Malgré ce manque de documents précieux, il est à croire, cependant, que Grenoble eut moins à souffrir que bien d'autres lieux ; ce qu'il dut évidemment au maintien des lois romaines dans notre contrée et à ce qu'il eut de tout temps des droits et des privilèges à défendre. Ses citoyens donnèrent leur assentiment à un mode d'administration intervenu entre eux et l'évêque Isarne, en 955 (2) : cette ville, d'un autre côté, apparaît organisée déjà, en corps de communauté, dans la dernière moitié du onzième siècle. Le concours de ses habitants aux contrats qui les intéressaient, des établissements

(1) *Instrumentum confirmationis libertatum civitatis per dmnos Falc. epi. Gronop. et Dalphin. Vien.* (Archives de Grenoble ; *Titres*, n° 738 ; livre de *la Chaîne*, ainsi nommé parce qu'il était retenu à une table par une chaîne de fer, f° 16, *verso.*)

(2) *In quorum castra sive in terras episcopus, jam dictus, retinuit dominationem et servitia, sicut utriusque partibus placuit* (Archives de l'évêché de Grenoble ; cartulaire de saint Hugues. — *Charta de condaminis quemodo sunt inter comitem et episcopum*).

Cette charte que saint Hugues, évêque de Grenoble, nous a conservée dans l'un de ses cartulaires et qui est un manifeste par lequel ce prélat fait connaître comment les premiers comtes du Graisivaudan se sont emparé, dans ce pays, de l'autorité, en dépouillant les évêques d'une partie de leur puissance, nous apprend quel fut l'état politique de Grenoble et de son diocèse pendant une partie des dixième et onzième siècles. On lit, dans cette charte, que l'évêque Isarne, après l'expulsion des *payens* qui avaient ravagé son diocèse, ayant trouvé, dans ce même diocèse, peu d'habitants, y ramassa des nobles, des gens médiocres et des pauvres venus des terres éloignées et dont fut repeuplée la terre de Grenoble ; que cet évêque donna, à ces hommes, des châteaux pour y habiter et des terres pour les travailler ; qu'il retint, sur ces terres, la domination et les servitudes, ainsi qu'il plut aux deux parties, et que l'évêque Humbert, son successeur, posséda, comme lui, ledit diocèse en *franc aleu*, c'est-à-dire en souverain et sans dépendre de personne, ainsi qu'un évêque doit posséder sa propre terre et ses propres châteaux, comme une terre arrachée à une *nation*

de marchés et de foires et l'existence d'un conseil de prud'-hommes qu'on trouve, dans cette même ville, à ces époques, ne laissent aucun doute sur ce fait (1). Un passage, surtout, qu'on lit dans une charte datée du 5 septembre 1116 et qui est un accord moyenné entre l'évêque saint Hugues et le comte Guigues III, par les évêques de Viviers et de Die, mérite ici une attention particulière :

Que la ville de Grenoble conserve les bonnes coutumes qu'elle a eues avec les antécesseurs de l'évêque et du comte ; si l'évêque et le comte ont ajouté quelque chose à ces bonnes coutumes, que l'un et l'autre y renonce ; que la preuve en soit reçue sur le témoignage des prud'hommes (2).

Ce passage, qui se rattache à un temps antérieur à celui de l'épiscopat de saint Hugues et du gouvernement de Guigues III, du moment que leurs prédécesseurs y sont indiqués, est une preuve réelle et positive que Grenoble avait déjà ses *libertés*, ses *us* et ses *coutumes*, sous les deux premiers comtes du Graisivaudan ; us et coutumes, auxquels les successeurs de ces comtes, ainsi que les évêques, se virent forcés, plus d'une fois, de souscrire et de se montrer propices, afin de s'attirer et de s'attacher par là plus facilement la popu-

payenne ; car, est-il ajouté dans l'acte, aucun comte n'existait, dans le diocèse de Grenoble, du temps d'Isarne ; l'évêque seul possédait en aleu tout le diocèse, à l'exception de ce qu'il en avait donné lui même de sa propre volonté.

A Humbert, succéda Mallenus. Ce fut, sous cet évêque seulement, au rapport de la même charte et vers l'an 1040, que Guigues-le-Vieux, père de Guigues-le-Gras, commença à s'emparer de quelques terres dans le Graisivaudan, et qu'ayant pris le titre de comte de ce pays, se rendit bientôt, dans Grenoble, l'égal de l'évêque : de là, vint cette communauté de puissance de l'évêque et du comte, sur cette ville et sur son territoire.

(1) Archives de l'évêché de Grenoble ; cartulaire de saint Hugues, acte datant de la fin du onzième siècle : *Feudum Guigonis Guarini et Petri Ferrani ;* autres actes datés des années 1110, 1116 et 1124.

(2) *Consuetudines bonas quas habuit Gratianopolitana civitas cum antecessoribus episcopi et antecessoribus comitis habeat, et si quid super addiderit uterque dimittat, et hoc sit probatum testimonio proborum virorum* (Archives de l'évêché de Grenoble ; cartulaire de saint Hugues. — *De concordiá factá inter episcopum Hugonem et Guigonem comitem*).

lation (1). Tels furent évidemment les droits qu'accrurent et qu'augmentèrent, dans le même but, au préjudice l'un de l'autre et pour s'attacher réciproquement les habitants, saint Hugues et Guigues-le-Comte, devenus ennemis; que cet évêque et ce comte, en 1116, rétablirent comme ils existaient auparavant; *libertés* et *bonnes coutumes* que promit de conserver de bonne foi, en 1184, Hugues, duc de Bourgogne, comte du Graisivaudan du chef de sa femme Béatrix (2); que reconnurent et ratifièrent le dauphin Guigues André, fils de ce duc, et l'évêque Soffrey en 1225, et que leurs successeurs, Guigues VII et Pierre, réunirent, en 1244, en une charte connue sous le nom de *libertés et franchises de Grenoble*, l'un de nos monuments les plus précieux de cette époque. Cette charte, suivant l'usage du temps, fut donnée et lue en public: à cette lecture assistèrent le dauphin, l'évêque, leurs principaux officiers et les personnes appelées à servir de témoins,

(1) Les campagnes, à leur tour, eurent aussi leurs franchises que les seigneurs se virent forcés de leur accorder, soit pour empêcher la dépopulation des villages dont les habitants se portaient dans les villes et les bourgs, soit pour attirer et concentrer dans ces mêmes villages les populations voisines. Les guerres des croisades, auxquelles prit part notre province, dans les douzième et treizième siècles, contribuèrent également, dans plusieurs lieux, à cet affranchissement des campagnes, par l'abandon et la remise de divers droits que les seigneurs aliénèrent à prix d'argent, forcés de subvenir aux dépenses excessives qu'ils se virent obligés de faire pour leur équipement, pour celui des vassaux et pour les frais onéreux d'une expédition lointaine. Peu à peu, chaque bourg et chaque village populeux eut ses franchises; nous citerons: Moirans, Voreppe, Réaumont, Beaucroissant, Vizille, Beauvoir-du-Marc, Saint-Georges-d'Espérance, Mont-Breton, la Côte-St-André, St-Symphorien-d'Ozon, la Tour-du-Pin, etc., etc., dont les franchises et les libertés furent souvent reconnues et confirmées.

(2) *Tandem, anno* MC.LXXXIV .... *episcopus et dux taliter convenerunt.... et omnes libertates et bonas consuetudines, quas in ecclesiis et feudis et in rebus suis tam apud sanctum Donatum quam alibi constitutis, predecessores sui episcopi habuerant, se bonâ fide conservaturum asseruit* (archives de l'évêché de Grenoble, cartulaire de l'église de cette ville, f° 5. *Traité entre Hugues, duc de Bourgogne et Jean, évêque de Grenoble, touchant leurs droits communs sur la maison de la Plaine et sur la mesure des grains vendus dans les temps des foires et dans les marchés de la ville de Grenoble.*)

les *recteurs* ou administrateurs de la ville, les *clercs*, les chevaliers, les gens de négoce et les gens de métier, en un mot la population presque entière. Le dauphin et l'évêque jurèrent, sur les Evangiles, d'observer et de faire observer ce que contenait cette charte (1).

§ IV. — *Charte municipale de Grenoble, de l'année* 1244.

« Au nom de la sainte et individuelle Trinité ; qu'il soit connu à tous ceux, présents et à venir, qui verront la présente page, qu'autrefois les vénérables hommes, de bonne mémoire, Soffrey, évêque de Grenoble, et A. (2), dauphin et comte, après avoir touché les saints Evangiles, ont statué, promis et juré, pour eux et pour leurs successeurs ; de même que nous, Pierre, par la grâce de Dieu, évêque de Grenoble, et Guigues, dauphin de Viennois et comte d'Albon, fils du même A., statuons, promettons et jurons, pour nous et pour nos successeurs, et en touchant corporellement les saints Evangiles, ce qui suit :

» Que tous les hommes qui habitent maintenant et qui habiteront à l'avenir dans la ville de Grenoble ou dans les faubourgs de cette ville, c'est-à-dire dans le bourg, au delà du pont, dépendant de la paroisse de Saint-Laurent, jouissent d'une pleine liberté, quant aux tailles, aux exactions et à la *complainte* (3), nous retenant et nous réservant les bans, nos justices et les cens, sauf aussi le droit et la coutume tant de nos fiefs que de ceux de l'église de Grenoble, des chevaliers et des citoyens de la même ville.

(1) *Libertates concesse civibus Gratianopolitanis per episcopum et Guigonem dalphinum dominos ejusdem civitatis.* (Archives de Grenoble, *Titres*, n°s 707 et 738 ; livre de *l'Evangile*, ainsi nommé parce qu'il commence par l'évangile de saint Jean, f° 4, *recto*; livre de *la Chaîne*, f° 16, *verso*.)

(2) Le dauphin André, fils d'Hugues, duc de Bourgogne, et de la dauphine Béatrix.

(3) Prestation en nature.

» Or, tous ceux qui demeureront dans la ville et dans ses faubourgs seront liés, par serment, à nous évêque, et Guigues, dauphin, et à nos successeurs, étant tenus de maintenir et de défendre nos droits et ceux de l'église de Grenoble, soit dans l'intérieur de la ville, soit au dehors, et de les conserver, autant que possible, lorsqu'ils seront lésés ; et, si nous et nos successeurs le jugeons nécessaire pour la défense de nos biens, ils seront tenus, lorsqu'ils en seront requis par nous et par nos successeurs, de nous suivre en armes, jusqu'à ce que nous ayons obtenu raison de nos malfaiteurs. Nous aussi, nous devons les défendre et les maintenir, et conserver leurs biens, soit dans la ville, soit partout ailleurs, sous cette forme :

» Ceux qui, après nous avoir prêté serment, comme il est dit ci-dessus, viendront, pour la première fois, habiter dans cette ville, et pendant un an et un jour qu'ils habiteront, soit dans cette même ville, soit, au dehors, dans la circonscription de ses limites, ainsi fixées : *La maison du temple d'Echirolles* (1), *la fontaine de Jallet* (2), *la maladrerie de la Balme* (3) *et le lieu appelé les Solières* (4) ; nous devrons les défendre et garder leurs personnes et leurs biens, dans l'étendue seulement de ces limites, si, toutefois, dans leurs litiges, ils sont disposés à s'en tenir au droit : après ce délai d'un an et d'un jour, nous devrons défendre et maintenir partout leurs personnes et leurs biens. A l'égard de ceux qui viennent aux foires et aux marchés, nous mettons également tant leurs personnes que leurs biens sous notre protection, dans toute l'étendue de ces limites.

» Pour cela, nous avons statué :

» Quiconque, dans l'étendue de la ville ou de son territoire,

---

(1) Maison des Templiers, sur le territoire d'Echirolles, possédée, depuis, par les chevaliers de Malte.

(2) Fontaine au pied de l'ancien château de Gières situé au lieu du Mûrier.

(3) Maladrerie existant près de la grotte ou balme du rocher de Néron, au-dessus du village de la Buisserate.

(4) Lieu planté de saules, appelé aussi Fontaine de Saint-Jean, près du ruisseau de Rivalet, servant encore aujourd'hui de limite entre le territoire de Grenoble et celui de la Tronche.

tirera, contre quelqu'un, un couteau, une épée ou un glaive, ou lèvera sur lui une masse d'arme en fer ou ferrée, soit pour le frapper, soit dans l'intention de l'injurier, paiera 50 sols (1) à la cour (2) ; s'il ne peut point acquitter cette somme, il demeurera cinquante jours en prison, dans les fers, au pain et à l'eau, après avoir satisfait la personne injuriée : ceci ne s'entend point des enfants au-dessous de l'âge de douze ans ;

» Quiconque frappera quelqu'un avec lesdites armes, avec une pierre ou un bâton, de manière à lui occasionner la mort, ou à le priver, par suite de la blessure, soit d'un membre, soit de l'usage d'un membre, devra être arrêté et ses biens devront être confisqués ; il paiera seulement cent sols, après avoir raisonnablement satisfait la personne frappée, ou sera puni au gré de la cour, si la blessure, quoiqu'il y ait eu effusion de sang, n'a point occasionné la mort de la personne blessée ni la perte de l'un de ses membres.

» Quiconque, dans un moment de colère, frappera quelqu'un de la main ou du pied, paiera vingt sols s'il y a effusion de sang, et dix sols s'il n'y a point effusion de sang : cependant, s'il a frappé la personne de manière à la défigurer ou à lui briser des dents, il paiera quarante sols, toujours, après avoir satisfait raisonnablement la personne injuriée : s'il a tué cette personne ou qu'il lui ait meurtri un membre, il sera recommandé à la miséricorde de ses seigneurs.

» Ceux qui vendront, avec une fausse mesure, paieront soixante sols à la cour ; ils seront personnellement punis, au gré de la cour, s'ils ne peuvent point acquitter cette somme.

» Ceux qui commettront un ou plusieurs vols seront punis selon les lois et les usages.

(1) Environ 36 fr. de notre monnaie actuelle.
(2) Cour-commune de Grenoble, où la justice était rendue au nom des deux seigneurs de la ville, c'est-à-dire de l'évêque et du dauphin. Pour marque de leur juridiction commune, le sceau de cette cour portait les armes de l'un et de l'autre, accolées : un évêque, d'un côté, en crosse et en mitre ; de l'autre, les armes du dauphin ; autour de l'écu étaient ces mots : S. MAIVS COIS CVRIE CIVITAT. GRONOPOL. (*Sigillum majus communis curiæ civitatis Gratianopolis*), grand sceau de la cour commune de la ville de Grenoble.

» Ceux qui seront surpris en adultère paieront cent sols à la cour (1) : cette somme étant payée par l'un des deux coupables, l'un et l'autre seront libérés ; s'ils ne peuvent point la payer, ils seront punis au gré de la cour.

» Lorsqu'un étranger commettra un crime dans la ville, tous les citoyens pourront en tirer vengeance ; s'il ne parviennent point à l'arrêter, ils devront aller attaquer à main armée le lieu où il se sera retiré, jusqu'à ce qu'on leur ait donné satisfaction ou livré le coupable. La même chose devra s'observer, lorsqu'un habitant sera frappé, même, hors de la ville, dans l'étendue des limites indiquées plus haut, ou qu'il recevra une grave insulte.

» Lorsqu'un étranger frappera un étranger hors de la ville ou qu'il lui fera une injure, on ne devra point intervenir, à moins que ce ne soit dans les cas précités.

» Nous avons aussi statué sur la manière de procéder dans les affaires civiles. Lorsqu'un procès sera vidé judiciairement, il sera perçu, par la cour, pour dépens, quatre sols par livre à raison de la somme qui fera l'objet de la condamnation, soit qu'il s'agisse d'argent, soit qu'il soit question de possessions : dans ce dernier cas, les possessions seront évaluées par la partie condamnée. Si l'affaire se termine amiablement pendant les débats du procès, les quatre sols seront acquittés conjointement par les deux parties.

» Afin qu'il ne s'élève, dans la ville, ni rixe, ni désordre, au sujet des dettes, nous statuons qu'aucun créancier ne pourra exiger un gage de son débiteur ; mais il l'avertira trois fois, et si, après le troisième avertissement, le débiteur ne se libère point, le créancier portera sa plainte à la cour : la cour se fera payer du débiteur sept sols, pour la contumace.

» Telles sont les libertés qui ont été données et accordées, jusqu'à ce jour, auxdits habitants, par l'évêque Soffrey et le

---

(1) A Moirans, l'un et l'autre étaient conduits, nus, dans le bourg, ou bien ils payaient soixante sols : à Saint-Georges-d'Espéranche, était infligée la même peine d'aller nus, depuis une porte du bourg jusqu'à l'autre ; mais les coupables devaient courir : ils avaient la latitude de payer un *ban* ou somme d'argent, suivant les coutumes de Lyon.

dauphin et comte, d'heureuse mémoire : et nous, en les renouvelant, pour la commune utilité de cette ville, avec une bienveillante faveur et avec protection, nous les approuvons et confirmons par serment, statuant néanmoins, que toute écriture ou instrument quelconque fait ou accordé par un ou par plusieurs de nos prédécesseurs, relativement à ces mêmes libertés et qui dérogerait en quelque chose à ces priviléges, n'aura aucune force ni validité.

» Que la liberté et l'honneur antique soient toujours conservés, en toutes choses, aux clercs, aux gens de nos maisons et à la cour.

» Nous statuons également qu'aucun citoyen ne donnera, ni ne conviendra de donner quelque chose à un citoyen d'une autre ville, sous le nom de *commanderie* ou de *garde*, et s'il est reconnu qu'il ait donné ou qu'il ait reçu quelque chose, il paiera à la cour vingt sols ; de même, nous statuons que personne, dans la ville ou dans l'étendue de ses limites, ne pourra saisir ni mettre sous *ban* une possession, à l'exception de nous deux ; mais que chacun poursuive son droit par notre cour.

» Ce que nous avons concédé aux *recteurs* et à l'*université des habitants* de cette ville (1), ainsi qu'il est contenu dans les lettres que nous leur avons livrées, scellées de notre sceau, reste intact et en entier.

» Passé à Grenoble, le jour des calendes d'août, l'indiction deuxième ; l'an du Seigneur 1244 ; le pape Innocent IV gouvernant l'Eglise romaine, et sous le règne de l'empereur Frédéric ; présents les témoins à ce appelés et priés : Odon Alaman ; Roger de Clérieu ; Aymard, seigneur d'Annonay ; Pierre

---

(1) *Rectoribus et universitati ejusdem civitatis.* On appelle ici *recteurs* les administrateurs de la ville, qualifiés, dans d'autres titres, de *prud'hommes*, de *procurateurs*, de *syndics*, de *régisseurs du consulat* et de *consuls* ; cette dernière désignation est celle que l'on rencontre le plus souvent et qui a prévalu : on appelait autrefois, en Dauphiné, *consuls*, les officiers municipaux désignés ailleurs sous les noms de *syndics*, d'*échevins*, de *capitouls*, etc. — Le mot *université*, usité dans les anciennes chartes, signifie la généralité, la totalité des habitants d'un lieu ou d'une *communauté* : il est souvent employé comme synonyme de commune.

de Morges ; Aubert Auruce, maréchal (1) ; Guillaume Sibue, de Laval ; Guillaume, recteur de Chamberland ; en l'assistance de nous, G., dauphin ; de Guillaume Milon, official ; de Girard, courrier ; de Pierre, chapelain de la maison épiscopale, ainsi qu'en la présence des *recteurs*, Pierre Grinde, Humbert Gerenton, Julien Gras, Guigues Czuppi, de presque toute *l'université* de cette ville, et de Guillaume de la Tour, châtelain.

» Et afin que les choses contenues dans cette page obtiennent une ratification perpétuelle, nous précités, P., évêque de Grenoble, et G., dauphin, comte, nous les avons fait sceller de nos sceaux. »

Cette charte ayant été brûlée avec les autres titres de la ville, dans un incendie dont Grenoble eut à souffrir, en 1252, les consuls qui étaient en fonctions cette année, Chalveys, Pierre Albert, Pierre Tatucy et Antoine, demandèrent, en leur nom et en celui des habitants, aux seigneurs de la ville, la reconnaissance de cette même charte et la confirmation des libertés et franchises qu'elle contenait ; ce qui fut accordé par l'évêque Falques, successeur de Pierre, et par le dauphin Guigues, qui était encore vivant, et qui déjà avait ratifié la charte précédente (2).

§ V. — *Nouveaux priviléges concédés aux habitants de Grenoble, par l'évêque Guillaume, le dauphin Humbert Ier et la dauphine Anne, en 1294.*

« ...... D'abord, aucun habitant de la ville ne pourra ni ne devra être arrêté par la cour, sans être auparavant requis de

---

(1) Maréchal du Dauphiné, le premier officier du dauphin ; celui qui avait le commandement de l'armée.

(2) *Cum igitur predicte littere seu instrumentum casu gravi incendii civitatis Gratianopolitani essent combusta penitus et deleta petentibus et cum magna instantia supplicantibus Chalveysio, Petro Alberto, Petro Tatucy et Antonio, consulibus ejusdem civitatis, pro se et aliis suis concivibus universis prefatum instrumentum jam dicte libertatis transcribi et in publicam formam redigi fecimus.* (Archives de Grenoble; Titres, nº 738; livre de *l'Evangile*, fº 4, recto.)

fournir caution, et s'il fournit caution, il ne pourra être arrêté que dans le cas où l'on ne devrait point s'en rapporter à ses fidéjusseurs.

» Item, lorsqu'il décédera un citoyen, ayant un héritier légitime jusqu'au quatrième degré ou un héritier de droit, ou qu'il aura fait un testament ou laissé une disposition de ses biens, la cour ne pourra ni ne devra mettre la main sur ses biens ni sur une partie de ses biens, à moins que ce ne soit un usurier public.

» Item, lorsqu'un nouveau châtelain (1) ou un nouveau courrier (2) sera nommé, ils seront tenus, l'un et l'autre, avant d'entrer en exercice, de jurer, entre les mains du juge de la cour-commune (3), en présence des consuls de la ville, de conserver intacts et en entier, les droits des co-seigneurs et de la cour, les libertés et les statuts généraux et particuliers de la ville et des citoyens de cette ville : le juge de la cour-commune prêtera le même serment entre les mains du châtelain et du courrier, en la présence des mêmes consuls.

» Item, s'il est reconnu que le débiteur d'un citoyen de cette ville ou de son territoire veuille s'évader et qu'il refuse de payer sa dette et d'y satisfaire, le créancier pourra détenir lui et ses biens, en en prévenant incontinent la cour.

» Item, lorsque le châtelain du seigneur dauphin, le courrier du seigneur évêque ou le juge commun quitteront leurs fonctions, ils seront tenus de rester dans ladite ville pendant la durée de dix jours, plus ou moins, si cela est jugé à propos, et de ne sortir de la ville aucun de leurs meubles, jusqu'à ce qu'ils aient satisfait pour tout ce qu'ils doivent aux citoyens, ainsi que pour les injures qu'ils auront faites et qui seront portées à la connaissance de la cour : ce qu'ils jureront d'observer, à leur entrée en charge.

» Item, les consuls de ladite ville pourront recevoir, au nombre des citoyens et admettre aux franchises et libertés de la ville, quiconque voudra venir dans ladite ville pour y

(1) Le principal officier du dauphin, à Grenoble.
(2) Le principal officier de l'évêque, à Grenoble.
(3) Juge, nommé conjointement par le dauphin et par l'évêque, pour rendre la justice au nom des deux seigneurs.

demeurer, pourvu, toutefois, qu'avant cette réception, ils présentent ce citoyen au juge de la cour-commune, pour prêter serment de fidélité aux deux seigneurs, ou au juge lui-même, au nom desdits seigneurs. Après cette prestation et réception de serment, le juge commun fera jouir ce nouveau citoyen des franchises et libertés de la ville, comme les autres citoyens de ladite ville, ainsi qu'il est contenu dans l'ancienne franchise, pourvu cependant qu'il soit disposé de s'en tenir au droit.

» Item, les libertés, franchises et immunités accordées, dans les temps modernes, par le seigneur dauphin et ses prédécesseurs, et par le révérend père en Christ, seigneur G., par la miséricorde de Dieu, évêque de Grenoble, et par ses prédécesseurs, seront ratifiées, approuvées et confirmées par les seigneurs évêque et dauphin, qui promettront de les conserver et de ne point y contrevenir.

» Item, si les *bedeaux* de la ville (1) trouvent quelques-uns ou quelqu'un en adultère, ils ne pourront rien prendre de leurs effets ni de leurs biens; ils devront avoir seulement cinq sols pour le lit et pour les effets du lit (2). »

Ces nouveaux privilèges coûtèrent aux habitants six cents livres viennoises, payées, moitié au dauphin et moitié à l'évêque; somme dont contient quittance cette charte même, passée à Grenoble, dans la *maison neuve* du dauphin et datée du mercredi des rogations, de l'an 1294. Une telle somme, considérable pour l'époque, équivaudrait aujourd'hui à plus de 8,700 fr.: par où l'on voit que les concessions de nos anciens dauphins et de nos anciens évêques, alors qu'ils étaient souverains, n'étaient point tout à fait gratuites. On peut juger, d'un autre côté, par le chiffre élevé de cette même somme, du prix que les habitants d'une ville attachaient à leurs libertés et privilèges, du moment qu'ils s'imposaient les plus onéreux sacrifices pour obtenir la confirmation de ces libertés et privilèges ou pour s'affranchir peu à peu de quelque nouvelle servitude. Ils agissaient, en même temps, avec toutes les précautions

---

(1) Bedeau, mandeur, huissier ou sergent de ville.
(2) *Instrumentum confirmationis certarum libertatum civitatis per dominos civitatis cum certis libertatibus de novo concessis.* (Archives de Grenoble; *Titres,* no 726; livre de *la Chaîne*, fo 9, recto.)

possibles, en employant, dans la rédaction des actes de leurs franchises, les termes les plus clairs et les plus précis. La charte que nous venons de citer peut, en cela, nous donner un exemple de ces inquiétudes continuelles et de ces précautionneuses prévoyances, par lesquelles nos pères avisaient au moyen de prévenir toutes difficultés futures : ainsi, les priviléges dont il est question ayant été concédés seulement par l'évêque Guillaume et par le dauphin Humbert Ier, et ce dernier prince étant seigneur de Grenoble du chef de sa femme la dauphine Anne, sœur et héritière du dauphin Jean Ier, les habitants de cette ville, dans la crainte que les successeurs d'Humbert ne revinssent plus tard sur cette concession, crurent devoir demander, deux mois après, c'est-à-dire le 8 des calendes de juillet (24 juin) de la même année 1294, la ratification de ces priviléges à la dauphine elle-même, et à son fils Jean, dauphin, majeur de quatorze ans, comme il est dit dans l'acte (1).

Le même Jean, devenu dauphin, et l'évêque Guillaume IV, successeur de Guillaume III, confirmèrent et approuvèrent les mêmes libertés et franchises par une nouvelle charte datée du prieuré de Saint-Laurent de Grenoble, du 11 avril 1310 ; il fut ajouté à la nouvelle charte l'article suivant :

» De plus, nous ne voulons pas, et, bien plus, nous défendons expressément, nous soussignés G., évêque, et Jean, dauphin, qu'un citoyen de ladite ville puise ou doive être emprisonné pour une offense quelconque, pour un crime ou un délit quelconque, avant que la cause soit instruite par le juge de la cour commune ou qu'il en ait donné l'ordre. »

La même charte contient d'autres priviléges, concédés, aux habitants, par les deux seigneurs de la ville :

« Quiconque aura pesé, mesuré ou vendu, ou sera convaincu d'avoir pesé et mesuré, souvent et fort souvent, avec un faux poids, une fausse mesure ou une fausse aune, ne pourra être légitimement puni ou condamné par notre cour,

---

(1) *Instrumentum confirmationis libertatum civitatis Gronop. dne Anne, dalphine comitisse, et d. Johis, dalphini ejus filii, civibus et incolis concessarum.* (Archives de Grenoble ; *Titres*, n° 708 ; livre de la Chaine, f° x, verso.)

qu'à soixante sols de bonne monnaie, pour une seule fois, c'est-à-dire celle pour laquelle il a été poursuivi et condamné, ne pouvant point l'être pour les susdits excès, lors même qu'il serait prouvé et qu'il avouerait qu'il a mille fois pesé, mesuré ou vendu, avec un faux poids, une fausse mesure ou une fausse aune. Nous voulons aussi et nous ordonnons que ces faux poids, fausses mesures et fausses aunes soient remis par notre dite cour aux consuls de ladite ville, pour qu'ils les rompent et qu'ils les détruisent ainsi qu'ils le voudront et comme ils jugeront à propos de le faire. Lesdits consuls, ainsi que cela s'est pratiqué jusqu'à ce jour, et non point, nous, ni notre cour, auront à prévenir, visiter et inspecter, eux-mêmes, les marchands qui vendront du vin.

» Nous ne voulons pas, et, bien plus, nous défendons expressément que nous ou notre cour contraignions, puissions contraindre ou devions contraindre un habitant de ladite ville ou de son territoire à publier, ouvrir, donner, livrer, exiger, transcrire en aucune manière, récrire ou insérer dans le cartulaire de cette cour un testament quelconque, soit solennel, soit nuncupatif, une injonction ou dernière volonté, si la chose n'est faite ou dite expressément par le testateur lui-même, si elle n'est requise par les héritiers ou par les légataires, ou par ceux encore qui agissent pour eux et avec une clause spéciale.

» Item, nous ne voulons pas, et, bien plus nous défendons expressément que nos officiers ou que l'un d'eux, pour des injures verbales, ordonnent une enquête contre un citoyen qui habite actuellement ou qui habitera dans les limites du territoire précité ; qu'ils prononcent contre lui une condamnation ou qu'ils l'inquiètent, à moins que l'injurié n'ait, de son propre mouvement et sans y être invité, déposé sa plainte à notre cour.

» Comme les priviléges doivent toujours être interprétés le plus largement possible et l'être en faveur de ceux à qui ils sont concédés, nous voulons encore, nous ordonnons de nouveau et nous prescrivons que, s'il s'élève quelque doute ou s'il intervient quelque obscurité ou ambiguïté au sujet des priviléges, immunités ou franchises, ce qu'il y a ou ce qu'il y aura de douteux, d'obscur et d'ambigu à cet égard soit toujours interprété en faveur et pour l'utilité des hommes de ladite *université*; et si, par quelque cas ou quelque coutume, ou par une mauvaise interprétation, quelque chose de contraire aux libertés, aux priviléges et aux immunités précités a été usité, jugé ou établi une ou plusieurs fois, ou le sera jamais à l'avenir, nous ne voulons pas qu'à cause de cela ces libertés et ces priviléges puissent être enfreints en quelqu'une de leurs parties ; mais nous voulons que, nonobstant ces abus, ils restent intacts et qu'ils prévalent en entier et pour toujours, nonobstant aussi ce qu'il y a, dans lesdites lettres ou priviléges, de défaut visible ou invisible, soit dans la dictée, soit dans l'écriture, et lors même que ces lettres seraient altérées par vétusté ou par suite de peu de soin. Nous voulons seulement que lesdits consuls, bourgeois ou citoyens de ladite ville soient tenus d'exhiber, de montrer ou de produire à toute personne lesdits anciens priviléges, donations, libertés et franchises, pour la foi et pour l'approbation (1). »

Six ans après, le même Jean et le même Guillaume, sur la proposition des consuls, confirmèrent de nouveau tous les anciens priviléges de la ville, et, sur les remontrances des habitants, qui avaient à se plaindre de leurs officiers toujours assez peu disposés à favoriser les gens de communes, prescrivirent eux-mêmes l'interprétation qu'on devait donner au texte de certains priviléges dont le sens paraissait douteux, et qui était l'interprétation telle que l'entendaient ces habitants.

§ VI. — *Charte du 1ᵉʳ décembre 1316, contenant l'explication donnée, par l'évêque Guillaume IV et le dauphin Jean II, à divers priviléges de la ville mal interprétés par les officiers des deux seigneurs.*

« ...... Comme il arrive que des priviléges, les uns, à cause de la mauvaise induction qu'en tirent nos officiers ; les autres, à cause du doute et de l'obscurité qu'ils présentent, au lieu d'être interprétés, comme ils devraient l'être, dans le sens le plus favorable, le sont dans celui qui l'est le moins, et cela contre

---

(1) Archives de Grenoble; *Titres*, n° 802.

Dieu et la justice, d'où il résulte que ces priviléges, ces libertés et ces immunités des habitants sont, dans quelques cas, par suite de ce mauvais sens et de cette mauvaise interprétation, retorqués au préjudice des hommes et des personnes de la ville......; faisant droit à la supplique qui nous a été adressée par lesdits consuls; envisageant et considérant qu'il est plus louable de changer en mieux ce qui a été fait, que d'inventer du nouveau; et voulant pour ce motif traiter avec affection, avec grâce et avec faveur les hommes et les personnes de ladite *université*, voulons et concédons ce qui suit :

» S'il y a dans les priviléges, libertés et immunités précités quelque chose de peu clair, de superflu, de douteux et d'obscur, que tout cela soit déclaré, présumé, suppléé et interprété pour l'utilité et en faveur des hommes et des personnes de la ville; c'est pourquoi, dans ce but et incontinent, nous prénommés, évêque et dauphin, déclarons, interprétons, émendons et corrigeons même, comme il est indiqué ci-après, quelques chapitres ci-dessous désignés et qui sont contenus dans lesdits priviléges, libertés et immunités, et concédons de nouveau auxdits hommes et auxdites personnes quelques nouvelles franchises :

» D'abord, comme il est contenu dans ces priviléges qu'aucun habitant de la ville ne pourra ni ne devra être arrêté, sans être auparavant requis de donner caution, et que, s'il donne caution, il ne sera point arrêté, à moins qu'on ne puisse s'en rapporter à ses fidéjusseurs, pour cette raison, quelques officiers, *majeurs* et *mineurs* de notre cour, par haine, par lucre ou par malice, font arrêter quelquefois des *malfaiteurs* sans aucune réquisition, et, après les avoir fait arrêter, ne veulent point accepter les fidéjusseurs présentés, quoiqu'ils soient solvables : c'est pourquoi, pour empêcher cette malice, nous voulons, nous statuons et nous entendons que, si des malfaiteurs, habitant cette ville ou son territoire, ou qui l'habiteront, présentent réellement ou qu'un autre présente, en leur nom, une caution suffisante, et que ces officiers ne veuillent point accepter cette caution ou qu'ils soient la cause qu'elle ne soit point reçue, ces malfaiteurs et tous autres citoyens puissent résister impunément à ces officiers majeurs et mineurs et à leurs lieutenants, empêcher qu'ils ne soient pris, et, s'ils sont pris, empêcher qu'ils ne soient emmenés et détenus, de telle sorte que notre cour ne puisse enquérir contre eux, en aucune manière, pour cette défense et pour cette opposition, ni les condamner ni les molester aucunement, et, s'ils le font, que leurs poursuites n'aient aucune force.

» Item, il est contenu dans un autre chapitre desdits priviléges que la cour commune de Grenoble ne pourra faire aucune enquête, si ce n'est dans les cas concédés par le droit et par la coutume : à cause de ce mot *coutume*, lesdits officiers sont dans l'habitude de dresser des enquêtes pour tous les cas de délits, soit publics, soit particuliers, même pour les moindres choses, ce qui cause le plus grand dommage aux habitants de la ville ; c'est pourquoi, nous effaçons le mot *coutume*, et nous arrêtons que, dorénavant, aucune enquête ne sera faite par notre cour contre un habitant quelconque de ladite *université*, si ce n'est dans les cas concédés spécialement par le droit écrit, ou bien, à moins que celui qui a été lésé ne le déclare à la cour.

» Item, il est contenu dans un autre chapitre desdits priviléges que, toutes les fois qu'il décèdera un citoyen ayant un héritier jusqu'au quatrième degré ou un héritier de droit, ou que ce citoyen aura fait un testament ou laissé une disposition de ses biens, la cour ne pourra ni ne devra mettre la main sur ses biens ni sur une partie de ses biens, à moins qu'il n'ait été un usurier public : à cause de ces mots, *à moins qu'il n'ait été un usurier public*, lesdits officiers, sans distinction aucune, mettent sous la main de la loi et s'arrogent les biens de ceux qui meurent avec un testament, ou sans testament, laissant des héritiers ou des proches jusqu'au quatrième degré, disant qu'ils étaient des usuriers publics ; en quoi les hommes de ladite *université* sont grandement endommagés et lésés : c'est pourquoi, interprétant ces mots, *à moins qu'il ne soit un usurier public*, nous déclarons et nous statuons que, dorénavant, notre cour, et personne pour elle, n'aura à mettre la main sur les biens des hommes et des personnes de ladite *université* qui meurent sans testament, ni élever, par le fait ou verbalement, aucun obstacle à cet égard, pourvu cependant que ceux qui meurent ainsi laissent des parents paternels ou maternels jusqu'au quatrième degré ou des successeurs légitimes. La même cour ne mettra pas non plus la main sur les biens de ceux qui testent par nuncupation ou solennellement, ou qui font une disposition ou dernière volonté de leurs biens, de même qu'elle n'élèvera ni ne présentera, sur ce point, aucun obstacle, soit par le fait, soit verbalement, parce que nous voulons que ces volontés et ces dispositions soient observées et tenues comme des lois, sans qu'on y porte atteinte. Nous entendons et voulons que cela se pratique à l'avenir, à moins que lesdits défunts n'aient été des usuriers publics, manifestes et notoires, et qu'ils n'aient tenu en public une table ou une banque pour prêter sur usure.

» Item, il est contenu dans un autre chapitre desdits privilèges que toutes les fois que le châtelain et le courrier seront renouvelés, ils seront tenus, avant d'entrer en exercice, de jurer entre les mains du juge de ladite cour-commune, en présence des consuls de ladite *université*, de conserver intacts et sans y porter atteinte les droits des deux seigneurs et les libertés de la cour, ainsi que les statuts généraux et particuliers de la ville et des citoyens (le juge, lorsqu'il est renouvelé, devant prêter lui-même ce serment entre les mains desdits châtelain et courrier, en présence des mêmes consuls). Comme lesdits officiers refusent quelquefois de prêter ce serment, et que cependant ils gèrent et exercent leurs offices, ce qui est damnable et préjudiciable à ladite *université*, nous voulons, nous statuons et nous entendons que lesdits officiers, avant de gérer et d'exercer leurs offices, soient tenus de faire et de prêter ledit serment, personnellement et non point par substitut, et sur la réquisition desdits consuls ou de ceux qui seront consuls dans le temps; et si ces officiers, après en avoir été requis par les consuls, diffèrent ou refusent cette prestation de serment, nous voulons que, dès ce moment, les hommes et les personnes de la ville ne leur obéissent plus, et que tout ce qu'ils ont fait, ordonné, reconnu, prononcé et prescrit, avant cette prestation de serment, n'ait aucune force, comme s'ils n'eussent jamais été créés nos officiers ou qu'ils fussent des personnes privées, et que ces hommes et ces personnes de ladite *université* puissent leur résister impunément, n'étant tenus, en aucune manière, de les reconnaître ni de leur être soumis, avant cette prestation de serment : nous voulons et nous statuons également que les lieutenants desdits officiers, présents et futurs, soient tenus de faire et de prêter ledit serment avant de gérer leurs offices ; autrement, les hommes et les personnes de ladite *université* ne seront pas mieux tenus de leur obéir qu'auxdits officiers, comme il vient d'être dit. Nous voulons et nous prescrivons que tous les autres officiers qui exercent ou qui exerceront à l'avenir une fonction quelconque, soient astreints à un semblable serment.

» Item, nous statuons et nous ordonnons que, dorénavant, ce chapitre contenu dans lesdits anciens privilèges : *Quiconque, dans la ville ou dans son territoire, frappera quelqu'un avec lesdites armes, une pierre ou un bâton, de manière à lui donner la mort ou à le priver, par suite d'une blessure, d'un membre ou de l'usage d'un membre, sera arrêté et tous ses biens devront être confisqués ; mais s'il y a eu seulement effusion de sang et que le blessé ne soit point, pour cela, mort, ni qu'il ait été privé de l'usage d'un membre, il paiera seulement cent sols à la cour, après avoir satisfait la personne injuriée, au dire de la même cour,* soit compris, tel qu'il est ici écrit, quoique dans ledit chapitre ou dans l'ancien privilège soient contenus plusieurs mots pouvant changer la présente signification : nous voulons que ces mots n'aient ni effet ni vigueur.

» Item, nous concédons auxdits consuls et à toutes les personnes de ladite *université* et à chacune d'elles les privilèges, les libertés et les immunités ci-après :

» D'abord, s'il arrive que quelques-uns ou quelqu'un de ladite *université* fassent ou commettent un excès, un crime ou un délit quelconque, tant au dehors qu'au dedans des limites de ladite *université*, dont ait à se plaindre une personne étrangère, et que cet excès, ce crime ou ce délit ait été commis sur l'ordre ou le *précepte* du juge, du châtelain ou du courrier, ou de l'un d'eux, soit que ce *précepte* ait été fait individuellement et à chacun des coupables en particulier, soit publiquement et universellement par la voix du crieur des deux seigneurs, à son de trompe et par l'*application des peines* ou *avec peine*, ces délinquants, agissant ainsi par l'injonction desdits officiers, ne pourront ni ne devront être condamnés en aucune manière, ni être inquiétés, ni molestés, ni troublés, ni vexés aucunement :

celui ou ceux qui en ont donné l'ordre seront seuls punis, si telle est notre volonté.

» Item, nous voulons et nous ordonnons que lesdits officiers ou que l'un d'eux ne puissent exiger aucun gage d'un homme ou d'une personne de ladite *université*, à moins que ce ne soit qu'après que le juge commun aura examiné la cause et d'après l'ordre de ce juge : cette personne ne sera point *obérée* et il ne sera rien fait non plus de contraire aux priviléges, aux immunités, aux statuts, aux franchises et aux libertés de ladite *université*; s'il y était fait quelque chose de contraire, tous ceux de ladite *université*, les hommes et les femmes, pourraient résister auxdits officiers et ne seraient point tenus de leur obéir, devant être regardés comme des personnes privées.

» Item, nous statuons, nous voulons et nous ordonnons qu'aucune personne de ladite *université*, homme ou femme, ne soit citée par le crieur public sur les places ni dans les églises, pour un maléfice, un délit ou un crime quelconque, ni même pour un engagement contracté; mais chaque malfaiteur ou chaque individu présumé coupable sera cité, personnellement, dans la maison qu'il habite ou qu'il a coutume d'habiter, qu'il y soit, ou qu'il n'y soit point : si l'on ne trouve pas sa maison, il sera cité dans les formes du droit, à moins que ce malfaiteur ou criminel présumé ne se soit évadé ou qu'il se tienne caché. Dans ces cas, il pourra être cité par le crieur, sur les places et dans les églises paroissiales, lorsque le peuple y sera assemblé, et il pourra être sommé avec peine ou sans peine, suivant que le juge de la cour-commune croira devoir l'ordonner.

» Item, voulant l'utilité commune, les consuls pourront *jauger* et reconnaître les vases vinaires avant qu'ils soient mis en vente ; dans la perception et pour le recouvrement des *picots* (1) de vin de ladite *université*, ils devront préférer l'utilité commune de ladite même *université* à l'utilité privée de chacun des vendeurs de vin au détail, habitant, soit dans la

---

(1) Ce recouvrement des *picots* est appelé, dans d'autres titres, *dix-septain*, parce que, sur dix-sept picots que contenait la mesure des liquides, il en était perçu un au profit de la ville pour le droit de vente du vin.

ville de Grenoble, soit dans son territoire. Comme ladite *université* est fréquemment frustrée par ces vendeurs de vin, dans ses droits et dans la part de vente qui lui revient, nous voulons et nous ordonnons que les consuls de ladite *université*, présents et futurs, lorsqu'ils donneront des mesures pour la vente du vin et avant qu'on vende de ce vin, puissent dorénavant, s'ils le veulent, *jauger* et reconnaître, par eux ou par un autre, les vaisseaux exposés en vente, de manière que le droit de ladite *université* ne soit point frustré; et si les maîtres du vin ou ceux qui le vendent s'opposent à cette visite, les consuls ou le *nonce* (1) délégué par eux ne seront point tenus de leur délivrer des mesures, sans lesquelles mesures il n'est permis à personne de débiter du vin.

» Item, comme il arrive souvent que les bedeaux de ladite cour-commune ou les agents de ladite cour, sur l'ordre du juge de la même cour, exigent des gages des hommes de ladite *université*, en exécutant une sentence dudit juge, et qu'au lieu d'une somme modique, pour laquelle l'exécution se fait et doit se faire, ils prennent un gage d'une valeur double, triple ou quadruple de celle du gage à recevoir, et cela contre la volonté du débiteur, du condamné ou des gens de leurs maisons, nous voulons, nous arrêtons et nous statuons que, dorénavant, aucun desdits bedeaux ou agents n'ose exiger d'une personne quelconque de ladite *université* un gage valant plus que la somme qu'est tenu de payer le débiteur ou le condamné, et que ledit bedeau ou agent ne puisse pas non plus prendre un gage à sa volonté, lorsque le débiteur ou le condamné, ou, en son nom, sa femme ou les personnes de sa famille, lui livrent ou sont disposés à lui livrer aussitôt un gage mobilier de la valeur de la somme pour laquelle ce gage est exigé, et tel qu'on en trouverait ladite somme s'il était vendu sur la place ou déposé dans la maison des *Lombards* (2).

» Item, nous voulons, nous statuons et nous ordonnons que,

---

(1) Celui qui est chargé par un autre de remplir ses fonctions.
(2) On appelait ainsi les banquiers et les prêteurs sur gage, parce que les premiers qui firent ce commerce vinrent de la Lombardie.

dorénavant, les *vicaires* (1) et les *bedeaux* de notredite cour, qui sont à présent et qui seront dans les temps futurs dans ladite ville et dans les limites de ladite ville, puissent, sur la réquisition des citoyens ou des hommes de ladite *université*, et sur la réquisition de chacun d'eux, faire une saisie, avec une garantie suffisante de la part de celui ou de ceux à l'*instance* de qui ou desquels est faite cette saisie, et sous l'obligation de s'en tenir au droit et à la sentence de notre juge de ladite cour-commune. Lesdits *vicaires* et *bedeaux* seront tenus de faire cette saisie sans aucun salaire et sans rétribution ; mais lesdits *vicaires* et *bedeaux* ne pourront *dessaisir* que sur un mandat dudit juge commun ; il sera alors *dessaisi* (2), suivant le mandat dudit juge, et il sera payé, à celui qui aura fait la saisie, six deniers pour vacations de la saisie et de la *dessaisie*. Cependant, si le châtelain et le courrier, personnellement, faisaient eux-mêmes une saisie, ils pourraient *dessaisir* ce qu'ils auraient saisi, exigeant toujours une garantie suffisante, soit pour la saisie, soit pour la *dessaisie* ; l'un d'eux, néanmoins, le châtelain ou le courrier, ne pourrait *dessaisir*, sans une sentence dudit juge commun, ce que l'autre aurait saisi.

» Item, nous voulons, nous statuons et nous ordonnons que, dorénavant, pour une seule dette, où se trouveront plusieurs coobligés principaux ou plusieurs cautions, et pour laquelle dette chacun d'eux aura même reçu dudit juge commun un commandement individuel de payer solidairement jusqu'à un certain terme, tous, quelque nombreux qu'ils soient, et si les débiteurs principaux ne paient point, ne soient tenus de payer et ne doivent payer que sept sols pour la criée d'avertissement qui a servi de sommation.

» Item, nous voulons, nous statuons et nous prescrivons que si, dorénavant, une personne de ladite *université* est condamnée en quelque chose, contrairement à ce qui est contenu dans les franchises et libertés, soit anciennes, soit modernes, cette condamnation n'ait ni force ni validité, et que, bien plus, elle soit nulle de plein droit.

---

(1) *Vicaire*, celui qui tient la place et qui exerce les fonctions d'un autre. Il s'agit ici des bas officiers ou agents de la cour-commune.
(2) *Dessaisir*, lever une saisie.

» Nous promettons de bonne foi et en vérité, et en touchant les saints Évangiles, de maintenir toutes les choses universelles et particulières précitées; de même que nous jurons de les tenir et de les faire tenir, de les observer irrévocablement, de ne jamais rien faire contre elles, ni d'y contrevenir, ni de consentir en quelque chose à ce qu'un autre fasse contre elles ou veuille y contrevenir; mandant et ordonnant, par la teneur des présentes, à tous nos juges, châtelains et courriers qui sont actuellement à Grenoble et qui y seront à l'avenir, sous la force du serment et de la fidélité qui les attache à chacun de nous, et de la manière la plus forte que nous le puissions, d'observer, de maintenir, de faire et de garder sans aucune supercherie, sans ruse et sans artifice, toutes les choses précitées et chacune d'elles, de ne rien faire, de ne rien dire ni de rien tenter contre elles : pour lesquelles déclarations, interprétations, ordonnances et concessions précitées, nous confessons et reconnaissons véritablement avoir eu, reçu et touché desdits consuls, au nom de *l'université* précitée, deux cents livres viennoises bonne monnaie courante, savoir : cent livres pour chacun de nous; lesdites deux cents livres données aux seigneurs de la ville, pour acquérir lesdites libertés.

» Donné et fait à Grenoble dans l'église du bienheureux André dudit lieu, le mercredi, lendemain de la fête du bienheureux André, l'an du Seigneur mil trois cent seize (1).

§ VII. — *Nouvelles libertés et nouveaux priviléges accordés aux habitants de Grenoble par Henri Dauphin et par Humbert II, en* **1321** *et en* **1336**.

Non moins jaloux d'accroitre et d'augmenter leurs priviléges municipaux que de les maintenir et de les défendre contre les empiétements des officiers des deux seigneurs de la

---

(1) *Littere dominorum ep. Gratianop. et Dalphi. Vienn. declarationis libertatum civitatis Gratianop.* (Archives de Grenoble, *Titres,* nos 705 et 725; livre de *la Chaine*, fo 21, *verso*, et fo 25, *verso*; Livre de l'*Évangile*, ainsi nommé parce qu'il commence par l'Evangile de saint Jean, fo 17.)

ville, les habitants de Grenoble, qui venaient d'obtenir du dauphin Jean II les chartes de 1310 et de 1316 (1), recoururent, bientôt après la mort de ce prince, à Henri Dauphin, oncle et tuteur du jeune dauphin Guigues VIII, son fils et son successeur, pour avoir de lui, à la fois, la confirmation de ces mêmes privilèges et la concession de quelque nouvelle immunité. Suivant l'usage, la demande en fut faite par les consuls au nom de la ville ; elle fut motivée sur la fidélité des habitants, sur les services désintéressés rendus par eux aux deux coseigneurs et à leurs prédécesseurs, et sur le désir sincère de ces deux seigneurs de contribuer au bon état et au bon régime de la ville et des citoyens de Grenoble : une somme de 250 livres de bons viennois (2) fut en même temps payée, moitié au dauphin et moitié à l'évêque, pour la concession des nouveaux privilèges.

(1) Il existe une autre charte du dauphin Jean II datée de Beauvoir du 3 mars 1314 et donnée aux habitants de Grenoble, par laquelle, réglant des difficultés survenues entre eux et Hugues, son frère, seigneur du Faucigny et des mandements de Montfleuri, de Montbonnot, de Montfort et de la Terrasse, qui prétendait que ces habitants, à raison des biens et des possessions qu'ils avaient dans ces mandements, étaient tenus à l'acquittement des tailles et des charges locales qu'on y levait, ainsi qu'aux droits de péage qu'il y avait établis et aux *cas impériaux*, il déclara ces habitants exempts de toute taille, de *tolte*, de *complainte*, de toute *exaction* ordinaire ou extraordinaire, de toute espèce de *main-morte* et de toute charge servile. Les *cas impériaux*, qui auparavant étaient au nombre de six, furent, en leur faveur, réduits à trois ; on appelait ainsi certains cas où le seigneur levait un impôt sur les vassaux ; c'était lorsque l'empereur passait sur les terres du seigneur ; lorsque ce dernier armait pour l'empereur ; lorsqu'il mariait ses filles ; lorsque lui ou son fils était créé chevalier, ou qu'il était fait prisonnier. Les cas impériaux, conservés par le dauphin, furent : l'armement pour l'empereur, la chevalerie du fils aîné du seigneur, et le mariage de ses filles. Par la même charte, le dauphin exempta les mêmes habitants de tous droits de péage, pour les fruits et les choses qu'ils tiraient de ses mandements ou qu'ils y achetaient pour leur provision : les fruits et les choses qu'ils y achetaient pour trafiquer ou pour revendre furent seuls assujettis au péage. *Littere dom. nostri Johannis Dalph. super immunitate rerum et possessionum existantium in districtu territorii Gronop.* (Archives de Grenoble ; *Titres*, n° 784 ; Livre de *la Chaîne*, f° 38.)

(2) 3,600 francs environ, monnaie actuelle.

D'après cette concession, il fut permis aux habitants de se réunir pour les affaires de la commune, partout où ils le voudraient, comme ils le voudraient et quand ils le voudraient, de leur mouvement et de leur propre autorité, et ainsi qu'ils le jugeraient convenable pour l'avantage et l'utilité de la ville, des citoyens, et des personnes, sans qu'il fût besoin de présenter à cet égard aucune requête, ni d'obtenir aucune permission, soit des seigneurs de la ville, soit d'aucun de leurs officiers, et sans crainte aucune d'encourir ou de pouvoir encourir jamais, pour ce fait, une peine ou une amende quelconque, pourvu que ces assemblées ne fussent point contre les seigneurs, ni contre leurs droits. Une cloche devait annoncer ces réunions publiques : à défaut de cloche, c'était le crieur de la ville ou une personne, au choix des consuls, qui annonçait publiquement les réunions à son de trompe ; par où l'on voit que les assemblées des habitants étaient à cette époque entièrement libres et indépendantes, et qu'elles n'étaient soumises ni au contrôle ni à la surveillance d'une autorité supérieure. Les habitants agissaient seuls, de leur gré et suivant que l'exigeaient les intérêts de la commune. Ils pouvaient aussi, et comme ils l'entendaient, s'imposer et se cotiser pour toutes les sommes qu'ils jugeaient nécessaires, de même qu'ils pouvaient, de leur propre et simple vouloir, fixer à un chiffre plus ou moins élevé le montant des produits et des ressources de la ville ; lesquelles sommes et ressources et lesquels produits ils destinaient, sans se voir obligés de recourir à aucune autorisation, à l'entretien des chemins, des remparts, des portes et aux besoins de la cité. En un mot, ils agissaient entièrement, en tout ce qui regardait et qui concernait les affaires de la ville, avec une liberté pleine et entière.

La liberté du commerce fut également garantie aux mêmes habitants par les deux seigneurs : il fut stipulé, dans la charte que nous citons ici et d'où nous tirons ces renseignements, que les hommes et les citoyens de la ville et de son territoire pourraient trafiquer à leur gré, vendre ou acheter toutes choses et toutes marchandises, quelles qu'elles fussent et sous quelque dénomination qu'elles fussent connues, sans que le dauphin, l'évêque ou leur cour, ou quelqu'un pour eux, pût ou dût jamais exiger, percevoir, recouvrer, *extorquer* le moindre droit ou la moindre rétribution desdits vendeurs ou acheteurs et de leurs héritiers ou successeurs, pour leurs personnes, leurs biens ou leurs choses, à l'occasion desdits marchandises, ventes, achats ou contrats, et cela nonobstant les lettres ou priviléges que ces seigneurs ou leurs prédécesseurs auraient accordés à qui que ce fût ; à moins que ces personnes ne fussent des usuriers publics, manifestes et notoires, tenant publiquement un banc ou une table pour prêter sur usure, et à moins aussi que ces mêmes personnes n'eussent aucun parent jusqu'au quatrième degré, qu'elles n'eussent point de successeurs légitimes, ou qu'elles fussent décédées sans tester. Toutes les marchandises achetées ou vendues au poids devaient l'être à la grosse livre de quinze onces. Les marchands, les changeurs et un conseil de *prud'hommes* de la ville avaient l'inspection des monnaies étrangères au pays, dont la libre circulation était une des franchises des habitants, et qu'ils pouvaient visiter et examiner comme ils le jugeaient à propos et quand il le voulaient. Il était donné connaissance de cette visite et de cet examen aux consuls : ceux-ci notifiaient le tout au juge de la cour-commune, qui, sur leur réquisition et sur celle des changeurs, des marchands et du conseil de prud'hommes, faisait publier le cours de ces monnaies étrangères, suivant leur vraie valeur et suivant leur aloi.

Les rapines et les vexations des gens de guerre, toujours portés à la licence lors de leur passage ou de leur séjour dans une ville, et dont, probablement, avaient eu à se plaindre les habitants de Grenoble, furent aussi également prévues dans la nouvelle charte. Les deux seigneurs firent un devoir et une obligation expresse à leurs baillis et à leurs châtelains de veiller, toutes les fois qu'une *chevauchée* (1) générale ou qu'une *chevauchée* particulière traverserait la ville ou son territoire, ou qu'elle s'y arrêterait, à ce qu'il ne fût commis aucune espèce de dommage ni d'injure, par les hommes de cette chevauchée, aux *personnes*, *aux biens et aux choses des habitants*, et d'employer à cet effet tous les moyens de rigueur en leur pouvoir ; devant eux-mêmes, lesdits châtelains conducteurs de ces che-

---

(1) On appelait ainsi les troupes levées par les seigneurs.

vauchées, rester personnellement passibles des dommages et des injures, commis par les troupes sous leurs ordres. Pour ces dommages et ces injures, les habitants lésés étaient crus sur parole; il suffisait qu'ils donnassent une *semi-preuve* des dommages et des injures par eux soufferts (1). Sur cette seule semi-preuve, les châtelains étaient tenus à toute satisfaction, laquelle était poursuivie par le juge de Grenoble ou par les autres officiers, sans sommation, sans bruit, sans forme ni apparence aucune de jugement. En cas de refus quelconque, de la part des châtelains, de satisfaire, les deux seigneurs devenaient eux-mêmes garants de leurs châtelains ; ce à quoi s'engagèrent solennellement le dauphin et l'évêque par la charte ici indiquée, promettant et jurant, sur les Evangiles, de faire rendre satisfaction aux consuls, et, en leur nom, aux personnes lésées. D'un autre côté, comme il arrivait que, pour les chevauchées, on prenait forcément aux habitants des chevaux, des mulets, des ânes ou autres bêtes de somme, dont le prix n'était point acquitté, les deux seigneurs statuèrent qu'aucune personne, noble ou non noble, de quelque rang, qualité ou condition qu'elle fût, ne pourrait prendre ces chevaux ou bêtes de somme sans le consentement du propriétaire, et qu'il serait permis aux citoyens ou à ceux qui auraient souffert un dommage ou une injure, d'exiger un gage de ces personnes ou de se payer elles-mêmes sur leurs biens, si elles en trouvaient dans l'intérieur de la ville ou de son territoire, jusqu'à ce que le juge commun leur eût fait rendre une satisfaction raisonnable.

Suivant un autre article de la même charte, il fut statué par les deux seigneurs qu'aucun citoyen ne pourrait être tiré de la ville pour un crime ou pour un délit quelconque commis dans cette même ville ou dans son territoire, mais qu'il serait gardé dans la même ville et qu'il serait jugé d'après ses libertés ; que ce citoyen serait également jugé d'après les mêmes libertés, si le crime ou le délit était commis hors du territoire de la ville, dans l'étendue actuelle ou future du dauphiné; voulant, au surplus, qu'une personne inculpée ou accusée, de cette ville, qui fournirait une caution suffisante, ne pût, en ce cas, être

---

(1) *Super quibus damnis et injuriis credatur damnum passis, si semi-plene probaverint damna sibi data, vel injurias factas.*

incarcérée ; de même qu'on ne pût jamais *torturer* ni mettre à la *torture* un citoyen, pour un crime, ni pour un fait déterminé par la loi, pour un maléfice ou pour un délit quelconque, à moins que ce ne fût dans les cas concédés par le droit ; savoir : les crimes de sacrilége, de *tutelle suspecte*, de fausse écriture, de faux témoignage, d'adultère avec prostitution et de calomnie (1) ; lesquels cas sont indiqués et définis dans cette même charte, datée de Grenoble, du 10 mai 1321, et donnée par l'évêque Guillaume IV de Royn, et Henri dauphin agissant au nom et comme tuteur du dauphin Guigues VIII, son neveu (2).

Le jeune dauphin était mineur. Les habitants de Grenoble, dans la crainte qu'il ne revînt plus tard sur des priviléges qu'il n'aurait point accordés ni approuvés lui-même, et que leurs franchises ne fussent dès lors en danger d'être violées, se firent promettre, par le prince Henri, de faire en sorte et de leur *procurer* que le dauphin Guigues, son neveu, à sa majorité, confirmât les libertés et franchises qui venaient de leur être concédées, et qu'il jurât de les maintenir et de les faire observer ; ce que le prince promit par des lettres datées du 5 juin de la même année (3). Le dauphin lui-même, en con-

---

(1) *Videlicet, si quis prorumpit in crimine sacrilegii extrahendo sacrum de sacro, vel infra loca catholica vel ecclesias, sacerdotibus et ministris ecclesie divinum officium celebrando impediret, sive turbaret et dictis ministris sive rectoribus ecclesiarum ipsum officium turbando injuriaret ne celebrarent divinum officium; item, in crimine suspecti tutoris ubi de jure proceditur sine accusatore famâ precedente et presumptione contra eum inducente, si judici liqueat ex appertissimis rerum argumentis eum esse suspectum; item, si suspecta scriptura in judicio proferatur, et proferens de eâ utatur in judicio usque ad sententiam; item quod si testis procax fuerit et in jure vacillaverit, sive varia vel falsa testimonia dixerit; item, si maritus accusat uxorem de adulterio et ipsa replicet de lenocinio; item, si judex reperiat accusationem calumniosam, videlicet falsa crimina scienter intendere et intentare sive denuntiare, vel in universum ab accusatione calumniosâ desistere.*

(2) *Littere confirmationis libertatum Gronop. domin. R. Guill. ep. Gronop. et Henrici Dalphini.* (Archives de Grenoble ; *Titres*, n° 613 ; livre de *la Chaîne*, f° 28, verso.)

(3) *Littera promissionis dom. Henrici Dalph. de conservare faciendas*

formité à cet engagement de son tuteur, confirma publiquement les mêmes priviléges, le 16 juillet suivant, sur la demande des consuls et en prêtant serment sur les Evangiles (1).

A Guigues VIII succéda son frère Humbert II, le dernier de nos dauphins de Viennois, qui, à l'exemple de ses prédécesseurs, confirma, lui aussi, les priviléges et les franchises des habitants de Grenoble, et y ajouta, par une charte du 3 août 1336, le droit de forcer et de pouvoir forcer les personnes étrangères de la ville qui y vendaient du vin à payer le double de l'*émolument* (2) qu'acquittaient eux-mêmes les autres habitants : à ce double *émolument* étaient également tenus ceux qui, venant se fixer dans la ville, refusaient de vouloir jouir des libertés et des immunités de citoyens, pour ne point contribuer aux charges ni aux dépenses de la cité (3). Sous le même prince, par l'effet de la publication du *statut delphinal*, que nous pouvons appeler l'ancienne constitution politique du pays, et qui fut accordée lorsque Humbert, songeant d'aliéner ses états au profit de la France, voulut assurer à ses anciens sujets la garantie de leurs droits (4), eut lieu la révision des lois criminelles des habitants de Grenoble, mises en

---

libertates civitatis tam per ipsum quam per R. Ep. et eorum predecessores concessas, per Dom. Guigonem delphin. cum fuerit etatis legitime. (*Ibid.*; *Titres*, n° 836 ; livre de *la Chaîne*, f° 24, *recto*.)

(1) *Littere ratificationis certarum libertatum, per dom. Guigonem dalph.* (*Ibid.*; livre de *la Chaîne*, f° 32, *recto*.)

(2) *Emolument du vin*, appelé aussi *dix-septain* ou *picot*, impôt qui était dû pour tous les vins qu'on vendait à Grenoble ou dans son territoire, et qui était perçu au profit de la ville.

(3) *Instrumentum confirmationis libert. Gronop. per Rever. epi. Guill. et dom. Dalphin. Vienn.* (Archives de Grenoble; *Titres*, n° 707; livre de *la Chaîne*, f° 73, *verso*.)

(4) Charte du 14 mars 1349, datée de Romans, de la maison du dauphin. *Statutum solemne Humb. Dalphini quo continentur franchesie et privilegia Dalphinatûs, tam antiqua quam de novo concessa.* (*Ibid. Transport du Dauphiné à la couronne de France, et les priviléges donnés aux sujets dalphinaux avant ledit transport et plusieurs lettres données par le roi Charles, en observation desdites libertés. Titres*, n° 704.) Ce rouleau de parchemin, formé de quatorze peaux, a une longueur de neuf mètres.

harmonie avec le progrès et le développement de l'esprit du temps, c'est-à-dire que les compositions pécuniaires, contenues dans la charte de 1244, furent supprimées et qu'elles furent remplacées par des peines égales pour tous : ce fut là une amélioration notable, due, à la fois, à des désirs d'une égalité de justice et aux bonnes intentions du dauphin, peu retenu par les faibles considérations du produit de quelques amendes que pouvaient retirer annuellement sa cour et ses officiers. Les habitants pauvres, d'un autre côté, durent voir avec plaisir la suppression d'un abus qui rendait pour eux la peine plus cruelle et plus dure, en laissant au riche l'inique faculté d'échapper, moyennant une simple peine pécuniaire, à toute punition corporelle.

§ VIII.— *Confirmations des libertés et franchises des habitants de Grenoble.*

Les anciennes chartes et les mentions de chartes antérieures qu'elles renferment, documents précieux pour notre histoire, constatent suffisamment que les habitants de Grenoble demandèrent souvent la confirmation de leurs libertés et franchises aux dauphins et aux évêques en leur qualité de seigneurs de la ville, et que même, à chaque changement de seigneur, il était d'usage que le nouveau seigneur, avant que les habitants fussent tenus de lui prêter le serment de fidélité, confirmât publiquement ces libertés et ces franchises, et qu'il jurât de les conserver et de les maintenir, et de les faire observer par ses officiers (1). Ainsi, nous trouvons que les libertés et les franchises des habitants de Grenoble furent successivement confirmées :

(1) Charte du 8 février 1350, datée de Grenoble, de la place Notre-Dame. *Instrumentum prestationis juramentorum dominorum Rever. epi. Gronop. et Dalph. de observando libertates civitatis, et confirmationis earumdem.* (Archives de Grenoble; *Titres*, n° 721 ; livre de *la Chaine*, f° 66 *bis, verso.*)

Par le dauphin Guigues-André et par l'évêque Soffrey, en 1225 (1);

Par Guigues VII et par l'évêque Pierre II Equa, en 1244 (2);

Par le même Guigues VII et par l'évêque Falques, en 1252 (3);

Par Humbert Ier, par la dauphine Anne et par l'évêque Guillaume III de Royn, en 1282 (4);

Par le même Humbert Ier et par le même Guillaume III, en 1294 (5);

Par la dauphine Anne, femme d'Humbert Ier, et par Jean, dauphin, son fils, la même année 1294 (6);

Par l'évêque Guillaume IV de Royn, neveu de Guillaume III, en 1302 (7);

---

(1) Confirmation rappelée dans la charte de 1244. (*Ibid.*; *Titres*, n° 738.)

(2) Charte du 1er août 1244, datée de Grenoble. *Libertates concesse civibus Gronop. per R. epi. et G. dalphin. dominos ejusd. civitatis.* (*Ibid.*; *Titres*, même numéro.)

(3) *Instrumentum confirmationis libert. civit. Gronop. per R. epi. F. et dom. Guigonem.* (*Ibid.*; *Titres*, même numéro.)

(4) Charte du samedi après la fête de saint Michel 1282, datée de Grenoble, du cloître de Saint-André. *Instrumentum juramentorum prestitorum per R. epi. Gronop. et D. Humb. de Turre et de Colign. nomine illustris D. Anne, comitisse comitat. Vienn. et Albon., super observatione libertatum civitatis Gronop.* (*Ibid.*; *Titres*, n° 809; livre de *la Chaine*, f° 194, recto.)

(5) Charte du mercredi des Rogations 1294, datée de Grenoble, de la maison neuve du dauphin. *Instrumentum confirmationis certarum libertatum civitatis per dominos civitatis cum certis libertatibus de novo concessis.* (*Ibid.*; *Titres*, n° 736; livre de *la Chaine*, f° 9, recto.)

(6) Charte du 8 des calendes de juillet 1294 (24 juin), datée de Beauvoir. *Instrumentum confirmationis libertatum civitatis Gronop. dne Anne Dalph., comitisse, et dni Johis Dalph. ejus filii civibus et incolis concessarum.* (*Ibid.*; *Titres*, n° 708; livre de *la Chaine*, f° 10, verso.)

(7) Charte du 5 des nones de mars 1302 (3 mars), datée de Grenoble. *Instrumentum confirmationis R. dni epi. Gronop. libertatum dicte civitatis.* (*Ibid.*; *Titres*, n° 728; livre de *la Chaine*, f° 15, recto.)

Par le dauphin Jean II et par le même Guillaume IV, en 1307 (1);

Par le même dauphin Jean II et par le même évêque, en 1310 (2);

Par le même dauphin Jean II, en 1314 (3);

Par le même dauphin et par le même Guillaume IV, en 1316 (4);

Par le même Guillaume IV et par Henri, dauphin, oncle et tuteur du dauphin Guigues VIII, en 1321 (5);

Par le dauphin Guigues VIII, la même année 1321 (6);

Par Humbert II et par le même évêque Guillaume IV, en 1336 (7);

Par l'évêque Jean II de Chissay, en 1342 (8);

Par le dauphin Charles de France, successeur d'Humbert II et par le même évêque Jean II, en 1350 (9);

---

(1) Charte du 21 avril 1307, datée de Grenoble, de la place de l'église *majeure* de Notre-Dame. *Instrumentum sacramentorum per R. G. epi. Gronop. et illus. dni Joh. Dalph. Vienn. et Albon. super observatione dictar. libertatum civitatis.* (*Ibid*; livre ibid., f° 195, recto.)

(2) Charte du 11 avril 1310, précitée. (*Ibid.* ; *Titres*, n° 802.)

(3) Charte du 3 mars 1314, datée du château de Beauvoir. *Littere dni nostri Johannis dalph. super immunitate rerum et possessionum existentium in districtu territorii Gronop.* (*Ibid.*; *Titres*, n° 784.)

(4) Charte du 1er décembre 1316, précitée. (*Ibid.* ; *Titres*, n°s 705 et 725.)

(5) Charte du 12 mai 1321, précitée, datée de Grenoble. (*Ibid.*; *Titres*, n° 613; *vidimus* de la même charte, du 16 décembre 1332, n° 782.)

(6) Charte du 16 juillet 1321; (*Ibid.*; livre de la *Chaîne*, f° 32, recto.)

(7) Charte du 3 août, précitée. (*Ibid.*; *Titres*, n° 707.)

(8) Charte du 28 mai 1342, datée de Grenoble, de la maison épiscopale. *Instrumentum confirmationis libertat. civit. Gronop. per R. Joh. epi. civibus et incolis ejusdem civitatis.* (*Ibid.* ; livre de la *Chaîne*, f° 32, verso et 43.)

(9) Charte du 8 février 1350, datée de Grenoble, de la place Notre-Dame. *Instrumentum prestationis juramentorum dominorum rever. epi. Gronop. et Dalph. de observando libertates civitatis, et confirmationis earumdem.* (*Ibid.*; *Titres*, n° 721; livre de la *Chaîne*, f° 66 bis, verso.)

Par l'évêque Rodolphe de Chissay, en 1351 (1);

Un siècle après, les mêmes libertés et les mêmes franchises furent confirmées le 22 août 1447, par le dauphin Louis, depuis Louis XI, qui était alors à Grenoble (2) : elles le furent, en dernier lieu, par le roi François Ier, dans le mois de septembre 1541, lorsque les habitants de cette ville profitèrent du passage de ce prince à Lyon pour lui envoyer des députés et lui demander la confirmation de leurs libertés, qui n'étaient plus, depuis longtemps, qu'un nom (3).

§ IX. — *Prestations de serment des dauphins et des évêques de Grenoble de conserver et de maintenir les libertés et les franchises de la ville.*

Nous venons de dire que le dauphin et l'évêque, avant de recevoir le serment de fidélité des habitants de Grenoble, juraient, eux-mêmes, de conserver et de maintenir leurs

---

(1) Charte du 2 décembre 1351, datée de Grenoble, de la maison épiscopale. *Instrumentum prestationis juramenti, R. D. epi. de observando libertates civitatis predicte, et confirmationis ipsar.* (*Ibid.*; Titres, n° 617; livre de *la Chaine*, f° 68.)

(2) *Littera vidimus domini judicis curie domini communis Gratianopolis libertatum civibus et incolis ejusd. civit. per rever. dominos epi. et dalphinum concessarum cum litteris confirmationis earumd. domini Ludovici, regis Francorum primogeniti.* (*Ibid.*, Titres, n° 707.) Cette lettre *vidimus* (on appelait ainsi la copie d'une charte vue par un officier public) est datée de Grenoble, de la cour-commune, près du *puits neuf*, du 31 août 1443; elle contient la révision faite par le juge de cette cour-commune des principales chartes des libertés et franchises de cette ville, et elle forme un rouleau de parchemin de sept peaux, de la longueur totale de 3 mètres 80 centimètres. A cette lettre est jointe la confirmation de ces mêmes libertés et franchises par le dauphin Louis, depuis Louis XI, du 22 août 1447; au bas de laquelle confirmation pend le sceau de ce prince, en cire verte, représentant, d'un côté, le dauphin à cheval, de l'autre, un écu aux armes écartelées du Dauphiné et de France.

(3) *Lettres patentes du roi François Ier portant confirmation des privilèges accordés aux habitants de Grenoble par les précédents souverains, enregistrées au parlement et chambre des comptes*, 1541. (*Ibid.*; Titres, n° 568.)

libertés et leurs franchises et de les faire observer par leurs officiers respectifs : les deux seigneurs le juraient publiquement et debout, devant l'Evangile; l'évêque, en posant la main sur sa poitrine, et le dauphin, en touchant l'Evangile de la main droite. La formule de cette prestation de serment était : *Nous jurons d'observer, de maintenir, de défendre et de protéger les libertés, priviléges, franchises et immunités de la ville, telles qu'elles ont été concédées par nous ou par l'un de nous et par nos prédécesseurs, et en tant qu'elles touchent et peuvent toucher aux personnes et aux biens de ladite ville, de ses faubourgs et de son territoire ; de ne jamais rien faire sciemment contre elles ni d'y contrevenir, ni de consentir aucunement à ce qu'un autre fasse contre elles ou y contrevienne en aucune manière ; et si, par l'effet du hasard, par oubli ou par ignorance, nous faisons ou nous ordonnons jamais, en quelque temps, quelque chose de contraire (ce dont Dieu nous garde) nous jurons de révoquer aussitôt ce qui aura été fait, dès que nous en serons requis ; protestant que, dans le cas où nous ferions quelque chose de contraire, en l'ignorant, nous n'encourrons, pour cela, aucun parjure, jusqu'à ce qu'étant requis de révoquer ce qui aura été fait, nous y apportions de la négligence ou de la mauvaise volonté* (1). Il existe quatre chartes qui contiennent de pareilles prestations de serment de conserver et de maintenir les libertés et les priviléges de la ville ; lesdites prestations de serment faites :

Par l'évêque Guillaume III de Royn, le dauphin Humbert Ier et la dauphine Anne, en 1282 (2);

Par l'évêque Guillaume IV de Royn, en 1302 (3);

Par le même évêque Guillaume IV et le dauphin Jean II, en 1307 (4);

---

(1) Charte du 8 février 1350, précitée. (Archives de Grenoble ; *Titres*, n° 721 ; livre de *la Chaîne*, f° 66 *bis*, *verso*.)

(2) Charte du samedi après la fête de Saint-Michel, précitée. (*Ibid.*; livre de *la Chaîne*, f° 194, *recto*.)

(3) Charte du 21 juin 1302, datée de Grenoble, de dessous le clocher de la cathédrale. *Juramentum seu promissio de servandis libertatibus.* (*Ibid.*; *Titres*, n° 780 *bis*.)

(4) Charte du 21 avril 1307, précitée. (*Ibid.*; livre de *la Chaîne*, f° 195, *recto*.)

Par le dauphin Charles, successeur d'Humbert II, et par l'évêque Jean II de Chissay, en 1350 (1).

§ X. — *Prestations de serment des officiers du dauphin et de l'évêque de Grenoble d'observer et de faire observer les libertés et les franchises de la ville.*

La cour-commune de Grenoble, tribunal où la justice était rendue au nom des deux seigneurs de la ville, et de laquelle cour les habitants, suivant leurs priviléges, ne pouvaient être distraits en aucun cas, était composée d'un juge-commun nommé conjointement par les deux seigneurs, d'un châtelain et de son lieutenant ou vice-châtelain nommés par le dauphin, d'un courrier et de son lieutenant ou vice-courrier nommés par l'évêque. Ces officiers ne restaient en fonctions qu'une année ; ils pouvaient être appelés de nouveau à la même charge ; mais c'était seulement la cinquième année après leur sortie, c'est-à-dire qu'il fallait qu'il s'écoulât quatre ans entre les deux gestions. Les mêmes officiers, avant d'entrer en exercice, étaient tenus de jurer, sur les Evangiles, d'observer et de faire observer les libertés et les franchises des habitants ; ils prêtaient ce serment, en présence des consuls de la ville et sur leur réquisition, savoir, le juge-commun, entre les mains du châtelain et du courrier ou de leurs lieutenants, et ces derniers, ainsi que leurs lieutenants ou *vice-gérants*, entre les mains du juge-commun (2).

(1) Charte du 8 février 1350, précitée. (*Ibid.*; *Titres*, n° 721 ; livre ibid., f° 66 *bis, verso.*)
(2) On trouve dans les archives de Grenoble plusieurs de ces prestations de serment, depuis l'année 1314 jusqu'en 1374 ; *Titres*, n°s 745, 749, 766, 780, 791, 794, 796, 811, 825, 828, 840, 842, 843, 844, 848, 849, 850, 852, 853, 865, 868, 869, 873.

§ XI. — *Prestation de serment de fidélité des habitants de Grenoble au dauphin et à l'évêque.*

Les habitants de Grenoble prêtaient serment de fidélité au dauphin et à l'évêque en leur qualité de seigneurs indivis ou seigneurs *pariers* de la ville; ils y étaient astreints lors de chaque changement de seigneur. Le serment était prêté, individuellement, par chaque chef de famille qui touchait l'Evangile, et qui, la main posée sur ce livre, promettait et jurait d'observer et de remplir envers lesdits seigneurs, ou envers l'un d'eux, en particulier, tous les devoirs de fidélité auxquels il était tenu, et de faire et de remplir toutes les choses auxquelles il était également tenu par lui ou par ses prédécesseurs; ce qui est ainsi indiqué et consigné dans les chartes anciennes (1). Cette forme de prestation de serment, prescrite par les anciennes franchises, fut un moment changée. Après la mort du dauphin Guigues VII (2), l'évêque Guillaume II de Sassenage et la dauphine mère, Béatrix (3), ayant demandé aux habitants de Grenoble l'hommage de fidélité qu'ils lui devaient et ayant exigé pour cet hommage une nouvelle forme de serment qui n'était point la forme usitée, les habitants s'y soumirent pour ne point désobéir ni pour retarder cet hommage; ils se contentèrent de protester. L'évêque et la dauphine, satisfaits de cette bonne volonté et de cet empressement des habitants à leur témoigner leur soumission, reconnurent eux-mêmes, par une charte, que la nouvelle forme de prestation de serment était contraire aux libertés et aux franchises de la ville, et qu'elle ne pourrait, à l'avenir, en aucun cas, porter atteinte ni préjudice à ces libertés et à ces franchises (4). L'an-

(1) Charte du 8 février 1350, précitée.
(2) Guigues VII, fils de Guigues-André, mort en 1270.
(3) Béatrix de Savoie, femme de Guigues VII, régente du Dauphiné pendant la minorité du dauphin Jean Ier, son fils.
(4) Charte sans date. *Instrumentum protestationis R. dni epi. Gronop. et dne Beatrisie dalphine de formá prestationum per cives eisdem prestitorum.* (*Ibid.*; *Titres*, no 827; livre de *la Chaîne*, fo 7, *recto.*)

cienne forme de serment fut rétablie: elle fut observée, en 1350, lorsque, cette année, les mêmes habitants prêtèrent serment de fidélité au nouveau dauphin Charles, successeur d'Humbert II, et à l'évêque Jean II de Chissay (1).

§ XII. — *Noms des habitants de Grenoble qui prêtèrent serment de fidélité au nouveau dauphin Charles, successeur d'Humbert II, et à l'évêque Jean II, de Chissay, en* 1350 (2).

Les quatre consuls : Guillaume Lagorge, jurisconsulte; Jean Mathieu; Eymeric de Vaulnavey; Jean Villet.

Gilles Benoît, Guillaume Bigot, Guigues Toscan, Jacques de Dye (3), chevaliers;

Bernard Grinde, André de Vaulnaveys, Henri Roux, André Toscan, Etienne Actayne, Jean Mercier, Philippe Dulac, Guigues de Grivelin, Reynaud de Cayne, Druct de Losane, Clocheron, Jean Dupont, Pierre Marel, Jean Motet, Guyonet (4) Grinde, Guigues Ragous, Rodulphe de Laval, François Dupont, Jean de Gap, Humbert Maréchal, André de Romans, Michel de Cognet, Pierre Guion, Georges Quinzon, Humbert d'Uriage, Pierre Charcossat, Jean Barraquin, Berton (5) Graylle, André Fabre, Jean de Châtelet, Guillaume de Queyras, André Barlatier, Guillaume Che-

(1) Charte du 8 février 1350, précitée.
(2) Même charte.
(3) Il est surnommé Lappol dans un acte du 11 janvier 1329, par lequel, lui et sa femme Catherine Montanée fondent, à Grenoble, sous le nom de Saint-Jacques, un hôpital pour les mendiants, dans la rue de l'*Ile*, aujourd'hui rue du Pont-Saint-Jayme. (*Notice sur les anciennes rues et sur un ancien plan de la ville de Grenoble, avant son agrandissement par Lesdiguières, en* 1592, *par Pilot, pag.* 24.) Le même Jacques de Dye est qualifié auditeur des comptes dans une ordonnance du dauphin Humbert II, datée de l'année 1340.
(4) Guyonet, diminutif de Guyon; Guy ou Guigues.
(5) Berton ou Barton; Barthélemy.

valier, Guillaume Henri, Jean Grimaud, Jean Berlian, Guigues Chante-Messe, François Robin, Jean Coquel, Georges de Mont-Chenu, autre François Robin, Pierre d'Allevard, Guigues Grinde, Antoine Niblier, Hugues Son, Jean Fallavel, Michel Brun, Jean de Chalmette, Laurent Henri, Guillaume Ravier, Jean Nant, Etienne Giraud, Aymonet (1) Yserand, Michel Chourolat, Jean Alaman dit Vialet, Jean Girard, Guillaume Botun, Laurent Gentil, F. Arnaud Foucheron, Pierre Rosset, Marquin (2) Ancelme, Veyron, Hugues Jobert, Jean de Broteuf, Guillaume de Saint-Martin, Marquet de Theys, Gonet (3) David, Pierre Boniface, André Davoginat, Gonon Gentaret, Colin (4) Potier, Henri Eybaudit, Jean Barruel, Pierre Violet, Jean Rive, Odon (5) Mathieu, Pierre Bauduyn, Berton Pynet, Jacques de Saint-Martin, Jacquemont Magnin, Barton Verol, Guillaume Genys, Pierre Avalon, Pierre Disner dit Fayssos, Pierre Valéron, Pierre Renoard dit Barrot, Barthélemy Potier, Barton Erucalier, Chabert Blanc, Gonon de Vence, Guillaume Genevois, Odon Berard, Barthélemy Ribaud, Etienne Dupré, Jean Villet, Rolet (6) Brun, Jean Richard, Jean Jacquier, Jean Charel, Jean Moine, Aymon Dufour, François Tisserand, Jean Chalayn, Jean Gide, Jean Durier, Guillaume Callet, Michel Denis, Guillaume Feyseudit, Martin Gayzut, Guigues Chourier, André Pilat, Jean Rayvier, Pierre Pignal, Guigues Brun, Jean Guers, Peyrachon Teysserand, Giraud Collier, André Pelerin, Michel Pelerin, Odon Guillot, Jean Bochon, Jean Copet, André Bœuf, Michel Richard, Guillot (7) Sevenet, Jean de Boqueron, Pierre Ribaud, Pierre Chaix, Guigues Escoffier, Falconet (8) de Vence, Simon Reynard, Jean Gormon, André David, Etienne Bovard, Jean Bourguignon, Gonon Julien,

---

(1) Aymonet, diminutif d'Aymon ou Aimon; Aimé ou Amé.
(2) Diminutif de Marquet; Marc.
(3) Gonet, diminutif de Gonon; Hugonet, Hugonon; Hugues.
(4) Colin; Nicolas.
(5) Odon; Eudes.
(6) Rolet, Rolin ou Rondon; Rodolphe ou Rodulphe.
(7) Guillot; Guillaume.
(8) Falconet, diminutif de Falcon; Falques.

Thomas Brun, Aymonet Davagnat, Jean de Losane, Pierre
Aynard, François Molin, Jean de Bernin, Michel Domeyn, Jean
Bavot, Henri Reynard, Hugonin (1) Burgon, Pierre Mandat,
Jacquemet (2) Plantevigne, Guillaume Grand, Jacques Fiard,
Guillaume Maygnard, André Peyrard, Guillaume de la Buis-
sière, Pierre Pinet, notaire; Antoine Guillan, Guigues Durand,
Jean Pergamion, Pierre Moret, Michel Bourgeois, Jean
Goudengin, Gonon Pilat, Vas Benoît, Etienne Audeard, Ay-
monet de Chalmette, Pierre Roux, Odon Roux, Guigues
Duex, Pierre Gelogivin, Armandin (3) Esparier, Martin Sa-
vatier, Ambroise Pic, Antoine Compagny, Rolet Robin,
Jean Ravat, Jean Bernard, boucher; Jean Pannet, Jean For-
vier, Berton de Vence, Guillaume Geneveys, Guillaume
Bruerie, Etienne de Bagnoux, Jean Bertaud, Guillaume
Escalle, Jean Grolerin, Jean Gayet, Jean Geyrand, Jean de
Chalme, Gonon Guicheron, François de Theys dit Bolard,
André Barat, Jean Barral dit Cayon, Jean Romanet dit Ma-
gnon, Gonet Bandoze, Michel Monnier, André Marin dit
Brinef, Martin Garnoud, Jean Algut, Jean Fariul, Pierre
Ogier, Jean Prieur dit Roy, Jean Ruspail, Guigues Jovencel,
Guillaume Charrier, Jean Falcon, Jean Banche, Pierre
Grinde, fils de Chaberton Grinde; Jean Blanc, Jean Curt, Jean
Bermund, Vivian Pellorce, Pierre Rivoire, Pierre Morard,
Rodulphe de Comiers, chevalier; Jean Maynard, Pierre Botin,
Pierre Pilat dit Chouca, Chabert Giroud, Simon Desportes dit
Lovogun, Jean Chaminal, notaire; Guillaume Miori, maçon;
François Robin, Siméon Robin, son fils; Gerard Ceysset,
Jean Funel, Jean Dompierre, Berton de Tournon, Nicolet
Bastonnier, Antoine Ubert, notaire; Pierre de Loya, Guil-
laume fils, André Toscan, Aymon Desportes, Gonon Cha-
rier, bâtier; Guillaume Garcin, Pierre Barbier, notaire;
Barthélemi de Vaulserre, Pierre Caizol, André Pilat,
Jean Toupta, Etienne Essavateur, Jean Conteys, Boson de
Porte-Traine, chevalier; Aymar Asnier, ce dernier agissant

---

(1) Hugonin, diminutif d'Hugon; Hugues.
(2) Jacquemet; Jacques.
(3) Armandin, diminutif d'Armandon; Armand.

tant en son nom que comme procureur fondé d'Antoine Cassey.

Ce fut sur la place Notre-Dame, au-devant de l'église, que deux cent trente des habitants dont nous venons de citer les noms, prêtèrent serment de fidélité au nouveau dauphin Charles et à l'évêque, le 8 février 1350, en présence de l'archevêque de Lyon ; d'Amblard, seigneur de Beaumont ; de François de Theys, et de Guichard Chissay, chevaliers. Trois jours après, c'est-à-dire le 11 du même mois, Rodolphe de Commiers prêta le même serment dans la maison épiscopale, et le lendemain, 12 février, le même serment fut prêté, au-devant de la porte de l'église de Notre-Dame, par vingt-un autres habitants ; les vingt-un derniers ci-dessus nommés.

§ XIII. — *Plaintes, émeutes et séditions des habitants de Grenoble, pour le maintien et pour la conservation de leurs libertés et franchises.*

L'incendie de 1252 qui a détruit les anciens titres de la ville et qui nous a privé, pour toujours, de documents précieux, ne nous a rien laissé sur les plaintes et sur les réclamations des habitants de Grenoble, antérieures à cet incendie et relatives au maintien et à la conservation de leurs libertés. Le titre le plus ancien que nous ayons, où il soit question de difficultés survenues entre les deux seigneurs de la cité et ses habitants, date du temps de Guigues VII et de l'épiscopat de Falques, prédécesseur de Guillaume II de Sassenage. On lit dans ce titre, daté de l'année 1253, qu'une *rancune* ou *discorde* existait entre le dauphin, l'évêque et les citoyens de la ville : on y voit que le dauphin et l'évêque faisaient un crime aux habitants de *plusieurs injures, de bans et de dommages ou forfaits* dont ils avaient à se plaindre. Ceux-ci, de leur côté, se plaignaient de ce que le vin vendu à Grenoble, à l'époque des *bans* des deux seigneurs, les mois de juillet et d'août, était du mauvais vin, du vin tourné ou du vin mêlé d'eau. Il faut savoir que les deux seigneurs, ainsi qu'il était d'usage en Dauphiné et dans plusieurs provinces, jouissaient seuls du droit de vendre et de faire vendre du vin pendant un temps de l'année ; ce qui s'appelait le ban du vin, et pendant lequel temps la vente de cette denrée était interdite à tout habitant. Le dauphin vendait son vin à Grenoble, dans le mois de juillet ; l'évêque vendait le sien dans le mois d'août.

Cette *rancune* ou *discorde* dont il est fait mention dans ce titre fut pacifiée par la médiation et par l'heureuse issue des démarches de frère Odon, alors gardien du couvent des frères mineurs de Grenoble. Les deux seigneurs firent remise aux habitants de toutes *restitutions*, *actions* et de tous dommages qu'ils étaient en droit de réclamer, ainsi que de toutes peines et amendes par eux encourues pour crime ou délit quelconque, excepté pour homicide ou pour cause d'homicide ; ils promirent en même temps, pour eux et pour leurs successeurs, qu'il ne serait plus vendu de mauvais vin, ni du vin tourné, ni mêlé d'eau, regardant comme une *iniquité* pareille chose, si jamais elle avait eu lieu : pour ces remises d'amende et pour ces promesses, les habitants payèrent aux deux seigneurs 5,050 sols de monnaie viennoise, environ 3,633 fr. de notre monnaie actuelle ; moitié à chacun des deux seigneurs (1). Les mêmes habitants, quelques années après, dans l'intérêt de la ville, et pour faciliter l'écoulement de leurs boissons, achetèrent du dauphin et de l'évêque les deux *bans* du vin, pour une rente annuelle de 50 livres due, savoir : 30 livres au dauphin et 20 livres à l'évêque (2).

Les habitants de Grenoble, suivant un article de leurs libertés, devaient, à certaines époques et sous diverses conditions, se rendre aux *chevauchées* des deux seigneurs : c'était pour eux un devoir d'y satisfaire ; c'était aussi, par leur refus de remplir cette obligation, ou tout au moins, par

---

(1) Charte de 1253, datée de Grenoble de la maison épiscopale. *Instrumentum remissionis facte per condominos civitatis consulibus de injuriis per eos illatis cum reservatione quod non vendant vinum tornatum seu lymphatum.* (Archives de Grenoble ; livre de la *Chaine*, f° 7, *recto*.)

(2) Mêmes archives; *Titres*, n°s 679 et 746.

leur négligence à s'y prêter, qu'ils manifestaient ordinairement leur mécontentement lorsqu'ils avaient à se plaindre des officiers du dauphin ou de l'évêque. Ce refus et cette négligence étaient significatifs aux yeux des deux seigneurs qui en comprenaient tout le sens : ceux-ci, le plus souvent, comme on le voit par d'anciennes chartes, changeaient alors ceux des officiers de la cour-commune, sur lesquels se manifestait ce mécontentement : une amnistie suivait cet acte du pouvoir, et cette amnistie, accordée aux habitants, était toujours motivée sur les bons et sur les nombreux services rendus par eux aux deux seigneurs : c'était un principe adopté qu'il fallait que les exécuteurs de la puissance du prince fussent renouvelés le plus souvent possible, afin qu'ils n'abusassent point de leur autorité : c'est à ce principe qu'était dû le changement annuel de ces mêmes officiers de la cour-commune, privilége dont jouissaient les habitants de Grenoble, ainsi qu'on l'a dit plus haut (1).

Nous venons de voir qu'une amnistie fut accordée à ces habitants, en 1253. Une nouvelle amnistie, pour toutes les peines et pour toutes les amendes qu'ils avaient encourues par leur refus de se rendre aux *chevauchées*, ou par leur négligence à y satisfaire, eut lieu en leur faveur, en 1284, par le dauphin Humbert Ier et par la dauphine Anne (2).

En 1309, peu satisfaits des officiers de l'évêque, les mêmes

---

(1) On pense que le nom de *Malconseil* ou *Mauconseil*, ancien nom de la place aux Herbes actuelle, laquelle s'appelait antérieurement place du Grandconseil, est un souvenir d'un soulèvement qui éclata sur cette place et dont l'époque nous est inconnue : les habitants tenaient leurs réunions en ce lieu; c'est là qu'ils auraient formé une conjuration contre les deux seigneurs. Cette émeute, qui aurait été cause de ce changement de dénomination, serait, dans tous les cas, ancienne, puisque ce nom de *Mauconseil* se trouve mentionné dans un acte du 21 janvier 1291, où il est dit que l'évêque Pierre, mort en 1248, avait laissé à l'église de Saint-André de Grenoble une rente de 20 sols viennois à prendre sur les drapiers de cette ville, près du banc de Mauconseil. *Super operatoriis pannorum Gronop. juxtà Banchum Mali Consilii.* (Archives de l'évêché de Grenoble; ancien tabulaire de l'église de cette ville. — *Pacta et convent. inter Guil. epis. Gronop. et capit. S. Andree super juridic. communi in mandamento S. Martini.*)

(2) Archives de Grenoble; *Titres*, n° 826.

habitants s'insurgèrent contre ce prélat; ce qui est constaté par des lettres d'amnistie qu'accorda aux inculpés le dauphin Jean II et qui sont datées du prieuré de Saint-Laurent de Grenoble, du 11 avril de l'année suivante. Il est dit dans ces lettres que le dauphin, attendu les secours, les services et les bons offices rendus à lui et à ses prédécesseurs, dans plusieurs *nécessités*, par ses chers et fidèles bourgeois, les citoyens de Grenoble et autres citoyens demeurant dans cette ville, et attendu que, pour ces services, lui dauphin, était tenu, envers eux, à la plus large *rénumération*, les quitte et les absout, et leur fait remise de tous les *méfaits* et *délits communs*, commis, par les hommes de ladite *université* et par chacun d'eux, sur les personnes de Guillaume et Chabert de Royn, de Pierre Mermet, de François de Theys et plusieurs autres; les quittant et absolvant aussi de l'*invasion* et *fracture* de l'église de Notre-Dame et de la maison épiscopale, et, enfin, de toutes peines et amendes par eux encourues ou prononcées contre eux par sa cour et par l'évêque de Grenoble, par son bailly ou par son procureur, soit par quelqu'un ou quelques-uns de ses conseillers, soit par toute autre personne, voulant qu'ils soient tous et un chacun d'eux, libérés et affranchis de toute condamnation corporelle ou pécuniaire (1).

D'autres lettres d'amnistie, délivrées le 12 mai 1319 par le prince Henri, régent du Dauphiné, tuteur du jeune dauphin Guigues VIII, font mention d'un pareil refus, de la part des habitants, d'obtempérer à un ordre du châtelain de la ville, portant que tous les citoyens eussent à le suivre en armes pour se mettre à la poursuite de Bertrand de Bardonnèche : le mêmes lettres nous apprennent que ce fugitif fut arrêté, qu'il fut conduit à Grenoble, et que les habitants refusèrent de le garder, quoique l'injonction leur en eût été faite sous les peines les plus graves et sous peine d'une amende de cent livres. Ces lettres contiennent, comme les précédentes, une

---

(1) Charte datée du 11 avril 1310. *Littera illustris dni Joh. Dalphini quietationis et abolutionis criminum et delictorum per cives et habitantes dicte civitatis commissorum in fractione eccl. beate Marie Gronop. et invasione certorum civium.* Archives de la ville de Grenoble; *Titres*, n° 797.)

remise de toutes les peines et de toutes les amendes encourues par les habitants pour ces deux refus (1).

Une émeute contre le dauphin et l'évêque, provoquée par les vexations des officiers des deux seigneurs, qui avaient fait enlever les chaînes (2) de la ville et qui s'étaient emparé des clefs des portes, eut lieu à Grenoble, en 1325. De nouvelles lettres d'amnistie, délivrées aux habitants et datées du 25 octobre de cette année, nous font connaître, qu'attendu les bons services rendus de tout temps par la ville, par les citoyens et par les habitants de Grenoble, et les services qu'ils rendent journellement, il est accordé remise auxdits citoyens et auxdits habitants de toutes les peines et amendes qu'ils ont pu encourir, si aucune peine ou aucune amende ils ont encourue, pour n'avoir point suivi les chevauchées des seigneurs de la ville, pour avoir attaqué ou être présumés avoir attaqué Pierre de Losebrays dit Champron, châtelain de Grenoble, ses gens, Hugues de Cornillon, le porte-enseigne ou porte-bannière du dauphin, et plusieurs autres ; pour les avoir frappés *réellement* et *personnellement*, les avoir poursuivis jusque dans la maison et dans la cour delphinale et les y avoir assiégés à main armée. On lit également dans ces lettres que le prince Henri, oncle et tuteur du jeune dauphin, agissant tant au nom de son pupille qu'en celui de Guillaume, évêque de Grenoble, déclara nuls et sans effet les rapports, les citations et les condamnations par contumace ou autrement, faits contre lesdits citoyens et habitants de Grenoble à l'occasion des poursuites précitées, voulant, en même temps, que les chaînes établies pour la défense de la ville, et qui avaient été enlevées par les officiers du dauphin et ceux de l'évêque, fussent livrées aux consuls pour être replacées dans les lieux d'où on les avait ôtées, avec ordre de

---

(1) Charte du 12 mai 1319. *Littera quictationis, dni Dalph. penarum quas incurrere poterant habitantes dicte civitatis pretextu et ad causam certarum preconisationum factarum ut accederent cum armis ad capiendum et detinendum nob. Bertrandum de Bardonechiá.* (*Ibid.* ; livre de *la Chaîne*, f° 328, verso.)

(2) Il y avait, dans les rues, des chaînes de fer tendues ; en 1513, on comptait dans la ville vingt-neuf de ces chaînes.

rendre aussi aux consuls, afin qu'ils les gardassent, comme par le passé, les clefs des portes de la ville et de ses faubourgs qui avaient été prises par lesdits officiers, exigeant au surplus que les originaux et les pièces de procédures commencées contre lesdits habitants fussent remis par les officiers de ses cours et par ceux de la cour de l'évêque, aux mêmes consuls, sur leur requisition et sans frais (1).

Nos archives contiennent d'autres lettres d'amnistie de ce genre, données aux habitants de Grenoble par l'évêque Guillaume IV de Royn et par le dauphin Guigues VIII, le 26 octobre 1326 (2), et une amnistie générale pour tous crimes et pour tous délits, à l'exception du crime méritant *la peine du sang*, accordée aux mêmes habitants par le dauphin Charles, successeur d'Humbert II, lorsqu'il fut reconnu seigneur de la ville et qu'il prêta serment de conserver et de maintenir ses libertés et ses franchises (3). Ce prince suivait, en cela, l'exemple de ses prédécesseurs, qui, à leur avénement au pouvoir, avaient d'ordinaire concédé à leurs sujets, pour s'attacher leur affection, une amnistie générale ou quelques nouveaux priviléges.

§ XIV. — *Faits et actes des consuls pour la défense et pour le maintien des libertés et des franchises de la ville.*

Investis de la confiance publique et chargés de veiller aux intérêts de la ville ainsi qu'au maintien et à la garde de ses immunités, les consuls de Grenoble, nommés, chaque année, dans une assemblée générale où étaient appelés tous les habitants, étaient regardés, sous les anciens dauphins, comme les mandataires réels de leurs concitoyens dont ils défendaient

(1) Charte du 25 octobre 1325. (Archives, *ibid.*; *Titres*, n° 676.)
(2) Charte du 26 octobre 1326. (Archives, *ibid.*; livre de *la Chaine*, f° 329, *recto*.)
(3) Charte du 8 février 1350. (Archives, *ibid.*; *Titres*, n° 721; livre de *la Chaine*, f° 329, *recto*.)

et protégeaient les droits. A cette époque, les habitants de cette ville, libres et agissant de leur chef, s'assemblaient à leur gré, quand ils le voulaient et comme ils l'entendaient, au son de trompe ou à celui de la cloche de la commune, sans se voir obligés de recourir, en aucun cas, à aucune autorisation, soit auprès du dauphin, soit auprès de ses officiers. Ils s'occupaient eux seuls de leurs affaires communales ; ils s'imposaient eux-mêmes pour les besoins et pour les dépenses de la cité : l'entière police de la ville appartenait à eux seuls. Ils étaient eux seuls chargés de la garde et de la défense des remparts, ainsi que de leurs réparations et de celles des ponts, des portes et des tours de la ville : ils avaient une milice urbaine ; ils s'armaient tous en cas de besoin ; ils avaient leurs armes et leurs balistes, et ces armes, ces armures et ces machines de guerre étaient tellement leur propriété commune, que ni le dauphin ni l'évêque n'avaient aucune inspection sur elles et qu'ils ne pouvaient ni l'un ni l'autre en disposer dans aucun cas.

Cette propriété fut assurée aux habitants par une charte, datée du mois de mai 1279, et qui leur fut donnée par l'évêque Guillaume II de Sassenage, par la dauphine Béatrix et le dauphin Jean Ier son fils ; charte relative à un droit perçu au profit de la ville, soit en nature, soit en argent, et qui, appelé *dix-septain*, consistait dans la dix-septième partie des vins vendus. On lit dans cette charte : *S'il arrive que les citoyens de la ville, avec le produit de ce dix-septain et celui de leurs autres obventions, puissent réaliser une certaine somme, se procurer et acheter des balistes, des armures et autres choses nécessaires pour leur commune utilité, les seigneurs ne pourront et ne devront, ni par eux, ni par un autre, s'approprier, recevoir ou faire recevoir ces armures, balistes et deniers pour la défense de quelqu'autre lieu, château ou personne, ni les échanger ; mais toutes ces choses doivent rester en la communauté de la ville pour le besoin et pour l'utilité des citoyens* (1).

---

(1) *Littera confirmationis condominorum civitatis Gronop. certorum statutorum et ordinationum per habitantes et incolas dicte civitatis Gronop. super mensuris vini predicti ordinatorum* (Archives de Grenoble; *Titres*, n° 678.)

La même charte contenait que des mesures seraient données par les consuls à tous les marchands de vin ; qu'il serait interdit à ceux qui mesureraient mal de débiter du vin dans l'étendue de la ville et de son territoire pendant une année entière à partir du jour où il aurait été reconnu qu'ils auraient mal mesuré (1) ; que ceux qui se serviraient d'une fausse mesure seraient punis d'après les statuts et les libertés de la ville (2) ; que tous les vendeurs de vin, pour chaque *botte* ou vase vinaire de toute capacité contenant du vin pur ou du vin mêlé, devraient à celui qui tiendrait les mesures deux deniers, monnaie courante, pour ses peines et pour la façon de ces mesures ; que celui qui romprait ou qui enlèverait une de ces mesures serait obligé de la restituer ou d'en payer le prix, et que celui qui recevrait et percevrait ces deniers serait tenu d'en rendre compte aux citoyens, comme on le faisait pour les autres obventions (3).

Le produit de la recette de ces derniers et celui de ces autres droits étaient employés, ainsi que nous venons de le dire, aux besoins de la ville et à l'achat des armes, des armures et des machines de guerre nécessaires à sa défense. Les habi-

(1) On trouve dans les archives de la ville un arrêté des consuls, daté du dimanche après la fête de Saint-Vincent 1293, qui défend à Marguerite, femme de Vincent Guerpel, cabaretière, et à ses successeurs, de vendre du vin, pendant un an et un jour, pour avoir été *infidèle à son serment et à sa promesse, et avoir mal mesuré*. Deux autres arrêtés des consuls, du lundi de la Pentecôte 1303 et du 15 juin 1320 prononcent la même peine contre Guigone, femme de Guigonet Guerpel, et Marguerite, femme de Laurent Bottin, pour avoir également et plusieurs fois mal mesuré du vin. (Archives de Grenoble ; *Titres*, n° 690 ; livre de *la Chaine*, f°s 148, *verso*, et 149, *recto*.)

(2) Cette peine était une amende de soixante sols, ou une punition corporelle laissée au gré de la cour-commune.

(3) *Ibid.* ; *Titres*, n° 678. Un acte daté du 19 juillet 1305 contient la permission donnée par les consuls à Guigues de Romans, marchand potier ou *picolier*, d'échantillonner les picots et autres mesures de vin pour les marchands au détail, avec la promesse formelle, faite par ledit Romans, sur serment et sous la garantie de ses biens, de s'acquitter de sa charge loyalement et de rendre aux consuls un compte exact de sa recette. Ces mesures, comme toutes celles de capacité et celles d'aunage, étaient marquées aux armes de la ville. (*Ibid.* ; *Titres*, n° 692.)

tants avaient plusieurs de ces machines ; ils en prêtèrent douze au dauphin Humbert Ier, en 1282, dans un moment où les frontières du Dauphiné, du côté de la Savoie, menaçaient d'être attaquées, et pour lesquelles machines, afin qu'une telle offre de services ne devînt pas pour eux dans la suite ni pour leurs descendants une charge quelconque, ils exigèrent de ce prince une reconnaissance, comme d'un prêt volontaire auquel ils n'étaient point tenus, et qui était, de leur part, une libéralité et une grâce spéciale.

« Nous, Humbert, dauphin de Viennois, comte d'Albon, seigneur de la Tour et de Coligny, faisons savoir à tous ceux qui verront ces présentes lettres, que nous confessons et reconnaissons publiquement qu'il nous a été concédé, par les hommes discrets et chéris, nos fidèles citoyens et bourgeois de Grenoble, de leur libéralité et grâce spéciale, douze balistes qui doivent rester, pendant un mois entier, à dater de celui que nous allons prendre, dans notre château d'Avalon (1), pour sa défense et aux frais desdits citoyens, de manière que, par une faveur qu'ils nous font, il ne sera demandé par eux aucune solde.

» Donné l'an du Seigneur 1282, le mardi avant la Nativité du Seigneur, sous l'apposition de notre sceau, en témoignage de la vérité (2). »

Déjà, quelques mois auparavant, les habitants de Grenoble avaient demandé une pareille déclaration à la dauphine Béatrix et au dauphin Jean Ier, prédécesseur d'Humbert, pour douze clients ou hommes de guerre qu'ils avaient fournis sans y être obligés, et qui avaient été envoyés en garnison, pendant sept jours, dans le château de Moirans que menaçait d'assiéger Amédée, comte de Savoie (3).

Les habitants s'attiraient ainsi l'affection du prince par des

---

(1) Ancien château fort près de Pontcharra, sur la commune de Saint-Maximin et Avalon.
(2) Archives de la ville; livre de *la Chaîne*, f⁰ 374.
(3) Déclaration, datée du *jeudi*, *avant la fête de Saint-Pierre-ès-Liens*, 1282. (Archives, *ibid.*; même livre de *la Chaîne*, f⁰ 318, *recto*).

services gratuits : eux-mêmes, de leur côté, recouraient au dauphin, lorsque, engagés dans quelque entreprise d'utilité publique, ils n'avaient point de fonds ni assez de fonds pour achever une œuvre projetée ou commencée ; ils cédaient alors en nantissement, pour sûreté de la somme qu'ils empruntaient et jusqu'à l'extinction de la dette, les revenus ou une partie des revenus de la ville, comme il résulte d'un acte du 11 novembre 1284. Par cet acte, *le dauphin Humbert Ier et la dauphine Anne reconnaissent qu'à cause d'un prêt de 300 livres* (1) *qu'ils ont fait à Bernard Joffrey, syndic de l'université des citoyens de Grenoble, au nom de cette université, ledit Joffrey et les autres membres du conseil, agissant pour cette même université, leur ont engagé le commun de la ville* (2) *et ses obventions ; lesquels commun et obventions ils promettent, tant pour eux que pour leurs successeurs, de maintenir, de conserver et de défendre jusqu'à plein et intégral paiement de ladite somme de* 300 *livres* (3).

Ce Bernard Joffrey, qualifié de syndic de *l'université* des citoyens et des hommes de Grenoble, en 1284, était l'un des consuls de cette ville pendant cette année.

Ces consuls, au nombre de quatre, furent d'abord appelés prud'hommes.

Les mêmes consuls sont nommés recteurs de la ville dans la charte de 1244 rapportée plus haut ; ils ont la qualité de consuls dans un document de 1252 et celle de *prud'hommes* et *de consulateurs* dans des titres de 1279, de 1282, de 1284

---

(1) Environ 4,376 fr., monnaie actuelle.
(2) Le même droit qui est appelé ailleurs *Emolument* du *vin* ou *dix-septain.*
(3) *Littera d. Humb. dalph. et d. Anne comitisse traditionis communis civitat. Gronop. certis ibidem nominatis levandi, donec et quousque fuerit eisd. satisfact. de trescentum libris vienn. per ipsos manu levatis* (Archives de Grenoble, livre de *la Chaîne*, fo 145, verso.)

Antérieurement à cette époque, il existe, sous la date du vendredi après la fête de saint Michel 1281, une quittance passée aux consuls de Grenoble par Reynaud de Montauban, *damoiseau,* pour acquit d'une somme de 160 livres viennoises qui lui était due par la ville. (*Ibid* ; *Titres,* no 875.)

et de 1297 (1) : ils sont nommés, aussi, dans d'autres actes, régisseurs du consulat, co-consuls, consuls et recteurs, consuls et procurateurs et syndics (2) ; mais la désignation, la plus usitée et qui a prévalu, est celle de consul ; ils sont également qualifiés, dans la plupart des actes, d'*hommes prévoyants*, d'hommes discrets, d'hommes distingués, de sages hommes, d'hommes prudents et d'hommes honorables, de puissants et de nobles hommes (3), de quelque rang et de quelque condition qu'ils soient, seraient-ils des gens de métier. Cette dernière qualification était due, comme on le comprend, au seul titre de consul ; titre qui flattait ces mandataires du peuple et qui les élevait au rang des seigneurs les plus influents et les plus jaloux de leur autorité. Une commune, unie et bien organisée, constituait une vraie puissance : cette commune se maintint telle, à Grenoble, jusqu'au temps de Louis XI, époque où ce prince ayant introduit diverses réformes dans le consulat de cette ville, elle commença, peu à peu, à perdre de son pouvoir et de son influence, en perdant, en même temps, de ses libertés et de ses prérogatives : jusque-là, Grenoble, régi et administré par ses seuls consuls, forma une petite république sous la sauvegarde et sous le double patronage de son évêque et du dauphin.

Les consuls étaient les gardiens des libertés et des franchises de la ville ; ils veillaient à ce que les anciennes formes et les anciennes prestations de serment fussent observées et à ce que les habitants ne fussent point incarcérés lorsqu'ils étaient poursuivis pour dettes, ni qu'ils fussent distraits, en aucun cas, de leurs juges naturels. Chargés eux-mêmes de conserver intactes et de faire observer les immunités municipales, ils en étaient, à la fois, les dépositaires et les défenseurs ; ils étaient chargés, aussi, de réclamer l'exécution des ordonnances et des règlements des seigneurs, qui assuraient les droits des citoyens, ou qui étaient rendus dans un but

---

(1) *Probi viri, consulatores.* (*Ibid.* ; *Titres*, nos 678, 769, 875, 883.)
(2) *Rectores consulatus, co-consules ; consules et rectores, consules et procuratores, syndici.*
(3) *Providi viri, discreti viri, egregii viri, prudentes viri, honorabiles viri, potentes et nobiles viri.*

d'utilité publique ; de même qu'ils s'opposaient, avec force, à tout ce que le juge de la cour-commune ou cette cour, disposés à léser les habitants, faisaient ou tentaient de contraire à ces droits et aux priviléges de leurs administrés. En un mot, la garde spéciale des franchises et le soin d'y veiller leur étaient confiés : c'étaient là leurs principales attributions.

Les consuls s'acquittaient de leurs devoirs avec zèle : plusieurs preuves et plusieurs documents anciens nous l'attestent. Il existe, dans les archives de la ville, des traces nombreuses de leurs actes administratifs, qui établissent et qui font connaître avec quelle activité et quel empressement ces mêmes consuls prenaient en main les intérêts de la cité, pour tout ce qui concernait ses libertés et ses priviléges.

Ainsi, après le décès du dauphin Guigues VII, arrivé en 1270, ils protestèrent, par acte notarié, contre une nouvelle forme d'hommage, prescrite, contrairement à ces libertés, par l'évêque Guillaume II de Sassenage et par la dauphine Béatrix, mère et tutrice du jeune dauphin Jean Ier (1). Ils invoquèrent les mêmes libertés, en 1297, en faveur d'un citoyen emprisonné pour dettes (2), et, en 1316, en faveur d'autres habitants, soit en offrant de cautionner deux d'entre eux pour les tirer des prisons de Vizille, où ils étaient détenus pour crime (3), soit en appelant, comme d'abus, d'un jugement rendu contre divers citoyens qu'on avait distraits du juge de la cour-commune pour les traduire devant un juge-commissaire nommé par le dauphin (4). Ils firent poursuivre et incarcérer, en

---

(1) *Protestation sans date, par les consuls de Grenoble, que l'hommage par eux prêté au seigneur évêque de Grenoble et dame Béatrix, dauphine de Viennois, contre la forme accoutumée et prescrite par les priviléges de la ville, ne pouvait leur faire préjudice à l'advenir.* (Archives de Grenoble; *inventaire de* 1707 ; *Titres,* n° 827.)

(2) *Acte par lequel les consuls se plaignent que, contre les priviléges municipaux de la ville, le châtelain d'icelle avait emprisonné un habitant de la ville pour debte civile;* 1297. (*Ibid.*; *Titres,* n° 734.)

(3) *Offre faite par les consuls de Grenoble au châtelain de Vizille, de cautionner deux des habitants de Grenoble qui étaient détenus audit Vizille pour quelque crime;* 1316. (*Ibid.*; *Titres,* n° 854.)

(4) *Acte d'appel des consuls d'un jugement rendu contre plusieurs*

1322, un habitant de Romans, accusé du meurtre d'un armurier, citoyen de Grenoble (1) ; ils s'opposèrent, en 1330, en 1364, en 1366 et en 1370, à des ordonnances et à des

particuliers, au sujet d'une rixe arrivée entre eux et quelques habitants d'Eybens; 1316. (Ibid.; Titres, no 861.)

Une rixe à main armée éclata, en 1316, entre des habitants de Grenoble et des habitants d'Eybens : il y eut des gens blessés et des personnes tuées ; des habitants de Grenoble, faits prisonniers, furent conduits et renfermés à Vizille. Dans une affaire aussi grave, les consuls de la ville ne manquèrent pas d'agir pour leurs concitoyens ; ils offrirent de cautionner, pour les tirer de prison, deux d'entre eux détenus à Vizille; ils appelèrent aussi du jugement que rendit, contre les mêmes habitants de Grenoble, un juge-commissaire et spécial, qui n'était point leur juge naturel. L'évêque, dont les droits se trouvaient également lésés par cette violation de la justice commune qui appartenait aux deux seigneurs, appuya la demande des consuls: il en résulta que le dauphin, quoiqu'il n'eût eu d'autres vues, dans le choix d'un juge spécial, que le soin d'éviter toute aigreur et toute partialité, du moment qu'il s'agissait de débats entre des habitants de deux localités différentes, annula, afin de respecter et de maintenir les franchises de la ville, le jugement de ce juge et qu'il renvoya les habitants de Grenoble devant leur juge naturel qui était celui de la cour-commune. Ce prince défendit en même temps aux châtelains de Vizille et de Saint-Martin-de-Cornillon de faire et d'exercer aucun acte de justice, au préjudice de ce même juge, dans l'étendue des confins de la ville.

Révocation faite par illustre prince Jehan, dauphin de Viennois, à la poursuite de R. P. en Dieu Guillaume, évêque et conseigneur de Grenoble et consuls de ladite ville, d'une sentence rendue par certain juge ou commissaire, député par le dauphin, au préjudice de la justice commune entre lesdits seigneurs évêque et dauphin, contre quelques habitants de ladite ville, à la poursuite de quelques particuliers d'Eybens pour fait de crime et homicide; 1313. (Ibid; Titres, no 706.)

Lettres patentes de Jehan, dauphin, portant défences aux châtelains de Vizille et de Saint-Martin-de-Cornillon de faire aucun acte de justice dans les confins du territoire de Grenoble; 1316. (Ibid.; Titres, no 657.)

(1) *Instrumentum avoyationis, cujusdam homicidii per Guilloctum de Sancto Dyonisio, ad thuylionem sui corporis perpetrati, et exonerationis Gilleti de eodem inculpati.* (Archives de Grenoble; livre de la Chaîne, fo 25, recto.)

Cet habitant de Grenoble s'appelait Perrot ou Pierre : les soupçons du meurtre étant tombés sur un doreur de Romans nommé Gillet, les consuls de Grenoble le firent arrêter et mettre en prison. Sur le bruit

règlements relatifs à la fabrique et à la valeur des monnaies ; lesquelles ordonnances prescrivaient, sous peine d'une amende de 25 marcs d'argent fin et de la confiscation des monnaies et des marchandises, d'acheter avec d'autres monnaies qu'avec des monnaies delphinales, à l'exception seulement de celles des papes, des empereurs et des rois de France ; ce qui était contraire aux priviléges de la ville, qui permettaient aux habitants, ainsi qu'on l'a vu plus haut, de se servir à leur gré et pour leur usage de toutes monnaies étrangères (1). Ils s'opposèrent aussi, en 1360, à la construction de deux martinets, l'un sur la Vence (2) et l'autre (3) sur le ruisseau du Rivalet,

de ces poursuites et de cette arrestation, Guillot ou Guillaume de Saint-Denis, armurier de Valence, auteur du crime, se fit connaître ; il déclara devant notaire, par acte passé dans cette dernière ville, le 24 octobre 1322, pour rendre hommage à la vérité et sur serment, que Gillet n'était point coupable et que c'était lui qui, son corps défendant, avait tué Perrot.

(1) *Renvoi du juge commun de Grenoble, sur l'appellation émise par les consuls de Grenoble de son ordonnance, portant défense aux habitants de commercer qu'en monnoye delphinale, contre les libertés de la ville;* 1330. (*Ibid.; Titres,* no 816.)

Protestation faite par les consuls contre une publication faite de par le juge, pour le fait de la monnoye; 1364. (*Ibid.; Titres,* no 855.)

Acte d'opposition des consuls de Grenoble à l'exécution de l'ordonnance du roy, portant défences de se servir d'aucune autre monnoye que du florin delphinal de 26 sols delphinaux, comme étant cette défence contraire aux libertés de la ville ; cette ordonnance fust révoquée par une contraire; 1366. (*Ibid.; Titres,* no 762.)

Ordonnance et règlement pour la fabrique et valeur des monnoyes qui doivent avoir cours en Dauphiné; 1370. (*Ibid.; Titres,* no 821.)

(2) *Ordonnance du juge majeur du Graysivodant sur la plainte des consuls de Grenoble qui défend à Reynaud Repelin et à Jean Argoud de plus faire travailler un martinet qu'ils avaient faist construire sur le ruisseau de Vincy, à cause de la trop grande consommation de bois et charbon qu'il faisait au détriment de la ville;* 1360. (*Ibid.; Titres,* no 763.)

Transaction entre les sieurs consuls de Grenoble et Jean Argoud et Renaud Repelin, par laquelle ledit sieur Repelin a consenti de démolir un martinet qu'ils avaient fait construire sur la Vincy, au-dessous du Sappey, à cause de la grande consommation des bois et charbon ; 1360. (*Ibid.; Titres,* no 580.)

(3) Ce martinet appartenait aux religieuses de Montfleury, dames de la Tronche.

séparant le territoire de Grenoble de celui de la Tronche : deux usines dont ils demandèrent la démolition au juge majeur du Graisivaudan, sur la promesse faite par le dauphin Humbert II, qu'il n'aurait jamais été construit de martinet proche de la ville, parce qu'ils consommaient beaucoup de bois, et qu'en abattant les forêts des montagnes, *il était à craindre que les ravines ne grossissent la rivière et qu'elles n'incommodassent grandement ladite ville et les héritages des habitants* (1). Ils protestèrent, en 1364, contre diverses criées et contre des publications ordonnées par le juge de la cour-commune, comme étant contraires aux franchises et aux priviléges de la ville (2), et, en 1378, contre une ordonnance du même juge, fixant le prix des denrées, la confection des habillements et la journée de l'ouvrier ; ce qui était un empiétement sur leurs droits, et une atteinte manifeste, portée à la liberté du commerce garantie par ces mêmes franchises (3). Un semblable motif, celui de

---

(1) *Recueil historique et chronologique du monastère de Montfleury.* (Manuscrit de la bibliothèque publique de Grenoble.)

(2) *Protestation faite par les consuls de Grenoble contre certaines publications faites dans la ville en tant qu'elles seraient au préjudice des droits et priviléges d'icelles* ; 1364. (*Ibid.* ; *Titres*, no 792.)

(3) *Publication des règlements de police dans la ville de Grenoble;* 1378. (*Ibid.*; *Titres*, no 813.)

Les consuls protestèrent contre cette publication du juge de la cour-commune, comme ils le firent de nouveau peu d'années après, en 1392 et en 1394, en s'opposant à diverses saisies de vin faites par l'ordre de ce juge, contre des habitants qui vendaient cette denrée au-dessus du taux qu'il avait fixé lui-même, quoique, malgré ce taux, il fût libre aux habitants de vendre leurs denrées au prix qu'ils le voulaient.

Sentence du juge rendue sur l'intervention des consuls, qui accorde à un particulier la mainlevée d'une benne de vin à luy saisie de la part des procureurs fiscaux, pour avoir vendu le vin trop cher ; les consuls ayant soutenu ladite arrestation faite contre les libertés de la ville; 1392. (*Ibid.* ; *Titres*, no 867.)

Acte par lequel il apert que le juge ordinaire de Grenoble ayant fait sequestrer deux tonneaux de vin contre quelques habitants pour l'avoir vendu plus de huict deniers la mesure, au préjudice des inhibitions dudit juge, les consuls de Grenoble s'étant plaints contre luy de la sequestration, au préjudice des priviléges et libertés accordés par les seigneurs de la ville aux habitants d'icelle, de vendre leurs denrées à

l'entière observation de ces franchises et de ces priviléges qui voulaient que des habitants, quoique convaincus de s'être servis, plusieurs fois, de faux poids et de fausses mesures, ne fussent condamnés qu'à une seule amende et pour un seul chef, et que des citoyens poursuivis pour adultère ne fussent point arrêtés ni incarcérés, leur fit prendre fait et cause, en 1391, pour des habitants condamnés par le juge de la cour-commune pour des infractions sur le fait de ces poids et de ces mesures (1), et, en 1401, pour d'autres citoyens de la ville, arrêtés et incarcérés par l'ordre du même juge de la cour-commune, sur la prévention du crime d'adultère (2).

Les consuls soutinrent constamment les droits de la ville. Ce fut, surtout, quelques années après, au commencement du même siècle, qu'ils eurent à protéger et à défendre ses intérêts dans une affaire qui s'éleva entre le chapitre de la cathédrale et les habitants, et qui fit à cette époque grand bruit.

Un usage, dont l'origine ne fut d'abord qu'une simple libéralité, et qui, peu à peu, imposé par la force des convenances et par l'exemple, finit par devenir un droit qui s'établit dans plusieurs lieux, voulait qu'une personne sur le point de mourir, fît don de son lit ou de quelques-uns des objets de son lit à l'église ou au couvent où elle choisissait sa sépulture (3).

leur gré; ledit juge se soumet à l'observation desdits priviléges avec promesse de ne plus y contrevenir; 13 janvier 1394. (*Ibid.; Titres,* n° 661.)

(1) *Recours intenté par les consuls et habitants de Grenoble contre certain jugement du juge de la cour-commune sur le fait des poids et mesures au préjudice des priviléges de la ville;* 1391. (*Ibid.; Titres;* n° 798.)

(2) *Plainte faite par les consuls contre le juge de Grenoble, d'avoir faict des procédures criminelles contre plusieurs particuliers accusés contre les priviléges de la ville ;* 1401. (*Ibid.; Titres,* n° 835.)

(3) Agnès de Faucigny, mère de la dauphine Béatrix, femme du dauphin Guigues VII, donne, par son testament de 1262, la garniture de son lit à la maison où elle sera ensevelie :« Je doin ma courtre point et mon couverture lai où je serai sevelie, et mon lit de plumes ensemble.» (Anciennes archives de la chambre des comptes de Grenoble; testament d'Agnès de Faucigny; *carte Fucigniaci.*)

Un pareil don d'un lit complet et orné est fait au couvent des frères prêcheurs d'Avignon par Saure de Meuillon, femme d'Izoard, sei-

Cet usage, rappelé dans des testaments anciens, existait à Vienne dès le milieu du treizième siècle : il en est question dans un article des libertés accordées aux habitants de cette ville par l'archevêque Jean de Bournin, qui occupa le siége de Vienne de l'an 1216 à l'an 1266 ; lesquelles libertés furent confirmées par le pape Innocent IV : il est dit dans cet article, où sont réglés les droits des églises pour les enterrements, que là où la coutume était de donner aux églises le lit du défunt, ce serait non le meilleur lit qu'on devrait donner, mais le moindre, dans le cas qu'il y en eût plusieurs (1). A Grenoble, les libertés de la ville ne contenaient rien de semblable : elles n'attribuaient aucun droit de cette nature ni aux églises ni aux ecclésiastiques ; cependant, là comme ailleurs, s'établit aussi l'usage de faire aux églises l'offrande du lit du défunt, ainsi que celle d'un drap dont on recouvrait le cercueil : c'était le chapitre de la cathédrale qui s'arrogeait ce lit et ce drap (2).

En 1412, trois habitants de Grenoble, un homme et deux femmes, Jean Vallier, Alise et Benastine Delile, se récrièrent contre cet abus que rien n'autorisait, et manifestèrent la ferme intention de ne point se prêter aux exigences du chapitre, refusant formellement de livrer les lits et les draps qu'il réclamait pour leurs parents défunts. Une action judiciaire s'engagea ; il en résulta un procès porté devant la cour de Rome, où les trois défendeurs furent appelés et cités à comparaître. Les consuls prirent, comme ils le devaient, la défense de leurs administrés : sur leur demande, les habitants s'assemblèrent et choisirent

---

gneur d'Ays, dans son testament du 3 des kalendes 1286. Un don semblable, en faveur de la Grand'Maison-Dieu de Paris, se trouve dans le testament de la reine Clémence de Hongrie, veuve de Louis Hutin, daté du 5 octobre 1328. (Mêmes archives; testament de Saure de Meuillon, *carte Baroniar.*; testament de la reine Clémence, *carte generales Delphinatus.*)

(1) *Et si, ex consuetudine, ad aliquas pertinet lectus morientis, non melior, si plures habeat, sed mediocris duntaxat exigatur.* (Mêmes archives; *Registre; liber primus copiarum in judicat. terre turris,* fo 238.)

(2) Délibération des habitants, du 21 août 1412. (Archives de Grenoble; livre de *la Chaîne,* fos 352 et 353.)

deux députés envoyés à Rome aux frais de la ville et chargés d'agir tant dans l'intérêt de Jean Vallier et des deux sœurs Delile que dans celui de tous les citoyens dont la cause et les droits devenaient les mêmes (1). Ces deux députés furent : Guillaume Desbaux, notaire, et Jean Salet, qui, tous les deux, promirent et jurèrent publiquement, le 31 août de la même année, de faire tout ce qui serait en leur pouvoir et qui dépendrait d'eux pour défendre les droits de leurs mandataires et ceux de la ville : un acte de cette déclaration et de cette promesse fut passé devant un notaire; il fut alloué, en même temps, aux deux députés, pour leurs frais de voyage, savoir : à Guillaume Desbaux, deux chevaux et un domestique et quinze florins par mois, et à Jean Salet, un cheval et neuf florins aussi par mois (2).

Un an après, ce procès était toujours pendant devant la même cour, et rien n'était statué encore sur cette affaire, ainsi qu'il résulte d'un acte de notoriété, du 22 octobre 1413, constatant que Michel Andrut, chapelain de la cathédrale, et Pierre Copel, tondeur de draps, clerc de cette église, se rendirent, ce jour-là, au domicile d'Antoine Emondrut, notaire, qui venait de décéder ; qu'ils prirent le linceul blanc qui recouvrait son cercueil, et qu'ils mirent, à sa place, un drap mortuaire, chargé de bandes noires, blanches, rouges et vertes. Des personnes se trouvaient présentes : il est dit, dans cet acte, que ces personnes, étonnées de cette démarche qu'elles regardaient comme une ruse de la part du clergé pour voir si, au moyen de cette substitution, les habitants ne réclameraient point contre l'enlèvement de ce linceul, demandèrent au chapelain ce qu'il faisait et pourquoi il agissait

---

(1) *Députation faite par les consuls de Grenoble, pour envoyer à Rome pour défendre quelques particuliers assignés de la part du chapitre Nostre-Dame prétendant que les lits et couverture de ceux qui mouraient leur appartenaient; 1412.* (*Ibid.; Titres*, n° 856.)

(2) *Le chapitre de Nostre-Dame avait coutume de prendre les lits et couverture dans lesquels décédaient les habitants; et pour cela avait procès avec quelques particuliers, pour lesquels, les consuls délibérèrent de par cest acte, de défendre de cette prétention contraire aux privilèges; 1402.* (*Ibid.; Titres*, n° 851.)

ainsi, lorsqu'il existait un procès entre le chapitre de la cathédrale et Jean Vallier, au sujet des prétentions du chapitre sur les lits des défunts et sur les linceuls dont on couvrait leurs bières. Le chapelain répondit que ce drap mortuaire était à lui et qu'il l'avait apporté afin qu'Emondrut, qui était son parent, fût enterré d'une manière plus décente et plus convenable (1).

Ce même procès existant alors entre le chapitre de la cathédrale, Jean Vallier et les sœurs Delile, fut, deux ans après cette dernière époque, porté de la cour de Rome au concile de Constance; c'est-à-dire que les habitants et les consuls de Grenoble, profitant de la réunion de ce concile, envoyèrent, sur les lieux, deux députés pour demander aux pères de cette assemblée et pour en obtenir que le même chapitre fût débouté de ses prétentions relativement aux lits des défunts et aux linceuls mis sur leurs cercueils; lits et linceuls que ce chapitre, ainsi qu'on vient de le voir, prétendait lui appartenir. La réunion du conseil général des habitants, à l'effet de nommer les deux députés, eut lieu le 7 mars 1414, dans le réfectoire du couvent des frères mineurs; ces deux députés nommés furent: Jean Pic, notaire, et Guillaume Desbaux, aussi notaire, le même qui précédemment avait été envoyé à Rome pour la même cause (2). Des instructions particulières furent en même temps données aux deux mandataires; il leur fut recommandé de ne rien négliger dans l'intérêt de la ville et dans celui de leurs concitoyens, et de tâcher d'avoir audience du gouverneur du Dauphiné et de Jacques Gélu, archevêque de Tours (3), pour se les rendre favorables et pour les disposer

---

(1) *Acte de notoriété de ce qu'Anthoine Emondrut étant mort et sa bierre couverte d'un linceul, messire Michel Andrut, chapelain de Nostre-Dame, en place dudit linceul, avait mis un drap mortuaire, au préjudice du procès entre le chapitre et Jean Vallier, citoyen de Grenoble, qui prétendait droit d'enlever les linceuls qu'on mettait sur les bierres des défunts;* 1413. (*Ibid.; Titres*, n° 810.)

(2) Archives *ibid.; Titres*, n° 744. *Députation faite par les consuls de Grenoble pour envoyer au concile de Constance, au subject d'un procès pendant en cour de Rome, entre les doyen et chapitre de l'église de Grenoble et Jean Vallier;* 1415.

(3) Il avait été président du conseil delphinal.

en leur faveur. Ces deux personnages étaient les ambassadeurs du roi et du dauphin auprès du concile et de l'empereur; ils pouvaient, par leur rang et par leur position, exercer une certaine influence sur l'auditeur de la cour et sur les autres membres du concile appelés à décider dans cette affaire. Il ne paraît pas néanmoins que, malgré toutes ces instances et ces démarches actives, les habitants de Grenoble aient réussi à obtenir une décision telle qu'ils le désiraient : si le concile ne se prononça point pour eux, il ne se prononça pas non plus en faveur du chapitre; il ne donna, sur ce point, aucune solution. Cette affaire qui durait depuis plusieurs années, qui avait agité toute la population de Grenoble et qui avait coûté à la ville de fortes sommes, soit pour frais du voyage et du séjour des députés envoyés à Rome et à Constance, soit pour dons faits à diverses personnes auxquelles il fallut recommander ce procès, fut enfin terminée d'une manière amiable en 1416. La ville et le chapitre finirent par s'entendre; il fut fait un traité le 16 décembre de cette année, par lequel traité le chapitre renonça à ses prétentions et la ville arrêta qu'il serait payé, par les héritiers du défunt, des frais funéraires, réglés suivant la fortune et les facultés pécuniaires du même défunt.

§ XV. — *Atteintes portées aux libertés et aux franchises des habitants de Grenoble par Louis XI et par les rois dauphins, ses successeurs.*

Les habitants de Grenoble ne furent d'abord soumis à aucune taille ni à aucune contribution, soit pour le dauphin, soit pour l'évêque. Toutes les sommes pour lesquelles ils s'imposaient, et dont ils disposaient à leur gré et suivant leur vouloir, étaient affectées aux besoins et aux nécessités de la ville : ces sommes étaient leur propriété; c'étaient eux qui les percevaient et qui en faisaient l'emploi utile qu'ils jugeaient convenable; ils ne payaient aux deux seigneurs aucune imposition. Cette même exemption de tailles, reconnue par les évêques et par les dauphins, fut confirmée à ces habitants par le dauphin Humbert II, en 1341 (1) et par le même prince, en 1349 (2), lorsque, cette année, avant de céder ses états à la France, il déchargea tous les habitants du Dauphiné de toutes tailles et charges serviles, et qu'il les rendit tous alors, pour ainsi dire, francs et libres, voulant, par là, au moment de se séparer d'eux, leur laisser un témoignage de sa satisfaction à leur égard, et un souvenir durable de son gouvernement doux et paternel. Cette confirmation fut le statut delphinal donné par Humbert II, et daté de Romans, du 14 mars 1349.

Le dauphin Charles, successeur d'Humbert, respecta cette charte, qu'on peut appeler, non sans raison, la constitution politique de l'ancien Dauphiné. Il n'en fut pas de même des dauphins qui succédèrent à ce dernier : sous ces princes, les gouverneurs du pays, s'habituant peu à peu à demander des secours et des dons gratuits pour subvenir à des frais de réception, à des frais de guerre ou à d'autres dépenses de cette nature, commencèrent à renouveler de plus en plus de pareilles demandes. Les états de la province, décidés, souvent par les circonstances, d'autres fois par des motifs non moins pressants, ne surent guère eux-mêmes s'opposer à ces dons ni les refuser : de là naquit un abus pour les villes et pour les autres lieux, qui, par leurs priviléges, jouissaient d'une exemption générale. Comme la répartition des sommes votées se faisait pour toute la province d'une manière uniforme, et que chaque commune ou paroisse était censée y contribuer, les officiers du fisc, chargés de ce travail et du recouvrement des deniers, ne manquaient pas de comprendre chaque fois dans leurs rôles les habitants de Grenoble pour leur contingent. Ceux-ci, à la vérité, lésés dans leurs droits, protestaient contre une imposition à laquelle ils n'étaient point tenus ; ils alléguaient leurs franchises, mais, de peur de déplaire au prince, ils finissaient par accéder aux désirs du gouverneur, se contentant de faire connaître, par un acte de notoriété et pour assurer le maintien de leurs droits, que, s'ils contribuaient à

---

(1) Charte du 1er septembre 1341, datée du château de Beauvoir en Royans. (Archives de Grenoble ; *Titres*, n° 707.)

(2) *Ibid.; Titres,* n° 704.

une partie du don ou du secours voté, c'était sans entendre porter aucun préjudice aux priviléges et aux libertés de la cité.

Il existe dans les archives de la ville une pareille protestation faite par les consuls en 1414 : d'après cette protestation, le gouverneur ordonna de distraire les habitants de Grenoble d'une imposition de 30,000 florins, votée par les états de la province pour le dauphin, et pour laquelle imposition ils venaient d'être compris dans le rôle du répartiment général(1). Les habitants, ainsi réintégrés dans leurs franchises, firent alors de leur plein gré ce qu'on avait voulu de prime abord exiger d'eux ; c'est-à-dire qu'après s'être assemblés et avoir délibéré sur le fait dont il s'agissait, ils accordèrent eux-mêmes, de leur libre et entière volonté, le montant du don pour lequel le gouverneur avait d'abord ordonné qu'ils fussent taxés comme les autres habitants du pays.

Pour le don fait au seigneur notre dauphin, sans préjudice des libertés de ladite université des habitants.

Item, ladite université des habitants de Grenoble et les consuls de la même ville ayant été priés par le seigneur gouverneur du Dauphiné et le vénérable conseil delphinal, au nom du seigneur notre dauphin, de vouloir donner audit seigneur notre dauphin 626 florins, comme les autres universités des autres habitants ont donné les autres sommes en subside des guerres qui désolent la France ; pour ces motifs, les consuls précités, du consentement et du conseil de la majeure et de la saine partie des hommes de ladite université, ont concédé ledit don de 626 florins, devant être payés aux termes ci-après, savoir....., et cela sans préjudice desdites libertés (2).

(1) *Lettres du gouverneur de la province, contenant révocation de l'ordonnance par lui précédemment faite de comprendre la ville de Grenoble en la contribution d'un don de trente mille florins accordée au Roy par la province : de laquelle contribution la ville est déclarée exempte à cause de ses priviléges ;* 1414. (Archives de Grenoble; *Titres,* nº 846.)

(2) *Ibid., Comptes;* année 1414.

Ces dons, renouvelés à des époques rapprochées, devinrent bientôt une obligation. Il fallut s'y soumettre. Ce fut surtout sous le dauphin Louis, depuis Louis XI, lorsqu'il vint en Dauphiné et lorsqu'il succéda à son père, que des subsides annuels furent d'abord imposés sur les habitants de Grenoble comme un secours provisoire nécessité par des circonstances pénibles, et, bientôt après, maintenus par l'usage et par une sorte d'habitude, malgré les vives instances de ces habitants, et leurs démarches actives à faire valoir leurs franchises et leurs anciens priviléges. Le même prince introduisit aussi, comme on le verra ci-après, diverses réformes dans le mode des élections consulaires, et porta en même temps diverses atteintes aux droits et aux prérogatives des consuls dont il affaiblit et diminua peu à peu l'autorité : les successeurs de Louis XI, intéressés aux mêmes réformes, adoptèrent le même plan et le même système.

§ XVI. — *Régime consulaire, depuis l'époque la plus reculée jusqu'en 1790.*

Première période.

Les consuls, dès leur origine, furent chargés de l'entière administration de la cité, ainsi que de la police de la ville et de l'exécution des arrêtés qui concernaient le maintien du bon ordre et de la tranquillité publique : ils pouvaient, à cet effet, recourir au juge de la cour-commune, aux officiers et aux agents de cette cour, au châtelain et au courier, et, s'il le fallait, aux baillis, aux juges de toutes cours, aux mistraux et à tous autres officiers du dauphin et de l'évêque, tous tenus de leur prêter main-forte et d'agir sur leur requête (1). Ils avaient en leur pouvoir les clefs des portes et des poternes de la ville (2); ils visitaient ces portes et ces poternes, les rem-

(1) Archives de Grenoble; *Titres*, nos 705 et 725.
(2) *Ibid*; *Titres*, no 676.

parts et les fortifications qu'ils entretenaient aux frais communs des habitants (1); ils marquaient aux armes de la cité les mesures d'aunage et de capacité dont se servaient les marchands (2); ainsi que tous les objets d'or et d'argent confectionnés et travaillés par les orfèvres ou par eux mis en vente : cette dernière fonction leur fut confiée par le dauphin Jean II, conformément à deux ordonnances de ce prince, toutes les deux datées de ce même jour, 18 février 1318 (3); ils inspectaient les vases vinaires et autres vaisseaux pour le débit des liquides et des grains; ils délivraient les lettres de civisme ou de bourgeoisie pour être admis au nombre des citoyens de Grenoble (4); ils faisaient eux-mêmes la rentrée des impôts, des droits et des revenus de la ville; ils recevaient les comptes de leurs prédécesseurs et présentaient les leurs à ceux qui leur succédaient, ou bien ils chargeaient l'un d'eux de cette rentrée, et ce dernier soumettait ensuite ses comptes aux autres consuls. A chaque arrêté définitif de compte, une quittance finale était donnée aux anciens consuls : jusqu'à ce moment, leurs biens et tout ce qu'ils possédaient répondaient de leur gestion; eux-mêmes, toutefois, ne devenaient point pour cela garants des dettes de la ville, ne pouvant en aucun cas être poursuivis personnellement pour dettes, ni incarcérés pour cette cause. Une de ces quittances, datée du *troisième jour de la lune*, après l'octave des apôtres Pierre et Paul de l'an 1291, nous apprend que, cette année, toutes dettes acquittées, le restant en caisse fut de trente-cinq livres cinq sols six deniers, somme dont se chargèrent les nouveaux consuls (5).

Les mêmes consuls avaient la garde du coffre-fort, des armures, des armes et des mesures de la ville (6): le sceau de la ville et le grand sceau dont étaient scellés quelques actes et les lettres de civisme ou de bourgeoisie qu'ils délivraient, leur

(1) *Ibid.; Titres*, n° 678.
(2) *Ibid.; Titres*, n° 678.
(3) *Ibid.; Titres*, n° 592.
(4) *Ibid.; Titres*, n° 726.
(5) *Ibid.;* livre de *la Chaine,* f°s 337 et 338.
(6) *Ibid.;* même livre, f°s 337 et 338.

étaient également remis (1). Ils réglaient, conjointement avec un conseil particulier composé de marchands et de prud'-hommes spéciaux, l'alloi et la valeur des monnaies étrangères reçues à Grenoble, et le cours pour lequel ces monnaies étaient reçues (2). Ils prenaient, sur les fonds communs, les sommes nécessaires pour payer la moitié des frais qu'avaient à supporter pour *citations* hors du territoire ou pour *vexations*, les citoyens contribuant aux tailles et aux dépenses communales. Aucune somme, enfin, n'était mise dans le coffre-fort, si ce n'est en la présence de deux consuls (3). Aux processions et aux autres cérémonies où les consuls assistaient, on portait devant eux, en signe d'honneur, quatre panonceaux ou écussons, sur lesquels étaient peintes trois roses qui étaient et qui sont encore les armes de la ville.

Quant au rang et à la préséance, les consuls, choisis d'abord indistinctement parmi les habitants, furent tous égaux et pairs jusqu'en 1467 ; c'est-à-dire que, jusqu'à cette époque, n'étant les représentants ni les mandataires d'aucune classe spéciale, ils n'eurent aucune qualification de premier, de second, de troisième ni de quatrième consul, comme l'usage s'établit depuis cette même époque, et ce qui est constaté par des actes anciens, où les mêmes consuls sont souvent nommés dans tel ordre au commencement d'un acte, et dans un ordre tout différent à la fin du même acte.

Aux consuls était adjoint un conseil, choisi par les consuls eux-mêmes, et qu'on trouve composé à diverses époques d'un nombre de membres plus ou moins grand : ainsi, ces membres étaient au nombre de six en 1284 et en 1291 ; on en comptait sept en 1304 et en 1340, huit en 1347, neuf en 1428, et même quinze en 1447 ; d'où il résulte que le nombre de ces conseillers, *consiliarii*, qualifiés d'*honorables hommes*, quelquefois de *nobles* et de *prévoyants hommes*, a dû varier suivant

---

(1) Sur le sceau ordinaire figuraient trois roses. Le grand sceau offrait la vue d'une ville avec ses cloches, ses tours, ses églises, ses ponts, ses portes et ses murailles : on y lisait autour le mot *Gratianopolis*.
(2) *Ibid.: Titres*, n° 613.
(3) *Ibid.*; livre de *la Chaîne*, f°s 337 et 338.

les circonstances et suivant les affaires plus ou moins pressantes de la ville: ils sont aussi nommés, dans quelques titres, *administrateurs de la cité*. Il paraît que la plupart d'entre eux étaient, pour l'ordinaire, d'anciens consuls : c'est, du moins, ce qu'on doit induire d'un acte de l'année 1304, où ces conseillers ont tous cette qualification.

Les consuls et les conseillers sortaient chaque année : les mêmes membres pouvaient être réélus ; ils étaient tous installés en présence de six témoins et d'un notaire qui dressait un acte de leur entrée en charge. Cet acte restait déposé dans les archives.

Fixées, d'abord, aux premiers jours de juillet, comme l'indiquent des titres de 1291, de 1297, de 1312 et de 1321, les élections furent ensuite renvoyées au mois de décembre, usage qui, pratiqué déjà en 1335 (1), a duré jusque vers le milieu du dix-septième siècle, époque où les mêmes élections furent transférées au commencement du mois de janvier ; elles avaient lieu dans le couvent des Frères mineurs ou cordeliers, dans la grande salle servant de réfectoire. Les réunions ordinaires se tenaient, au treizième siècle, dans le même couvent ; elles s'étaient tenues, antérieurement, sur la place du Grand-Conseil, appelée aussi du *Mauvais-Conseil*, *Malconseil* ou *Mauconseil*, aujourd'hui place aux Herbes. Plus tard, les habitants ayant fait construire, en 1401, une maison commune ou tour, à laquelle on donna le nom de *Tour-de-l'Ile*, parce qu'elle était située dans le quartier de l'Ile, proche du même couvent des frères mineurs, cette maison servit d'hôtel de ville jusqu'au moment où Lesdiguières fit abattre le couvent et les bâtiments voisins pour y élever une citadelle : la tour seule, à cause de sa position, fut conservée et utilisée ; c'est la tour carrée de la citadelle actuelle, défendue, alors, par l'Isère, par une poterne dite la *Poterne-de-l'Ile*, et par

---

(1) *Ibid.; Comptes;* année 1335, 1er cahier, fo 1. Cet usage ne paraît pas toutefois avoir été adopté d'une manière tellement exclusive, qu'on ne trouve des élections consulaires faites à une autre époque de l'année, lorsque les circonstances et les besoins de la commune l'exigeaient : en 1339, par exemple, ces élections eurent lieu le dimanche 25 octobre. (*Ibid.; mêmes Comptes*, année 1340, 4e cahier, fo 1.)

un rempart qui allait aboutir à la porte Viennoise ou de l'Evêché. La maison commune était une maison forte, le centre de l'autorité populaire. Grenoble eut ainsi, à la même époque, dans le même temps, dans la même enceinte, trois maisons fortes, vedettes de trois puissances rivales et jalouses: le palais des dauphins, celui des évêques, et la maison commune. Près de cette dernière maison forte étaient aussi le four banal, la boucherie de la ville, et ses moulins construits sur l'Isère, et qui furent détruits pendant nos guerres de religion. Une tour de chacune de ces forteresses du moyen âge reste aujourd'hui debout : la tour carrée de la citadelle ; la tour de l'hôtel de ville actuel, ancienne dépendance du palais delphinal, et la tour de l'évêché, qui domine ces deux autres tours et les édifices de la ville, comme pour attester qu'il y eut un temps où la puissance épiscopale fut la seule qui prévalût à Grenoble.

Tous les habitants étaient appelés aux élections générales.

Quoique ces élections dussent avoir lieu tous les ans et que les citoyens eussent à cœur de maintenir intact et en entier l'un de leurs droits les plus chers, celui d'élire leurs magistrats, il n'est point sans exemple que ces citoyens s'en référant, à cet égard, aux choix faits par quelques-uns de leurs consuls, n'aient quelquefois autorisé ces consuls à élire leurs successeurs et qu'ils n'aient ensuite permis aux nouveaux consuls de choisir eux-mêmes leurs conseillers ; ce qui arriva aux élections consulaires du 9 juillet 1291 et à celles de 1297 (1). Les consuls qui ne pouvaient point s'occuper eux-mêmes de leurs fonctions pour une cause majeure, passaient aussi, en certains cas, une procuration spéciale à l'un de leurs fils pour agir pour eux et pendant leur absence, s'engageant formellement de ratifier tout ce qui serait fait, et de répondre, sur leurs biens, de la gestion de leurs mandataires. On trouve également que, pour mettre plus de célérité dans les affaires pressantes, et pour empêcher de longs retards, on convenait que

---

(1) *Ibid.;* livre de *la Chaîne*, f°s 337 et 338. *Ibid.; Titres*, n° 866. Le même mode d'élection eut lieu en 1339 et en 1340. *Ibid.; Comptes* de ces mêmes années.

les consuls, lorsqu'ils auraient besoin de l'intervention du conseil, pourraient agir avec l'assistance de trois ou de deux membres, et même avec celle d'un seul, si les autres ne se rendaient point à l'assemblée.

Les consuls et les conseillers prêtaient serment avant de commencer leurs fonctions : les consuls le prêtaient sur les Evangiles, en présence de la population, jurant de *bien défendre et, de leur mieux possible, régir, garder et gouverner la communauté et université de la ville pendant l'année de leur administration ; de rendre, à la fin de cette année, à leurs successeurs, un compte bon et loyal de tout ce qu'ils auraient eu et reçu pour la communauté et de leur représenter le restant des deniers; de rechercher de toutes leurs forces ce qui serait utile au public, et d'éviter en même temps ce qui pourrait lui nuire.* Les conseillers juraient ensuite, dans les mains des consuls, de les *conseiller de leur mieux sur les affaires de la ville, et, en cela, de les aider suivant leur sens et leurs facultés* (1).

Deuxième période.

Le règne de Louis XI a été pour le Dauphiné une époque d'innovations et de nombreuses réformes. Le séjour de ce prince dans cette contrée, lorsqu'il s'y retira étant encore dauphin ; ses efforts pour y détruire peu à peu ce qui offrait à ses yeux une ombre d'indépendance ; un système corrupteur, adroitement employé pour arriver à ce but ; les charges rendues vénales ; une foule de privilégiés, créés à prix d'argent; de fortes impositions levées sur les communes et rendues pour elles d'autant plus onéreuses que ces privilégiés devenaient chaque jour de plus en plus nombreux, sont autant de causes qu'on peut signaler de la chute prompte et rapide de l'autorité populaire à Grenoble. Cette autorité, à cette époque, était déjà dans une décadence sensible : les officiers du prince, le conseil delphinal et le parlement qui remplaça ce conseil, achevèrent de travailler à sa ruine, par leurs vexations et des empiétements successifs sur les droits et les franchises de la ville. Le mécon-

---

(1) *Ibid. ;* livre de *la Chaîne*, fos 337 et 338.

tentement et les craintes des habitants ne tardèrent point à se manifester ; la crise s'accrut bientôt ; la commune, obérée, déchirée par de longues divisions et privée de ses ressources, se trouva dans une position telle, qu'il fallut que le gouverneur, pour calmer les esprits et rétablir la bonne harmonie, nommât des commissaires chargés de proposer de nouveaux statuts. Ceux-ci, réunis aux consuls et à quelques notables de la ville, présentèrent, le 28 juin 1467, un nouveau règlement consulaire composé de vingt-quatre articles ci-après indiqués, et qu'approuva et confirma le gouverneur par des lettres patentes du 18 du mois suivant (1).

1° Il fut résolu que l'on continuerait à élire, suivant l'ancien usage et aux formes accoutumées, quatre consuls ou syndics ; mais, que ces consuls, au lieu d'être, comme auparavant, choisis indistinctement et sans aucun privilége de rang, de préséance ni de condition, seraient élus : le premier, parmi les docteurs ou licenciés en droit ; le second, parmi les bourgeois ou notables ; le troisième, parmi les marchands exerçant un commerce honnête, et le quatrième, parmi les artisans. Ce nouveau règlement prescrivait que les consuls exerceraient leur charge pendant deux ans, tandis qu'on avait été dans l'habitude jusque-là de les nommer chaque année. Pour se conformer à cette mesure, il fut arrêté que les deuxième et quatrième consuls sortiraient au bout d'une première année, et qu'ils seraient remplacés dans leurs fonctions ; que les premier et troisième consuls sortiraient l'année suivante, ainsi continuant chaque année, de manière qu'il y eût tous les ans deux nouveaux consuls. Tout citoyen, élu consul, était tenu d'accepter cet emploi ; il ne pouvait s'y refuser ni s'exempter de résider à Grenoble, sans devenir passible d'une amende de cent *francs*, payable immédiatement et applicable, soit aux besoins de la ville, soit au maintien de ses libertés et franchises, à moins qu'il ne fût âgé de quatre-vingts ans, qu'il ne fût atteint d'une infirmité ou qu'il ne fût *débile*.

2° Les consuls, ainsi nommés, choisissaient huit conseillers, savoir : deux bourgeois, deux praticiens, deux marchands et deux artisans de la ville. Ces conseillers exerçaient leur

(1) Archives de Grenoble ; *Titres*, n° 496 ; livre de *la Chaîne*, f° 371.

charge pendant deux ans ; ils étaient forcés de l'accepter sous les mêmes peines que les consuls, à moins qu'ils ne fussent, comme eux, dans le cas de se prévaloir de l'une des exemptions précitées. Au bout d'une première année, et comme les consuls, la moitié des conseillers (savoir un de chaque rang), devait sortir : cette moitié devait être remplacée, de manière qu'il y eût tous les ans quatre nouveaux conseillers.

3° Les consuls ne pouvaient rien faire de valable, ni rien entreprendre sans l'assentiment de la majorité des conseillers.

4° Les consuls et les conseillers, dûment réunis, choisissaient parmi les habitants un receveur dont la charge était de recevoir les *collectes* et les *tailles* imposées soit par le prince soit par la ville, les *tributs*, les *indicts* (on nommait ainsi les contributions du temps) et autres dons faits à la ville, et de payer, sur le montant de sa recette, les sommes pour lesquelles il lui était fait mandat par les consuls et les conseillers. Ce receveur exerçait ses fonctions pendant trois ans. Chaque année, et même plus souvent s'ils jugeaient à propos de le faire, les consuls et les conseillers examinaient l'état de ses recettes et de ses dépenses : à la fin de la troisième année, ce receveur leur rendait un compte final et leur remettait les sommes qui lui restaient entre les mains.

5° Le receveur, payé sur les fonds de la commune, avait pour appointements annuels de son office, c'est-à-dire pour la recette ordinaire des tributs et des indicts de la ville, vingt-cinq *francs;* il lui était passé, en sus, le cinq pour cent, ou *cinq francs pour chaque cent francs* de la recette des *collectes*, lorsqu'il en faisait.

6° Pour opérer le recouvrement des *collectes* et des *péréquations* auxquelles les habitants étaient imposés, le receveur envoyait un sergent, porteur du rôle, chez chaque contribuable pour lui faire connaître le montant de sa cote ou de sa taille, et lui faire signifier qu'il eût, à un jour indiqué, à porter le montant de cette cote chez lui. Si, au jour fixé, ce dernier ne s'acquittait point de sa dette, le receveur pouvait le contraindre au paiement par la saisie de ses biens meubles qu'il faisait mettre en vente sur la place de Mal Conseil (la place aux Herbes actuelle) : ces meubles étaient livrés et adjugés au plus offrant. Après leur vente, il restait au contribuable un délai de dix jours pour les racheter, en payant à l'acquéreur ce qu'ils lui coûtaient, plus les dépens et un demi-gros pour chaque florin, sur le montant du prix total (1). Passé ce délai, les objets adjugés se trouvaient vendus définitivement. Si le contribuable n'avait pas chez lui des biens meubles sur lesquels la saisie pût s'exercer, le receveur pouvait l'incarcérer ou le faire incarcérer par des sergents, et le retenir en prison jusqu'à ce qu'il eût payé sa dette entière, les dépens et les frais. Si, d'un autre côté, ce contribuable, au moment de l'exécution de la saisie, se montrait rebelle, en refusant de livrer ses meubles faute de paiement, l'exécuteur pouvait l'arrêter et l'incarcérer jusqu'à ce qu'il eût également payé le montant de sa cote, ainsi que les dépens, et, en sus, pour sa rébellion et outre les peines du droit, une amende de six sols, applicable aux réparations du Drac.

7º Pour ces exécutions, il était nommé deux sergents qui portaient, comme marque distinctive de leur emploi, les armes de la ville, peintes sur un panonceau fixé au bout d'un bâton, et qui remplissaient les ordres des consuls et des conseillers, et ceux du receveur lorsqu'il fallait saisir ou vendre les meubles des contribuables en retard d'acquitter le montant de leurs cotes. Ils avaient pour gages, un quart de gros, sur le prix total des objets vendus, jusqu'à la valeur d'un florin, et un autre quart de gros par florin, pour droit d'assistance à la vente; ils jouissaient de l'exemption des tailles et des collectes auxquelles étaient astreints les habitants.

8º Le receveur devait posséder des immeubles au moins pour une valeur de mille écus, ou présenter une caution suffisante. Dans le cas contraire, les consuls et les conseillers qui l'avaient choisi, devenaient eux-mêmes responsables des dommages et des pertes qui pouvaient en résulter pour la ville.

9º Ce comptable devait aussi, dans les dix jours de sa nomination, se cautionner ou se faire cautionner suffisamment pour sûreté de sa gestion.

10º Le receveur ou sa caution était également obligé de

(1) Voir ci-après la valeur du florin, du gros et du sol en 1489, 1492 et 1499.

faire la recette des *collectes* et des *tailles* qu'on payait au trésorier du Dauphiné. A leur défaut, ce devoir devenait une des attributions des consuls ; mais, dans ce cas, le receveur et sa caution restaient chargés des dommages, des intérêts et des dépens que le retard de cette recette pouvait entraîner.

11° Le receveur ne devait payer aucune somme sans un mandat *littéré*, scellé du sceau de la ville, et signé par trois consuls et cinq conseillers : les pièces non revêtues de cette formalité n'étaient point reçues à l'appui de ses comptes.

12° Le sceau de la ville était fermé dans un coffret à deux serrures et à deux clefs différentes, dont l'une était remise à l'un des anciens consuls, et l'autre, à l'un des consuls nouveaux : il fallait l'assentiment de ces deux consuls pour sceller les mandats que devait payer le receveur.

13° Cet article contenait : qu'attendu la pauvreté des habitants de la ville, dans la crainte, en même temps, que la cité ne se dépeuplât, et afin que la population pût au contraire augmenter pour le bien et l'utilité de la chose publique, les habitants ne paieraient plus à l'avenir ni *tailles* ni *collectes* delphinales (c'étaient les impositions dues au prince), mais que ces *tailles* et ces *collectes* seraient prises dorénavant sur les *tributs*, les *indicts* et autres revenus de la ville. A cet effet, il fut arrêté que l'émolument des farines ne serait plus affermé, mais que le receveur en ferait lui-même la rentrée (1) ; que cet émolument serait augmenté, c'est-à-dire qu'au lieu d'un liard par chaque sommée de froment (2), comme c'était l'usage, il serait perçu deux quarts de gros, et que les émoluments du commerce du vin et de l'entrée du vin subiraient aussi une augmentation : elle fut fixée au *douzième*, au lieu du *dix-septième* ou *dix-septain*, pour le droit de débit, et à trois gros, pour

---

(1) On a vu que par le mot d'*émolument* on désignait un impôt, établi pour créer des ressources à la commune ; il y avait de pareils impôts sur le vin, le blé et les farines.

(2) *Sommée*, charge d'une bête de somme. La sommée de blé contenait deux setiers ; le setier, deux émines, et l'émine deux quartaux. La sommée de vin a été, depuis, plus communément appelée *charge*. On évalue l'ancien quartal de Grenoble à 1 décalitre 833 litres, et l'ancienne charge de vin de cette ville, à 110 litres 950 millilitres.

celui de l'entrée de chaque sommée de vin. Cette mesure fut adoptée pour six ans seulement.

14° Comme les *tailles* et les *collectes* du prince devaient être acquittées avec les deniers de la ville, dès que l'ordre était donné d'en opérer la rentrée, les consuls et les conseillers réunis faisaient un mandat au receveur, pour qu'il en versât le montant entre les mains du trésorier général du Dauphiné. Il était défendu au receveur de prélever aucune somme sur ces deniers, avant qu'il eût entièrement payé à ce trésorier les tailles et autres impositions delphinales, déduction faite de ce que la ville devait annuellement à ses coseigneurs, au prieur de Saint-Laurent et aux Chartreux (1).

15° Pour la perception de l'émolument des farines indiqué ci-dessus, les consuls et les conseillers déléguaient un commissaire chargé de peser les blés et les farines, et d'en marquer le poids sur un carnet qu'il devait présenter au receveur toutes les fois qu'il en était requis : celui-ci faisait le recouvrement de ce droit auprès de chaque débiteur, comme il l'entendait et suivant qu'il le jugeait convenable.

16° Pour prévenir toute fraude sous le rapport de cet émolument, un consul était tenu de vérifier, chaque semaine, ce carnet du poids des farines : chaque consul, à son tour, était chargé de ce contrôle pendant trois mois de l'année.

17° Ce préposé ou commissaire devait marquer aussi sur son carnet le poids de toutes les farines moulues au dehors, que les citoyens faisaient entrer en ville, et pour lesquelles il était également dû un droit d'entrée de deux quarts de gros par sommée, sous peine de confiscation au profit des pauvres.

18° Pour empêcher les fraudes de la part des forains qui, étrangers à la ville, devaient payer un droit pour le vin qu'ils y entraient et y faisaient vendre, et qui trouvaient moyen, pour frustrer ce droit, de déposer leurs vins chez un habitant, s'entendant avec lui pour les vendre ou les débiter sous son propre

---

(1) Il était dû des redevances, par la ville, au dauphin, à l'évêque et au prieur de Saint-Laurent, pour le ban du vin, le four public, la boucherie et autres droits acquis par la commune à diverses époques. Les sommes dues aux Chartreux provenaient d'emprunts faits par les habitants, et dont ils payaient les intérêts chaque année.

nom, il fut défendu de se prêter en aucune manière à ces sortes de ventes. Le vin ainsi vendu était irrémissiblement confisqué par les consuls au profit des pauvres, et quiconque se prêtait à cette fraude devenait passible d'une amende de cent livres, applicable aux rentes dues aux seigneurs de la ville.

19° Le praticien choisi pour être notaire de la ville ne devait être attaché à aucune cour judiciaire.

20° Tous les titres, documents et autres papiers de la ville devaient être renfermés dans un coffre à deux clefs, placé dans la tour de l'île qui était alors l'hôtel de ville ou maison commune. Lorsque quelqu'un avait besoin de prendre connaissance d'un de ces titres, il en faisait la demande aux consuls. Aucun papier ou document ne pouvait être tiré de ce coffre qu'en présence d'un consul qui avait l'une des clefs, et du notaire qui avait l'autre. Celui-ci prenait l'acte, il en donnait l'expédition, et il fallait qu'il fût remis dans le coffre dans un délai de dix jours, sous peine d'une amende de dix livres, applicable aux rentes qu'on payait aux seigneurs.

21° Les habitants convoqués pour affaires de la ville par les consuls, étaient tenus d'obtempérer à cet ordre, et de se rendre aux réunions, sous peine d'une amende de cinq sols, destinée aux réparations du Drac.

Ces statuts, composés de vingt-un articles, furent confirmés, comme nous l'avons dit plus haut, par le gouverneur. Observés avec un respect religieux, et reconnus avantageux au bien public, ils servirent de base, une vingtaine d'années après, à un nouveau règlement plus étendu, qui fut arrêté dans une réunion générale des habitants, tenue dans la salle capitulaire du couvent des Frères mineurs, le 28 décembre 1489, et où il fut conclu que les quatre consuls en exercice, ceux de l'année précédente, les conseillers et les *élus* (on appelait ainsi quatre habitants choisis par les consuls pour les aider dans l'administration de la ville) assistés de six conseillers au parlement, de deux chanoines de la cathédrale et d'un délégué ou représentant de chaque corporation ou corps d'état, s'enquerraient des anciens usages et des *bonnes coutumes* pour en former un règlement général.

Du nombre des six conseillers au parlement, fut un homme

distingué, connu en Dauphiné par ses connaissances et son savoir profond dans le droit, François Marc, auteur d'un recueil de décisions publié en 1521. Les autres conseillers de cette cour furent : Jean Pape, fils du jurisconsulte Guy Pape ; Claude Rolland ; Guigues Domein ; Jean Portier et François Chanterel. Ces trois derniers étaient d'anciens consuls.

Les corps d'états ou de métiers, et leurs délégués, sont ainsi indiqués et nommés en cet ordre dans la délibération où il en est fait mention :

Pour les apothicaires et les ouvriers en cire, Pierre Gras, dit de Vence ;

Pour les barbiers et les chirurgiens, M⁰ Claude Duvillard ;

Pour les cordonniers, les tanneurs et les corroyeurs, Justet Valfroy ;

Pour les hôteliers et les cabaretiers, Petramand, hôtelier à l'auberge de la Cloche ;

Pour les orfèvres, Barthélemy de Chappans ;

Pour les agriculteurs et les mariniers, Jean Peripin ;

Pour les cordiers, les selliers et les bâtiers, M⁰ Jean, le cordier, le vieux ;

Pour les panetiers, les meuniers, les fourniers et les pâtissiers, Pierre Ginon ;

Pour les potiers d'étain, les marchands de cuivre et les chaudronniers (*peyroliers*), Sermet Tardit ;

Pour les marchands de chandelles et les revendeurs, Jean Giroud ;

Pour les chapeliers et les cardeurs, Antoine Focard ;

Pour les merciers, les blanchers et les pelletiers, Guillaume Pallieuche ;

Pour les charpentiers (*chapuis* et *chapuisiers*), les maçons et les plâtriers (*gypsiers*), André Lielle ;

Pour les bouchers, Georges Debut ;

Pour les tisserands, Berton Perrot ;

Pour les maréchaux, les serruriers et les forgerons, Jean Basset ;

Pour les armuriers, les couteliers, les fourbisseurs et les gueniers, Benoît Besset ;

Pour les tailleurs (*couturiers*) et les tondeurs de drap, M⁰ Jean Perrin, *couturier*.

Ce dernier règlement, suivi jusqu'au moment des guerres de religion, et qui, à peu de chose près et sauf quelques modifications apportées par l'esprit des temps, ou dictées par les circonstances, peut être regardé comme le code écrit de l'ancienne municipalité de Grenoble, contient des renseignements précieux et de nombreux détails sur le mode de procéder dans les élections consulaires et d'assister aux réunions générales, ainsi que sur les fonctions et les devoirs des consuls, des conseillers et des officiers de la maison de ville. Voici quelques-uns de ces renseignements et de ces détails les plus curieux, extraits de ce règlement :

Le lendemain du jour de la fête de sainte Luce, ou le samedi suivant, l'huissier de la ville et le crieur annonçaient, à son de trompe, dans les lieux accoutumés, que tous les habitants, chefs de famille, eussent à se trouver le lendemain matin dans l'église du couvent des Frères mineurs, pour assister à la procession qui se faisait de cette église à la salle capitulaire du couvent : cette salle ou chapelle était sous l'invocation de sainte Catherine. Là, se célébrait et se chantait solennellement une messe du St-Esprit pour les nouvelles élections. A l'offertoire, chaque consul devait offrir un *grand blanc*, monnaie d'argent de la valeur de 25 cent. environ. Les frais de la messe étaient fixés à *six gros* (environ 4 fr. 05 cent.); ils étaient payés sur les fonds communs, et acquittés par le receveur de la ville (1).

Après la messe, tous les habitants présents restaient pour l'élection des consuls : sur l'invitation de l'huissier à s'asseoir, chacun prenait place suivant son rang et dans l'ordre ci-après indiqué : le greffier faisait ensuite à haute voix la lecture des statuts municipaux.

---

(1) Cette messe était encore taxée à la même somme, en 1499, ainsi qu'il résulte d'un article du compte des recettes et des dépenses de la ville de Grenoble de cette année : *Et primo computat idem Georgius Murgueti computans, solvisse et librasse honorabili viro fratri Johanni Laurentii, gardiano fratrum minor. Gronop. sex grossos monete parve eidem solvi consuetos pro processione et missâ que celebratur in capellâ beate Katarine, de Sancto-Spiritu, die primâ domenicâ post festum beate Lucie quâ celebratâ eliguntur novi consules, constante quittancia per Johannem Boneti signatâ quam reddit sic.....* vi gr. (Archives de Grenoble ; *Comptes* ; année 1499.)

A côté des consuls, et après les conseillers et les élus, se plaçaient les nobles, les docteurs et les licenciés ; après eux, venaient les clercs, les praticiens et les médecins. Les marchands des *marchandises honorables* (on dirait aujourd'hui le haut commerce) suivaient ces derniers : à leur suite se rangeaient les autres marchands, les artisans et les ouvriers, de manière que tous ceux du même commerce ou du même corps d'état fussent du moins réunis.

Le premier consul, en présence des habitants, ainsi assemblés, remerciait les autres consuls, les conseillers et les élus, du concours qu'ils lui avaient prêté et des conseils qu'ils lui avaient donnés dans la direction des affaires publiques ; il priait les habitants de juger avec indulgence les actes de son administration, et de regarder les fautes qu'il aurait pu commettre dans le cours de sa gestion, non point comme l'effet d'un mauvais vouloir ou d'une indolence quelconque, mais uniquement comme celui de l'erreur et d'une simple ignorance de sa part.

Chaque consul proposait ensuite quatre personnes de son rang et dont le greffier lisait les noms. Parmi ces seize candidats, les habitants choisissaient les nouveaux consuls, ayant soin de conserver deux des consuls anciens, les deux qu'ils jugeaient les plus aptes et les plus propres au bien de la ville. C'était une modification apportée au règlement de 1467 (1), qui prescrivait que deux consuls de l'année précédente seraient maintenus l'année suivante, et que ces consuls seraient alternativement le premier et le troisième, le second et le quatrième.

Dans les dix jours de son élection, chaque nouveau consul choisissait deux conseillers aussi de son rang, en conservant l'un des deux anciens conseillers de ce même rang, précédemment en exercice.

Les consuls et les conseillers nommaient, à leur choix, quatre prud'hommes, qualifiés d'*élus*, ou bien ils continuaient ceux de l'année précédente, pour les aider et les assister dans les affaires municipales.

---

(1) Antérieurement à cette époque, ainsi que nous l'avons fait remarquer, les consuls et les conseillers étaient élus, chaque année, et sans aucune distinction de rang ni de condition.

Les consuls étaient tenus de résider à Grenoble pendant le temps de la durée de leur consulat, sous peine d'une amende de cent *francs*, applicable à l'utilité de la ville et au maintien de ses libertés et franchises. La même peine était encourue par ces consuls, les conseillers et les élus s'ils refusaient d'accepter leur charge : ceux-là seuls pouvaient en être exempts, qui étaient âgés de quatre-vingts ans et plus, qui étaient atteints d'une infirmité grave ou qui étaient *débiles*, ce sont les propres termes du règlement. Ils devaient en justifier et affirmer ce qu'ils disaient par leur serment, qui était prêté par les consuls et les *élus*, entre les mains du juge de la cour commune, et par les conseillers, entre celles des consuls.

Les consuls, les conseillers et les élus, tant ceux de l'année précédente continués dans leurs fonctions, que les autres nouvellement choisis, prêtaient serment dans les huit jours de leur élection. Ils juraient, savoir : les consuls et les conseillers, *de conserver, de maintenir et de défendre les libertés et les priviléges de la ville* ; et les élus, *de ne jamais dévoiler en aucun cas les secrets de la cité, et d'agir de tout leur pouvoir pour l'utilité de la communauté, sans faveur, sans passion, sans colère, et sans haine ni vengeance*. Ce serment était prêté, par les consuls, entre les mains du juge de la cour commune, et par les conseillers et les élus, entre celles des consuls.

Chaque consul recevait pour *gages* annuels, cinq *francs*, monnaie courante (1) ; les deux consuls anciens, conservés, touchaient, la seconde année de leur consulat, chacun dix

---

(1) Cette rétribution de cinq *francs*, payée à chaque consul, existait depuis longtemps ; on la trouve portée dans le compte des dépenses de la ville dès l'année 1336 ; sauf que, dans ce compte, elle est exprimée en florins. *Item, dictis consulibus pro salario unius anni* xx *flor. Item*, payé *auxdits consuls, pour leur salaire d'une année, vingt florins.*

Le florin était compté cette année après le mois d'août, vingt-deux sols ; de sorte que cinq florins de ce cours valaient, en livres, cinq livres dix sols. La valeur du florin variant à cette époque presque continuellement, à cause du grand affaiblissement des monnaies delphinales sous Humbert II, et surtout de 1335 à 1340, où ces monnaies furent remises à la valeur qu'elles avaient douze ans auparavant, il paraît qu'on aura adopté de préférence, pour le paiement des consuls, la monnaie de compte, qui était la livre et le sol. Au lieu du mot *livre*,

francs. Aucune rétribution n'était allouée aux conseillers ni aux élus, soit pour la première, soit pour la seconde année de leur gestion.

Les conseillers et les élus devaient se rendre à l'ordre et à l'invitation des consuls, toutes les fois qu'il s'agissait des intérêts de la ville, sous peine, pour chaque *refus*, *oubli* ou *négligence* de leur part, d'une amende de trois gros, applicable, comme dans le cas précédent, à l'utilité de la ville, et dont le receveur faisait le recouvrement. Aucune excuse n'était admise pour ces conseillers et ces élus, à moins qu'ils ne fussent absents de Grenoble ou malades.

Sur l'ordre du premier consul, et toutes les fois que ce dernier le jugeait à propos, l'huissier de la ville convoquait les autres consuls, les conseillers, les élus et les officiers de la maison de ville. Indépendamment de ces convocations, des réunions ordinaires du conseil avaient lieu tous les vendredis à deux heures après midi dans la tour de l'île. A ces réunions, se rendaient les consuls, les conseillers et les élus.

Lorsqu'il fallait délibérer sur quelque point difficile ou d'un intérêt majeur, s'il s'agissait, par exemple, du danger de perdre une des libertés de la ville, de l'établissement d'un nouvel impôt, et même d'une demande à faire au parlement

---

on se servait aussi de celui de *franc* qui lui était synonyme, mais qu'on ne trouve employé que sans fraction.

Cinq florins, en 1336, valaient cent dix sols, c'est-à-dire, environ cinquante-six francs de notre monnaie.

Cinq *francs*, à la fin du quinzième siècle, ne valaient plus que 22 francs 65 centimes environ de notre monnaie ; ils faisaient en florins, en 1492 et 1499, huit florins quatre gros. (Archives de Grenoble ; *Compte des recettes et des dépenses* de ces années.)

Les consuls de Grenoble continuèrent à recevoir, chacun d'eux, la somme de cinq *francs*, jusque vers la fin du siècle suivant, où toute rétribution cessa de leur être allouée. En l'état, ils n'y perdirent rien ; eux et tous les membres du conseil qui avaient voix délibérative, ayant été déchargés dès ce moment des tailles locales. L'usage s'établit aussi, dès lors, de distribuer chaque année, soit aux consuls, soit aux conseillers et aux officiers de la maison de ville, une certaine quantité de livres de chandelles, que devait livrer, en sus du prix de son adjudication, le fermier des chandelles, prix de ferme dont la recette était l'un des revenus de la ville.

pour les besoins de la cité, il était adjoint alors aux anciens et aux nouveaux consuls, aux conseillers et aux élus, deux chanoines du chapitre de Notre-Dame et un député de chaque métier : c'était l'huissier de la ville qui les convoquait (ce conseil, organisé depuis d'une nouvelle manière, avait le nom de Conseil des quarante, parce qu'il était composé d'autant de membres), ou autrement, si on jugeait devoir le faire dans certains cas, tous les chefs de famille étaient appelés, à la manière accoutumée et à son de trompe, au conseil général qui se tenait dans le couvent des Frères mineurs. Les conclusions prises dans ces deux derniers conseils, à la majeure et à la saine partie des voix, étaient adoptées et mises à exécution, à moins qu'elles ne fussent préjudiciables aux libertés et aux priviléges de la ville, à ses *émoluments*, et, encore, contraires aux coutumes, aux usages et à la *possession de ses libertés* et de celles de ses citoyens et habitants.

Chaque consul avait des attributions particulières. Le premier consul indiquait le jour des séances. Dans les assemblées, il faisait l'exposé des matières sur lesquelles on devait délibérer ; il recueillait ensuite les voix. Les membres du conseil se plaçaient et votaient dans cet ordre : les consuls, suivant leur rang ; les anciens consuls, conseillers-nés ; les conseillers, suivant leur rang, et les élus. Le même consul était tenu de faire la visite du pain chez les boulangers, et de voir s'ils se conformaient en tout, quant au poids et à la qualité du pain, aux règlements prescrits à cet égard ; il avait la clef de la tour de l'île où se tenait le conseil, et celle du verger qui conduisait à cette tour : une seconde clef du verger était remise à l'huissier de la ville. Il avait aussi l'une des clefs du coffret à deux serrures, où était la bulle d'or impériale (1), et l'une des trois clefs du coffre des archives. Il désignait les

---

(1) On appelait ainsi le diplôme de l'empereur Charles IV, du 5 juillet 1365, par lequel cet empereur, se trouvant cette année à Grenoble, avait confirmé tous les priviléges et les franchises de ses habitants, et y avait ajouté une exemption générale de tous droits de péages, de gabelles et de pontonages, tant par eau que par terre, dans toute l'étendue du Dauphiné, créant pour conservateurs de ce nouveau privilége, le dauphin de Viennois, le gouverneur du Dauphiné et l'évêque de Grenoble.

personnes qui devaient faire partie des commissions chargées des rapports, des expertises, des visites et autres missions de ce genre ; il était le gardien du sceau dont étaient scellées les lettres de bourgeoisie délivrées aux habitants reçus au nombre des citoyens de Grenoble ; il percevait, pour le droit du sceau, un écu (1).

Le second consul avait l'une des deux clefs du coffret de la bulle d'or, et l'une des trois du coffre des archives. Il échantillait, avec le quatrième consul, les mesures à vin : l'un et l'autre les rompaient lorsqu'elles étaient fausses. Pour la marque de ces mesures, qui consistait dans l'apposition de deux poinçons aux armes de la ville, il était dû, aux deux consuls, un gros et demi.

Le troisième consul avait la garde de la troisième clef du coffre des archives, celle des clefs des autres coffres de la ville, et du poinçon dont il marquait les objets d'or et d'argent fin fabriqués par les orfèvres ; il prenait deux liards pour le droit de chaque marque ; il faisait la visite des viandes de boucherie, des poissons, de la volaille, des lièvres, des lapins et autres denrées de ce genre vendues soit au marché, soit chez les revendeurs ; il inspectait les travaux du Drac, ainsi que les fortifications de la ville, et faisait au conseil un rapport sur leur état et sur les dépenses urgentes que nécessitaient ces travaux et ces fortifications.

On a vu que le deuxième et le quatrième consul marquaient, conjointement, les mesures à vin, pour lesquelles ils percevaient un gros et demi, et qu'ils les rompaient lorsqu'ils en trouvaient de fausses. Ce quatrième consul inspectait les ponts, les canaux et les égouts de la ville, et référait au conseil, des travaux et des réparations qu'ils exigeaient. Il était chargé, sous peine de dix francs d'amende, d'ordonner la visite des personnes suspectées d'être atteintes de la lèpre. La même peine était portée contre les médecins, les chirurgiens et les *barbiers* qui refusaient d'obéir à son ordre. Ces amendes étaient applicables aux besoins de la ville.

(1) L'écu sol., ou écu au soleil, valait en 1489, époque où fut dressé le règlement précité, une livre seize sols trois deniers du temps, c'est-à-dire environ 8 francs 10 centimes : cet écu était compté pour 13 gros 6 deniers ; 6 gros valant alors 2 sols 9 deniers.

Les consuls, quoiqu'ils eussent le maniement des affaires, ne pouvaient être poursuivis ni emprisonnés pour dettes de la ville, ni actionnés, en aucune manière, pour les tailles delphinales dans le cas où leur montant ne fût pas versé entre les mains du trésorier delphinal par le receveur, à moins, toutefois, que ce dernier et sa caution ne fussent point solvables. Dans les assemblées et dans aucun lieu, ils ne devaient rien proposer contre les libertés et les priviléges de la ville, ni *contre la possession et la coutume de ces libertés*, sous peine du parjure. Un seul cas d'exception existait ; c'était lorsque ces consuls se voyaient forcés de le faire par l'ordre exprès et formel du parlement. Défense en même temps était faite à tout citoyen et habitant de la ville d'agir contre ces libertés et priviléges, sous la double peine de la perte de la jouissance de ces mêmes libertés et d'une amende de vingt *francs* applicable aux besoins publics. Les mêmes peines étaient portées contre tout citoyen et habitant qui aurait cherché, sous l'ombre de ces libertés, à faire profiter un étranger d'un avantage dont il n'aurait pas été en droit de jouir.

Les officiers de la ville étaient : le receveur, le notaire ou greffier, l'avocat et le procureur.

L'huissier, deux sergents et le crieur étaient les bas-officiers.

Les officiers de la ville étaient choisis, à la majorité des voix, par les consuls, les conseillers et les élus ; ils prêtaient serment entre les mains du premier consul, en présence du conseil réuni, jurant de s'acquitter fidèlement de leur charge, sans haine, vengeance, colère ou inimitié, et sans faveur pour personne. Dès qu'une plainte était portée contre eux, sur leur gestion ou sur leur conduite, et que cette plainte était reconnue fondée, ils étaient déposés. Il suffisait, pour provoquer ce renvoi, que deux ou trois habitants se présentassent devant les consuls, déclarant, sous la foi et sur la prestation du serment, que ces officiers étaient plus nuisibles qu'utiles à la chose publique, et qu'ils demandaient, à cet effet, qu'ils fussent démis de leurs fonctions.

Le receveur était nommé pour trois ans ; il pouvait, après ce laps de temps, et si le conseil le jugeait convenable, être continué. Dans les dix jours de son élection, il devait présenter pour caution un citoyen de la ville, possédant des biens immeubles d'une valeur au moins de mille florins. Il faisait la recette des *émoluments*, des tailles et des subsides de la ville, et il était obligé d'en rendre compte aux consuls tous les trois mois, sous peine d'une amende de vingt sols chaque fois qu'il y manquait.

Le notaire, greffier ou secrétaire devait être citoyen et notaire de Grenoble; il rédigeait les délibérations, préparait la note des matières sur lesquelles le conseil était appelé à délibérer, faisait les mandats des consuls, et dressait le compte annuel des recettes et des dépenses, que rendaient chaque année ces magistrats municipaux.

Au procureur était confié le soin des causes et des procès de la ville; il devait les instruire devant les tribunaux, et remplir à cet égard toutes les formalités nécessaires, sous peine de la perte de son office.

L'avocat devait accompagner les consuls et les notables de la ville, lorsqu'ils allaient à la rencontre de l'évêque ou du gouverneur, à leur première arrivée à Grenoble, et faire la harangue d'usage lorsque les consuls recevaient à la porte de a ville le nouveau venu, et qu'ils lui offraient, en signe de respect et de soumission, les clefs de la cité.

Ces officiers étaient exempts, pendant la durée de leur charge, des tailles delphinales et des impositions extraordinaires, sauf des *émoluments*, qui étaient perçus au profit de la ville, et auxquels tous les citoyens, sans distinction, étaient tenus de contribuer. Ils recevaient, pour leurs gages ou appointements annuels, savoir : le notaire, vingt florins, plus, deux florins pour la confection du compte annuel des recettes et des dépenses; le procureur, cinq florins, et l'avocat la même somme. Le receveur jouissait de la remise du cinq pour cent de sa recette.

Troisième période.

Le règlement du 21 juin 1467 et celui de 1489, indiquaient tous les deux de quel rang devaient être les consuls ; ils prescrivaient que ces consuls seraient : le premier, un docteur ou licencié en droit ; le second, un bourgeois ou noble ; le troisième, un marchand, et le quatrième, un artisan, tous choisis parmi les habitants de la ville. Moins d'un demi-siècle après, cet usage n'était plus suivi. En 1516, on trouve que les consuls devaient être : le premier, un noble, un docteur ou licencié en droit; le second, un praticien, un procureur ou secrétaire au parlement; le troisième, un marchand, et le quatrième, un habitant de la partie de la ville sur la rive droite de l'Isère. A cette époque, et depuis longtemps, il n'était plus question non plus de consuls à maintenir une seconde année dans leurs fonctions : ce dernier usage ne paraît avoir duré que peu d'années ; on ne tarda pas sur ce point à revenir à l'ancienne coutume.

A la même époque aussi ne figurent plus d'*élus* au nombre des membres du conseil, et, au lieu de huit conseillers, on n'en compte que six, savoir : deux députés du clergé, l'un du chapitre de la cathédrale, et l'autre du chapitre de Saint-André; deux gentilshommes, l'un d'épée et l'autre de robe, et deux députés du tiers état. Les quatre consuls, les anciens consuls et ces six conseillers, formaient le conseil ordinaire ou conseil particulier de la ville. Le conseil des quarante, composé autrefois des membres du conseil ordinaire, de deux chanoines de la cathédrale et de dix-huit députés des corps de métiers, comprenait alors les mêmes membres du conseil ordinaire ou particulier, au nombre de quatorze, et vingt-six autres membres. Ces derniers étaient : deux députés du clergé, l'un du chapitre de Saint-Laurent, et l'autre de celui de la Madeleine (1), et vingt-quatre membres élus par les consuls parmi les notables. Quatre de ces derniers membres représentaient spécialement la partie de la ville sur la rive droite de l'Isère, et devaient être choisis parmi les habitants

---

(1) Le prieuré de Saint-Laurent a été fondé par Humbert, évêque de Grenoble, en 1012, et celui de la Madeleine, institué pour prendre soin des malades de l'hôpital de ce nom, appelé aussi hôpital de Saint-Hugues, l'a été par Falques, évêque de la même ville, en 1257. Ce dernier prieuré était composé de trois chanoines, dont l'un avait le titre de prieur : ses bâtiments ayant été abandonnés en 1592 aux Cordeliers ou Frères mineurs qui s'y établirent, et qui étaient auparavant où est la citadelle actuelle, les trois chanoines furent incorporés au chapitre de la cathédrale, sous le titre de chapitre de la Madeleine.

de ce quartier. Plus tard, deux nouveaux habitants, sous le titre de *juges politiques*, choisis, l'un dans ce même quartier, et l'autre dans celui de la rive gauche, et dont les fonctions consistaient à faire exécuter les arrêtés concernant la police, ayant été nommés pour aider les consuls, ces habitants firent partie de droit du conseil des quarante, ainsi que les quatre *juges politiques secondaires* qui leur furent adjoints en 1656 : on se borna à nommer alors dix-huit notables seulement, au lieu de vingt-quatre. On voit que l'organisation municipale de Grenoble, à l'époque dont nous parlons, avait déjà bien changé de ce qu'elle avait été sous les dauphins de Viennois et sous leurs premiers successeurs. Modifiée et successivement restreinte dans des limites de plus en plus réduites, elle avait cessé d'être l'expression de la force et de la puissance du peuple.

Le parlement avait continuellement eu à cœur d'affaiblir et de réduire cette autorité; il y parvint bientôt; il crut même devoir empêcher à ses secrétaires d'aspirer aux charges municipales.

Un usage s'était établi depuis quelques années de nommer pour second consul, un praticien, un procureur ou un secrétaire au parlement : c'était un appui que la ville, forcée à soutenir de longs et de fréquents procès pour défendre ses droits et ses priviléges, cherchait à se ménager parmi les hommes de loi pouvant l'aider de leurs conseils et de leur ministère. Cette cour, en 1524, par un arrêté du 20 décembre, défendit de choisir à l'avenir ce consul parmi ses secrétaires, voulant, toutefois, que celui qui venait d'être nouvellement élu, fût continué dans ses fonctions jusqu'aux élections prochaines. Depuis ce moment, le second consul fut un praticien ou un procureur; il fut toujours un procureur, soit au parlement, soit au bailliage du Graisivaudan, depuis 1547 jusqu'en 1790.

D'autres réformes eurent lieu pendant les guerres de religion.

En 1565, parut l'édit du mois de juillet, dit l'édit de Moulins, qui, pour assurer au gouvernement des consuls catholiques dévoués à sa cause, ordonnait que ces consuls seraient nommés par le roi sur une liste de personnes proposées. A Grenoble, huit candidats devaient être élus par le peuple; parmi ces huit élus, le roi choisissait les quatre consuls. Cette ordonnance, qui, d'ailleurs, ne changeait rien au mode ni à la forme de procéder, quant au choix fait par les habitants sur une liste de seize candidats comme par le passé, ne fut qu'essayée dans notre ville, n'y ayant été observée qu'une seule fois, l'année de sa promulgation.

Un arrêt du conseil d'État, de 1576, rendu lors de l'édit de pacification de cette année entre les catholiques et les protestants, fut plus longtemps exécuté à Grenoble. Cet arrêt prescrivait qu'à cause du culte public de la religion réformée, établi dans cette ville, un des quatre consuls serait de cette religion, et que ce consul serait alternativement le second et le troisième, de manière qu'il y en eût toujours un qui fût protestant. Les deux autres consuls, savoir, le premier et le quatrième, devaient toujours être catholiques. Cet usage a été en vigueur à Grenoble jusqu'en 1684, époque où il fut aboli. Deux ans avant cette dernière année, venait d'être supprimée dans la même ville la chambre de l'édit, dite aussi mi-partie, ajoutée au parlement par le même édit de 1576, et ainsi nommée parce qu'elle était composée de catholiques et de protestants en égal nombre.

Peu d'années après, en 1692, une dernière atteinte a été portée aux municipalités par la création des offices de maires et de conseillers assesseurs. Nous en parlerons ci-après dans un paragraphe particulier, où nous indiquerons quels ont été ces officiers qui ont administré notre ville sous ce titre de maires, depuis 1692 jusqu'au moment de leur suppression. La ville de Grenoble ne fut point exceptée de cette mesure générale; elle obtint seulement, après plusieurs réclamations et de vives instances, de conserver ses consuls et de continuer à les élire comme par le passé; mais, alors, et depuis longtemps, son corps municipal n'offrait plus d'ombrage à l'autorité supérieure; déchu et privé de ses anciens droits, il n'était plus qu'une simple commission de surveillance sous les ordres de la cour du parlement, et chargée uniquement du service de la police urbaine. C'était aussi cette cour qui ordonnait la vérification des comptes de recettes et de dépenses de la cité, déléguant chaque année deux de ses membres à qui elle confiait ce contrôle (1); de même que c'était sous ses yeux et dans une de

---

(1) Un arrêt du parlement du 3 décembre 1609 appelait également à

ses salles, depuis que Grenoble, après les guerres de religion, avait été privé de son hôtel de ville, qu'avaient lieu les élections consulaires. A ces élections, assistaient un conseiller au parlement, qui prononçait un discours d'ouverture, un conseiller de chaque chambre, le procureur général ou l'un des avocats généraux, le juge de la ville, les consuls et tous les membres du conseil ordinaire ayant voix délibérative.

Le conseil de ville de Grenoble se composait à cette époque de dix-huit membres, c'est-à-dire qu'il y avait alors quatre membres de plus que ceux que nous avons indiqués plus haut. Ces nouveaux membres étaient les deux juges politiques, l'avocat et le procureur de la ville; ces deux derniers, conseillers-nés. Les quatre anciens consuls ou ex-consuls appelés au même conseil, étaient : deux ex-consuls du corps de la noblesse, l'un de la troisième et l'autre de la seconde année, et deux ex-consuls du tiers état des deux mêmes années. Les deux députés du clergé, l'un du chapitre de Notre-Dame, et l'autre de celui de Saint-André, étaient délégués chaque année par les chapitres de ces églises.

Les mêmes membres du conseil ordinaire ou particulier de la ville, les quatre juges politiques secondaires créés en 1656, le prieur ou un député du prieuré de Saint-Laurent, et un autre du chapitre de la Madeleine, et seize notables choisis par les consuls, formaient le conseil des quarante.

Voici de quelle manière il était procédé aux élections des consuls et des conseillers, et quelle était la forme des délibérations du conseil ordinaire ou conseil de ville à la fin du dix-septième siècle.

---

la vérification de ces comptes les quatre consuls et les syndics du clergé, de la noblesse et du tiers état. Ce parlement s'était ainsi arrogé, peu à peu, sur le consulat, une autorité sans bornes; il avait prescrit, en 1672, que dorénavant, deux anciens consuls seraient continués dans leurs fonctions la seconde année, et que ces consuls conservés seraient alternativement le second et le troisième, le premier et le quatrième ; ce qui fut suivi jusqu'à l'établissement de l'office de maire : il exerçait, comme on le voit, sur l'administration municipale, un pouvoir illimité. Il alla si loin, qu'il fallut que le gouvernement, par un arrêt du conseil d'État, du 10 avril 1696, lui fît inhibition de se mêler à l'avenir des affaires consulaires.

Les élections, au lieu de se faire comme auparavant et, ainsi que nous l'avons dit plus haut, le dimanche après la fête de Sainte-Luce, étaient renvoyées ordinairement au six janvier, jour de la fête des Rois. Avant ces élections, en présence des membres du conseil assemblé, chaque consul proposait huit candidats de son rang et dont il inscrivait les noms sur un papier. Les conseillers, en commençant par l'avocat de la ville qui donnait le premier son avis, choisissaient, sur cette liste de trente-deux personnes proposées, seize candidats, de manière qu'il y en eût quatre de chaque rang. On écrivait les noms de ces derniers candidats, et c'était parmi ces seize que le lendemain, les habitants, réunis en conseil général (on donnait ce nom aux assemblées où étaient appelés les habitants chefs de famille), faisaient le choix des quatre consuls ; ils en prenaient un de chaque rang.

Avant la suppression d'un consul protestant, en 1681, comme il devait y avoir un consul de cette religion chaque année, et qu'il devait être une année le second, et l'année suivante le troisième, le second consul, s'il était catholique, proposait huit candidats de son rang, tous protestants ; et, s'il était protestant, il les proposait tous catholiques. Réciproquement, le troisième consul faisait de même ; c'est-à-dire que, s'il était protestant, ses huit candidats étaient catholiques, et vice versâ.

Le samedi après l'installation des nouveaux consuls, le conseil ordinaire s'assemblait pour procéder à l'élection des conseillers. Le premier consul nommait quatre nobles d'épée et quatre de robe ; le conseil en choisissait deux de chaque ordre : le second et le troisième consul proposaient aussi, chacun d'eux, quatre candidats de leur rang ; le conseil en retenait deux de chaque nomination. Le quatrième consul proposait également quatre personnes, toutes du quartier de la rive droite de l'Isère ; le conseil en choisissait deux. Tous ces candidats retenus par le conseil ordinaire étaient proposés, le lendemain, au conseil général, qui en choisissait lui-même un de chaque rang et de chaque ordre : le dernier conseiller élu, celui du quartier de la ville sur la rive droite de l'Isère, était le juge politique de ce quartier. Le même conseil général assemblé choisissait un autre juge politique pour l'autre quartier de la ville. Ces deux juges politiques, nommés chaque année, faisaient partie du conseil ordinaire et avaient voix délibérative.

Dans les assemblées, le premier consul proposait les matières sur lesquelles on était appelé à délibérer. L'avocat de la ville prenait ensuite la parole, faisait l'analyse de ces matières qu'il discutait sur tous les points, prévoyait les objections et préparait ainsi les votes, indiquant le parti qu'il convenait d'adopter suivant telle ou telle circonstance. Le député du chapitre de la cathédrale votait le premier ; celui du chapitre de Saint-André donnait son avis après lui. Le premier ex-consul du premier ordre, le premier consul en charge, le second ex-consul, les autres consuls et les conseillers, suivant leur rang, opinaient ensuite.

En 1693, à l'époque de la création des offices de maire, trois consuls seulement furent élus pour l'année suivante et les années subséquentes : le maire fut censé remplacer le premier consul. En 1696, quatre consuls furent élus de nouveau, suivant l'ancienne forme, mais sans distinction d'ordre ni de rang ; ce qui a subsisté jusqu'en 1704, que la ville, ayant acheté elle-même son office de maire pour le faire exercer à son choix, l'usage primitif de quatre consuls dont le premier devait être noble ou avocat, le second procureur, le troisième marchand, et le quatrième un habitant de la partie de la ville sur la rive droite de l'Isère, fut rétabli : cet usage a toujours subsisté, depuis, jusqu'en 1790, époque de l'organisation des nouvelles municipalités.

§ XVII. — *Costume, rang, préséances, droits et priviléges des consuls.*

Les consuls de Grenoble portaient dans les cérémonies une robe de velours amarante, appelée robe consulaire, doublée de satin de même couleur, avec un chaperon aussi de velours, rouge et jaune. Ce costume leur fut donné par le roi Louis XIII, suivant des lettres patentes datées du mois de décembre 1622. Il ne paraît pas qu'avant cette époque, ils aient eu de costume particulier (1).

(1) Archives de Grenoble; *Titres*, n° 599.

Aux états de la province et aux assemblées des dix villes (1), les mêmes consuls siégeaient avant les autres ; par politesse, ils cédaient leur place au consul de Vienne (2), lorsque ces états ou ces assemblées se tenaient à Grenoble. Plusieurs difficultés s'élevèrent à diverses reprises sur cette préséance, entre les représentants de ces deux villes : celui de Vienne alléguait le rang de cette métropole ; celui de Grenoble, le titre de capitale de la province ; mais toujours ces difficultés furent tranchées en faveur de ce dernier, principalement par deux décisions des états eux-mêmes, des 21 février 1512, et 29 novembre 1533. Ces deux décisions, approuvées par l'évêque de Grenoble, président-né des états, par le baron de Sassenage, premier député-né de ces états, et les consuls de Valence, de Romans, d'Embrun, de Die, de Crest, de Briançon et de la Tour-du-Pin, constatent que *le consul de Grenoble, ville capitale du Dauphiné, doit précéder tous les autres en siège et en opinion*, et que si, dans cette ville, la préséance a été cédée au consul viennois par honnêteté, ses consuls l'ont toujours revendiquée et obtenue partout ailleurs, ainsi que l'attestent divers actes produits à cet égard, et des ordonnances, conclusions et délibérations des états à différentes époques (3).

Ces consuls avaient, dans l'église de Notre-Dame et dans celle de St-André, un banc d'honneur. Lorsqu'ils s'y rendaient en corps, ils étaient précédés de joueurs de violon et d'autres musiciens : la marche était ouverte par l'huissier, crieur ou trompette de la cité, en robe ou *saye* rouge, aux armes et

---

(1) On appelait ainsi les réunions où se rendaient les consuls de Grenoble, de Vienne, de Valence, de Romans, d'Embrun, de Gap, de St-Marcellin, de Crest, de Montélimart et de Briançon, pour délibérer sur des matières qui n'étaient point d'un intérêt assez général pour être présentées aux états. A ces assemblées, les consuls siégeaient dans l'ordre que nous venons d'indiquer ; ils avaient le même rang aux états, où ils prenaient place immédiatement après la noblesse et avant les châtelains royaux ; ces derniers les suivaient confusément et sans ordre : après eux se plaçaient, aussi sans distinction, les consuls des autres villes et des communes du Dauphiné.

(2) La première fois qu'il assista aux états ce fut en 1400, après que Charles de Boville, gouverneur du Dauphiné, eut saisi la temporalité de l'Eglise et de l'archevêché de Vienne, en faveur du roi dauphin.

(3) Archives de Grenoble ; *Titres*, nos 627 et 628.

aux couleurs de la ville, brodées sur les manches de la robe (1).

Aux processions, les consuls marchaient immédiatement après le clergé, ayant le pas sur le gouverneur de la province, le parlement, les cours judiciaires et les autorités administratives et militaires. Ce privilége leur était commun avec les consuls de Vienne, de Valence et de Romans, qui, dans les processions générales, prenaient également le premier rang après le clergé : un arrêt du conseil d'Etat, du 18 novembre 1633, rendu en faveur des consuls de ce dernier lieu, contre le chapitre de saint Barnard qui leur contestait cet honneur, contient que ces consuls prendront leur rang accoutumé, et qu'ils marcheront immédiatement après les gens d'Eglise, comme à Grenoble, à Vienne et à Valence.

Une note inscrite sur le premier feuillet de l'un des deux registres des délibérations de l'hôtel de ville de Grenoble, de l'année 1600, nous fait connaître que la même année le roi Henri IV, se trouvant dans cette ville le 19 du mois d'août, jour où fut célébrée la procession du 15 de ce mois, renvoyée à cause des circonstances, et à laquelle il assista, voyant que les consuls, au sortir de l'église de Notre-Dame,

---

(1) Il est souvent question, dans les titres anciens, de ce bas-officier, appelé aussi *gayte* ou *gueyte*, parce que pendant la nuit il veillait sur la ville de dessus la tour du pont où il était logé ; usage qui a subsisté jusqu'à l'époque des guerres de religion du XVIe siècle. Ses gages, d'après un compte des recettes et des dépenses de la ville de Grenoble, de 1336, étaient alors de 10 florins et demi, environ 119 francs 35 centimes de notre monnaie : *item Gueyte, pro salario suo unius anni, X flor. dy.* La même somme lui était allouée en 1387 : *Item solvit per manus, predictus, Johanni de Bonnis vallibus* (Jean de Bonnevaulx), *gayte dicte civitatis, in dyminutionem sue pensionis anni predicti* III^{xx} VII, *ut constat litterata quittancia quam reddunt.... v flor. dy.* Les fonctions d'huissier et de crieur, réunies à ces époques, furent depuis séparées ; elles furent de nouveau réunies en 1610, et érigées cette année en office.

Dans le registre des délibérations de la ville, de l'année 1583, on porte en dépenses la somme de 8 écus 20 sols, pour achat de drap rouge de Paris, pour faire une robe à l'huissier, et celle de 4 écus sol, pour fournitures *de parements et broderies*, *aux écussons et armoiries de la ville et façon de la robe*. (Archives de Grenoble; *Comptes*; années 1336 et 1387; *Conclusions de l'hôtel de ville de Grenoble*, années 1583 et 1611.)

restaient en arrière ne sachant point quel rang il plairait au roi de choisir, leur ordonna de prendre leur ancienne place et ne marcha qu'après eux.

En ceste année mil six cens, on doybt remarquer que le roy Henry-le-Grand se trouvant en ceste ville, dans Nostre-Dame, où estoyent les consuls, du XVe jour de Nostre-Dame-d'Aoust ayant esté faicte une procession générale où le Roy assista, avant que partir pour aller à la dite procession, les consuls de la dite année estant en peyne pour prendre leur rang à la dite procession, ce parce que celui qui commandoyt les gardes du corps ne vouloyt permettre que les sieurs consuls marchassent à la dite procession après l'esglise et devant le Roy, comme ils sont en coustume de marcher aux dites processions, par commandement de sa majesté les dits consuls tinrent leur rang et place aux dites processions directement après l'esglise et estoyent lors consuls: noble Urbain Fléard, premier consul; Françoys Clapasson, procureur en la cour, second consul; le sieur Martin Colaud, apothicaire, troisième consul, et le sieur Antoine Mégard, quatrième consul, et despuis l'on a continué de marcher aux dites processions; et ainsi, moy, dit Clapasson, à présent secrétaire de la dite ville de Grenoble, le certifie, pour servir en la possession et sur mon honneur et conscience; le présent certificat véritable. Fait à Grenoble, ce 14 septembre 1638, Clapasson, à présent secrétaire (1).

Chaque consul, aux processions, portait un flambeau allumé, orné d'une plaque en fer-blanc, sur laquelle étaient peintes les armes de la ville. Cette coutume, rappelée dans des délibérations anciennes et dont il est fait mention dans divers titres, existait encore en 1582 : elle tomba depuis en désuétude, et l'usage s'établit de faire porter les flambeaux devant les consuls par quatre valets; ce qui a duré jusqu'en 1611. Cette année, le parlement voulut rétablir la coutume primitive; il rendit un arrêt qui obligeait les consuls à porter eux-mêmes leurs flambeaux, comme ils le faisaient autrefois, sous peine de cinq écus d'amende, payables, par chacun d'eux, en leur propre et privé nom (2).

(1) Archives de Grenoble; *Conclusions de l'hôtel de ville*, année 1600.
(2) Mêmes archives; *Conclusions de l'hôtel de ville*, années 1582 et 1611.

On a vu que les consuls, à l'offertoire de la messe du saint
Esprit, célébrée, chaque année, pour les élections consulaires,
étaient dans l'habitude d'offrir, chacun d'eux, un grand blanc,
pièce de monnaie de la valeur environ de 25 centimes. Une
offrande en argent ou en denrées, et le plus souvent en torches (1) était faite aussi, chaque année, par ces consuls, le 25
juillet, fête de saint Jacques-le-Majeur ou d'un autre saint
Jacques, pèlerin (2), à l'offertoire de la messe qui se chantait, ce jour-là, dans l'église d'Echirolles, consacrée à ce
dernier saint, et où se faisait une procession pour le conjurer
de préserver la ville, ses habitants et son territoire des ravages du Drac. Pour plus grande humilité, ces consuls, arrivés

(1) Cette offrande fut, en 1387, d'une *émine* (2 quartaux) de noyaux
et de deux flambeaux du poids de huit livres, ainsi qu'il est constaté
dans deux articles du compte des recettes et des dépenses de la ville,
de cette année.

*Item pro una eymina nucleorum offerta in ecclesia sancti Jacobi de
Echiroliis per ipsos consules, ut intercedat pro nobis ad dominum ne
aqua Drappe dampnum* (damnum) *inferat civitati et territorio Gratianopolis....* x sol.

Item pro duabus facis (facibus) *cere ponderantibus octo libras ibidem
per dictos consules dicta causa portatis et offertis, emptis a Francisco
Borgesii, lumbardo.....* xlviii sol.

*Item pro expensis dictorum Petri Rollandi, Michaelis Bovis et Ti-
baudi de Belesio qui predicta in dicta ecclesia portaverunt et obtule-
runt, et sacerdotis qui missam in dicta ecclesia celebravit....* x solid.

(2) Ce pèlerin serait mort à Echirolles et y aurait été enterré au devant de l'église. C'était autrefois une tradition répandue en Dauphiné
et dans la Catalogne, qu'un seigneur du Graisivaudan avait emporté la
tête de ce saint à Compostelle, où depuis elle est devenue, comme on
le sait, un objet de grande dévotion, étant regardée comme celle de
l'apôtre saint Jacques, martyrisé à Jérusalem. On ajoute que des pèle-
rins auraient fait exprès le voyage d'Espagne à Grenoble pour y vé-
nérer le corps du saint ; dans tous les cas, ce n'est que vers la fin
du XVe siècle qu'on fit quelques recherches à ce sujet. La nuit du
12 mai 1488, le curé de la paroisse d'Echirolles ayant fait ouvrir le
tombeau qu'on désignait pour être celui du saint, on y trouva, en effet,
sous une voûte, un corps sans tête et ayant à côté une urne en terre ;
le lendemain, sur le bruit de cette découverte, l'évêque se rendit sur
les lieux et en informa immédiatement le pape ; mais les choses en
restèrent là, aucune suite n'ayant été donnée à cette lettre envoyée à
Rome.

au pied du coteau sur lequel est l'église, faisaient la montée nu-pieds. A cette procession, où était portée l'image du saint, succédait un dîner et quelquefois un souper, l'un et l'autre aux frais de la ville (1); après quoi les consuls, accompagnés de quelques-uns de leurs conseillers et de maîtres maçons ou maîtres charpentiers experts, visitaient la rivière du Drac, depuis la Marcelline jusqu'à sa jonction à l'Isère, et ordonnaient les réparations nécessaires pour garantir la ville de tout danger. La délibération suivante, prise par le conseil ordinaire de Grenoble, le 25 juillet 1539, contient quelques détails qui font connaître quel était le cérémonial prescrit et observé à cet égard.

Vendredi, 25 juillet 1539, dans la mayson de l'abbé d'Eychirolles (2) *en Eychirolles ont esté appelés les sous-nommés, aux fins soubscriptes par Françoys Gordet et Claude Poyet, serviteurs de la ville, du commandement de messieurs les consuls:*

Maistre Laurent Boson, Jehan Fabre et Jehan Manein, consuls; sieur Jehan Verdonnay et maistre Pierre Audeyard, conseillers; maistre Pierre Symond, recepveur; Michel Pomier, secrétaire et Antoine Charand-Griot, chapuys (charpentier).

Proposé par les dits consuls, que, suyvant la coustume ancienne jusqu'à présent observée, tel jour qui est aujourd'hui, ils ont fait appeler par huissiers de la ville, pour venir faire dire une grand messe à St-Jacques d'Eychirolles, offrir quatre torches avec armes de la ville, et faire faire la procession et pourter sainct Jacques, et pour visiter la rivière du Drac, les réparations faictes durant toute l'année et les réparations nécessaires à faire; c'est assavoir: Monsr Pierre Burchicher, Jehan Sernand, Jehan

(1) Les frais de ce dîner sont portés à la somme de 30 gros et ceux du souper à 18 gros et demi, dans le compte des recettes et des dépenses de la ville de 1492. Le gros valait, cette année, 2 sols 9 deniers, c'est-à-dire environ 70 centimes.

(2) On donnait, en Dauphiné, le nom d'*abbé*, *abbé de liesse* (abbas (letitiæ) ou *abbé de la jeunesse*, au président d'une vogue, c'est-à-dire à celui qui, le jour d'une fête patronale, était chargé de veiller au bon ordre, de convoquer les musiciens et d'amener à la fête le plus de danseuses qu'il pouvait trouver. On voit dans le compte des dépenses de Grenoble, de 1492, que cette année le dîner et le souper des consuls, le jour de la fête de saint Jacques, se firent dans le moulin de Jean Cathon, l'un des consuls de la ville.

Verdonnay, Pierre Audeyard, maistre Jehan Desuelles, Urbain Tybaud, et Jehan Chosson, appelés par les dits Françoys Gordet et Claude Poyet ; et lesquels ont esté attendus aujourd'hui au dit Eychirolles, par les susdits consuls Verdonnay, Audeyard et Symond, jusqu'à dix heures et plus : en l'absence d'eux a esté dicte la messe, faicte la procession offert les torches, et après le disner, par les dits consuls, Verdonnay, Audeyard et Symond conclus aller visiter la dite rivière du Drac, despuis l'arche de maistre Martin jusque près de la ville, les réparations faictes et aultres nécessaires, et puys en référer au premier consul.

Deux repas avaient lieu, chaque année, en l'honneur des consuls. Le premier leur était donné par les bouchers et à leurs frais : à ce banquet se rendaient les membres et les officiers de la maison de ville, comme il est dit dans une note inscrite sur le registre des délibérations du conseil ordinaire, de l'année 1518, et où sont nommés ceux de ces membres et de ces officiers qui y assistèrent.

Le dimanche, cinquième jour du mois de décembre, les bouchers firent leur banquet dans la maison de la veuve de Me Guigues Porret; et à ce repas furent : M. Jean Chantarel, Antoine de Chappans et Pierre Martel, consuls; nobles et distingués, MM. François Vallier, Claude Falcon, docteurs; Olivier Motet, Jean Griffon, Antoine Acthuyer; Me André Rollin; honorable François Bourguignon ; noble Urbain Coct, Jacques Dessuelles, Pierre Couderard, Pierre Marcel et Jean Morisson, conseillers ; Pierre Chabert, procureur ; Urbain Thibaud, son lieutenant (vice-procureur); Grégoire Murguet, receveur, et moi Marel, secrétaire.

A cette première note est ajoutée la suivante, écrite de la même main, du secrétaire de la ville.

En leur présence et apres le repas fini, comparurent :

Antoine Trosset, François Valet et Nicolas Badin, fils ; ledit Antoine, exposant que ledit Badin ou son père, boucher, refuse de payer sa cote part pour ledit repas ; à raison de quoi, il est demandé qu'il y soit contraint.

Renvoyé au jour de vendredi prochain, devant le conseil de ville (1).

---

(1) Archives de Grenoble ; *registre des conclusions de l'hôtel de ville, année* 1518, f° 141.

Concluons que ce repas, qui pouvait fort bien convenir aux personnes invitées, n'était pas toujours du goût ni du bon plaisir de celles qui étaient dans l'obligation d'en supporter les frais.

Le second banquet était celui qui se faisait dans le même mois de décembre pour les élections consulaires, et où assistaient les consuls, les conseillers et les officiers de la maison de ville. Ses frais étaient acquittés par le receveur sur les fonds communaux, au moyen d'un mandat qui était délivré par les consuls, après le serment prêté par la personne qu'on chargeait des menues dépenses du repas, et qui jurait qu'elle avait payé la somme totale dont elle demandait le remboursement. Il paraît que cette somme s'est élevée plusieurs fois à un fort chiffre, et que des observations furent faites au conseil, à cet égard. Voici ce qu'on lit dans une délibération du conseil de ville, du mardi 7 décembre 1518, où il fut décidé que ces dépenses seraient à l'avenir plus modérées.

En visitant les comptes précédents du receveur, il a été reconnu entre autres choses, que dans les banquets faits pour la réunion des consuls, des conseillers et officiers, du moins, dans quelques-uns de ces banquets, qu'on est dans l'usage de donner pour les élections consulaires, l'on avait fait des dépenses très-excessives (excessissimæ) : *c'est pourquoi, pour éviter que de telles dépenses, très-excessives, se reproduisent de nouveau, il a été conclu que dorénavant les dépenses, pour un tel et semblable repas, n'excéderont point seize florins* (1).

Seize florins valaient environ 41 francs 80 centimes de notre monnaie.

La mesure adoptée ne fut pas longtemps observée. En peu d'années, la dépense du repas des consuls pour les élections consulaires revint au chiffre où elle était auparavant; elle s'éleva en 1537, dix-neuf ans seulement après l'époque ici indiquée, à 64 florins (2) 3 sols 9 deniers (3); somme équivalant aujourd'hui à 134 francs 90 centimes environ, et trois fois plus

(1) Archives de Grenoble ; registre précité, *conclusions de l'hôtel de ville*; année 1518, fol. 142.

(2) Le florin était alors compté pour 12 sols ; le sol valait de 17 à 18 centimes environ.

(3) Archives de Grenoble; *registre des conclusions de l'hôtel de ville*, année 1537.

forte que celle qui avait été fixée pour ce repas en 1518. L'état ou tableau qui suit peut donner une idée d'un menu de ces anciens festins, du choix des mets et de leur valeur au temps dont nous parlons; il fait connaître aussi la formule usitée pour l'ordonnance des mandats des consuls, et que nous avons conservée en entier et en latin, telle qu'elle existe sur la pièce originale.

S'ensuit le service et despense faicte au banquet de messieurs les consuls et conselliers à la nomination des consuls nouveaulx, pour l'année qui vient, mil cinq cent trente et huict, faict en la maison de mons.^r le premier consul, mons.^r Galliffet, le dimanche IX *de décembre mil cinq cens trente et sept.*

Et premièrement en deux chappons . . .	VII s. »
Plus en deux aultres chappons	VI s. VI d.
Plus en deux aultres chappons	VI s. VI d.
Plus en deux ocques (oies).	VIII s. »
Plus en neufs perdris	IIII fl. VI s. »
Plus en troys canards.	XVIII s. »
Plus en six bégasses.	III fl. »
Plus en troys conils (lapins)	XVIII s. »
Plus en quatre charges de boys.	XXXIIII s. »
Plus en troys charges de charbon	XVIII s. VI d.
Plus en deux dozeynes de grives	II fl. »
Plus en deux agneaulx	XX s. »
Plus en troys gros chappons de pallier . .	XII s. »
Plus en pain	XXXIII s. »
Plus en dix huict potz et dymi de vin blanc prin (pris) *du Gros Cul, à dix denyers le pot, monte*	XV s. V d.
Plus en soixante potz de vin claret, prin de Pierre Jolli, au pris que dessus de dix denyers le pot, monte	IIII fl. II s. »
Plus en dix coteaulx (couteaux) *à huict deyniers la pièce*	VI s. VIII d.
Plus en dix neuds d'eschine, pesant cinq livres, d'ung soul la livre	V s. »
Plus en gresse blanche, une livre . . .	II s. »
Plus en trente livres de mouton	XVII s. VI d.
Plus en douze livres de beufz	V s. »

Plus en six livres de porchet à neufz deyniers la livre . . . .   IIII s. VI d.
Plus en troys livres de gresse . . . . .   III s.   »
Plus en veaulx . . . .   III fl.   »
Plus en neufs livres et dymi fromage à six liards la livre . . . .   IIII s. IX d.
Plus en oranges . . . .   IIII s.   »
Plus en une livre de lard vieulx . . . .   I s. III d.
Plus en ognions . . . .   I s.   »
Plus en oblyes. . . . .   VI s.   »
Plus en poëres et pomes . . . .   II s. VI d.
Plus en chastagnies. . . . .   II s.   »
Plus en eufs. . . . .   II s. VI d.
Plus en verres. . . . .   VI s.   »
Plus en verjus. . . . .   VI d.
Plus en moutarde . . . .   II d.
Plus en espices, prinses (prises) *de Jehan Chousson*. . . . .   IX fl. IIII s. VI d.
Plus en patisserie et tartres, à Perricaud, le patissier . . . .   XI fl.   »
Plus au cusinyer du commandement de mons. Galliffet. . . . .   XL s.   »
Plus à une femme qui a solliardé et nestoyé la veycelle. . . . .   III s.   »
Plus en herbes. . . . .   II s.   »
Plus en herbes pour nestoyer la veycelle. .   II d.
Plus en langues de moton . . . .   III s.   »
Plus en olles (pots) *de terre*. . . . . . .   VIII s.   »

Habito juramento a receptore qui juravit ipsa parcellata exposuisse; fiat mundatum de ipsâ parcellâ die XXI *decem.* 1537.
Summa universalis est 64 fl. 3 s. 11 d.

Signé *Deportu, consul.*

Nos consules civitatis Gratianopolis subscripti, certificamus et attestamus quod magister Paulus Symondi, receptor civitatis predicte, tradidit et exposuit, pro banqueto dominorum consulum, summam sexaginta quatuor florenorum trium solidorum et undecim denariorum moneta, in parcellâ retro scriptâ contentam et descriptam; quam quidem summam sexaginta quatuor florenorum trium solidorum et undecim denariorum ex conclu-

sione nostri consilii, die subdictâ, factâ, ipsum mandatum cum parcellâ retro scriptâ reportando de compotis suis per eumdem de proxime redeundis deduci et allocari jubemus per illorum auditorem.

Datum Gratianopoli, die vicesimâ primâ mensis decembris anno domini millesimo quingentesimo trigesimo septimo; signés : *Galliffet, consul; Deportu, consul; Fran. Gerin, consul; Avenyer, consul.*

Registratum. Signé : *Pomeri.*

Nous ajouterons aux renseignements que nous venons d'indiquer, que lorsqu'il décédait un consul pendant l'année de son consulat, on plaçait des écussons aux armes de la ville aux quatre coins du cercueil (1); que les enfants des consuls qui naissaient pendant la même année du consulat de leurs pères, étaient tenus sur les fonts baptismaux par un autre consul, au nom et aux frais de la ville (2), et qu'il fût arrêté par le conseil ordinaire, après qu'on eût fait l'acquisition de l'hôtel de ville actuel, en 1749, qu'on ferait peindre les portraits des consuls et que ces portraits seraient placés dans la salle des séances. Joseph Desneiges, peintre de Grenoble, fut chargé de ce travail : il lui fut assigné, à cet effet, une rétribution annuelle et un logement dans la tour de l'hôtel de ville. Ce peintre mourut quelques années après ; il ne fut point remplacé : il ne paraît pas même qu'il ait fait les portraits de tous les consuls qui se succédèrent depuis le moment où fut adoptée cette mesure jusqu'à l'année de son décès.

§ XVIII. — *Exemption de péages.*

Outre les libertés et les franchises énoncées plus haut, et dont jouissaient les habitants de Grenoble, il y eut un temps où ils comptèrent aussi parmi leurs priviléges l'exemption de péages, d'abord dans le Graisivaudan et successive-

---

(1) Archives de Grenoble. *Comptes,* année 1409. *Payé à Simon Jacquemet, peintre, pour faire quatre écussons aux armes de la ville, lesquels écussons furent placés aux quatre coins du cercueil, lors du décès du consul Drenon (André) de Ciserin.*

(2) Mêmes archives ; *Conclusions de l'hôtel de ville,* années 1636, 1639 et 1640.

ment dans tout le Dauphiné. Cette exemption, pour eux, dans le Graisivaudan, était notoire : elle était regardée comme un droit inhérent à leurs libertés, et sur lequel ne s'était encore élevé aucun doute, lorsqu'une difficulté survenue entre un seigneur voisin, puissant, et les consuls de cette ville donna lieu à ces derniers de recourir au Dauphin pour obtenir de lui une charte où cette immunité serait constatée.

Hugues dauphin, frère du dauphin Jean II, baron de Faucigny et seigneur des mandements de Montfleuri, de Montbonnot, de Montfort et de la Terrasse, avait obtenu de l'empereur Henri, en 1312, l'établissement d'un péage à la *Draye*, aujourd'hui territoire de la commune de la Tronche et ancienne dépendance de Montfleuri. Il voulut soumettre à ce péage et à d'autres charges locales les habitants de Grenoble, pour les propriétés qu'ils avaient dans l'étendue de ses terres (1), et les assujettir, en même temps, à raison de ces propriétés, aux tailles, exactions et impôts de toute nature qu'il levait sur ses hommes, pour l'armée ou pour le passage de l'empereur, pour le mariage de ses filles, pour sa chevalerie ou celle de ses fils et pour sa rançon s'il arrivait qu'il fût fait prisonnier. On appelait ces impôts, cas impériaux : ils pesaient sur les populations lorsque le seigneur faisait un armement pour l'empereur ; lorsque l'empereur traversait les terres du seigneur ; lorsque le seigneur était fait prisonnier ; lorsqu'il mariait ses filles, et lorsque lui ou l'un de ses fils était créé chevalier (2). Le même Hugues prétendit aussi que ces habitants devaient être astreints à un péage pour les fruits qu'ils avaient et ceux qu'ils percevaient dans l'étendue des mandements précités, même pour les denrées qu'ils y récoltaient et qui étaient portées à Grenoble, et que les biens et possessions de ceux d'entre eux qui mourraient *ab intestat et sans héritiers légitimes, nés de leurs corps*, lui revenaient *de droit et par coutume*, lorsque ces biens et ces possessions étaient situés dans ses terres; alléguant que si les habitants de Grenoble jouissaient ou devaient

---

(1) Elles comprenaient tout le territoire sur la rive droite de l'Isère, depuis Grenoble jusques au delà du Touvet.

(2) Dans quelques lieux existait un sixième cas : lorsque le seigneur acquérait une terre.

jouir par le fait de ces exemptions, c'était seulement dans l'étendue de la ville et de son territoire, mais nullement pour les biens fonds, héritages et autres possessions qu'ils avaient dans l'étendue de ces mêmes terres. Ceux-ci en appelèrent au dauphin. Ce prince, laissé pour arbitre du différend, déclara par une charte que les habitants étaient exempts de toutes tailles, *toltes*, *complaintes*, de toutes exactions ordinaires et extraordinaires, de toute espèce de main-morte et de devoir servile dans toute l'étendue du *Graisivaudan* ou *district de Grenoble* et pour toutes les possessions qu'ils y avaient, en quelque lieu de ce *district* qu'elles fussent situées. Il réduisit, en leur faveur, à trois les cas impériaux, savoir : l'armement pour l'empereur, la chevalerie du fils aîné du dauphin et le mariage de ses filles *qui seraient par lui mariées* ; lesdits cas ne devant exister que pour le dauphin seul et non point pour les seigneurs des terres où ils avaient des possessions. Il reconnut aussi que les mêmes habitants ne devaient aucun péage soit pour les fruits qu'ils percevaient, soit pour les choses qu'ils possédaient dans l'étendue du même district, soit encore pour tout ce qu'ils y achetaient comme provisions de leurs maisons; pouvant devoir seulement un péage pour les denrées, choses et objets qu'ils y achetaient, à l'effet de les revendre ou d'en faire un trafic. Cette charte est datée du château de Beauvoir du 3 mars 1314 (1).

De pareilles lettres, confirmatives de la même exemption, et plus étendues, furent accordées aux mêmes habitants, le 13 juin 1321, par Henri Dauphin, *élu de Metz*, régent du Dauphiné pendant la minorité du jeune dauphin Guigues VIII, son neveu, fils et successeur de Jean II. Il est dit, dans ces lettres, que les citoyens de Grenoble sont *francs, quittes et exempts de toutes prestations et de tous payements d'impôts, de péages, de riverages, de gabelles, de gardes et autres exactions ou tributs, soit par terre soit par eau, dans tout le Dauphiné et dans toute la terre du Dauphiné, et de toutes impositions futures, pour les choses et les marchandises qu'ils apportent ou qu'ils font apporter en ville, en traînant, excepté le sel* (2).

(1) Archives de Grenoble, *Titres*, n° 784.
(2) *Henricus Dalphinus*..... *concessimus dilectis fidelibus nostris,*

Le baron ne s'en tint point à ces deux chartes du dauphin Jean et du prince Henri; il revint à sa première demande. Dès l'année suivante, 1322, au moment des vendanges et lorsque les habitants de Grenoble se disposaient à faire entrer en ville les raisins récoltés dans leurs propriétés situées sur ses terres, il ordonna de saisir ces raisins et de les mettre sous sa main, avec défense de les laisser passer jusqu'à ce qu'on eût acquitté le péage demandé. Il fallut, pour obtenir leur transit, que les consuls et des notables de la ville s'offrissent caution pour tous les habitants, et qu'ils s'engageassent, en leur nom et solidairement, de payer, dans le cas qu'ils fussent dus, tous droits de péages que réclamait le baron, à raison des raisins et des vins que ces habitants récoltaient sur ses terres ou qu'ils y achetaient. Ce fut sous cette condition et sous ce cautionnement que fut levée la saisie. Il y eut, à cet effet, un acte passé devant notaire, le cinq octobre de cette année, en présence du châtelain de Montfleury, et daté du lieu même de la Dreye où se prenait le péage; les habitants qui y comparurent et qui se rendirent garants pour leurs concitoyens, furent : Jean Cellerier, Pierre Fabre et Vincent Ranoulz, consuls; Pierre Benoît ; Bernard Grinde ; Reymond de Vaulnaveys; Armand Dupont; André de Romans ; Giraud Peyllard ; Hugues Mercier ; Aymon de Gap ; Jean Mercier, fils de Guigues ; André Garnier ; André Cordier; Jacques Lapol (1); Lantelme Conoz et Pierre Clocheyron. Il y avait parmi eux des jurisconsultes distingués et des conseillers du dauphin :

universis, singulis civibus civitatis et territorii Gratianopolis, quod ad aliquam prestationem seu solutionem vectigalium, pedagiorum, gabellarum riparionum, gardiarum et aliarum exactionum seu tributorum quocumque nomine vocentur sine constituantur sive per terram sive per acquam leventur et exigantur, pro rebus et mercaturis sine quas in villâ Gratianopoli trahendo apportarent seu apportari facerent; excepto sale, minime teneantur. Ymo item volumus et concessimus quod de cetero in perpetuum sint franchi, quilli et immunes ab omnibus prestationibus et solutionibus predictorum vectigalium, pedagiorum, ripariorum, gabellarum, gardiarum et aliarum exactionum per totum Delphinatum et per totam terram Delphinatus.... (Archives de Grenoble ; Titres, n° 724.)

(1) *Jacquemetus Lapol;* il est nommé dans d'autres actes *Jacques de Dye dit Lapol.* Voir la première note du § xii.

ils étaient, pour la plupart, d'anciens administrateurs de la ville, ou ils le furent depuis, comme on peut le voir par la liste des consuls que nous donnons ci-après (1).

L'année suivante, cette difficulté entre les habitants de Grenoble et le baron Hugues fut terminée : ce dernier, par une transaction du 18 mai 1323, approuvée par le Dauphin, et moyennant une somme d'argent qui lui fut comptée, renonça à ses prétentions et reconnut que ces habitants étaient exempts de tous droits de péages et de main-morte, conformément à la charte de 1314 (2).

Une autre exemption de péages, plus étendue encore que les précédentes, puisqu'elle était donnée pour toutes denrées et marchandises, sans distinction, et pour en jouir aussi dans tout le Dauphiné, fut accordée aux mêmes habitants de Grenoble par l'empereur Charles IV, suivant des lettres patentes de ce prince, datées de Selz, du 3 des nones de juillet 1365. Ces lettres, appelées bulle d'or impériale, contenaient que ces habitants étaient exempts de toutes sortes de péages, de pontonages, de gabelles, de *rêves*, de *leydes*, de *tributs* et de toutes impositions, soit ordinaires, soit extraordinaires, tant par eau que par terre, dans toute l'étendue du Dauphiné, avec défense à toutes puissances d'en exiger aucun paiement sous peine de mille marcs d'or (3).

Par cette bulle, l'empereur confirma en même temps toutes les immunités, franchises et libertés de la ville de Grenoble, et lui donna, pour conservateurs de ses priviléges, le dauphin de Viennois, le gouverneur du Dauphiné et l'évêque de Grenoble. Les mêmes lettres furent confirmées le 27 du même mois de juillet 1365, par le roi dauphin Charles V, qui était alors à Grenoble : elles le furent, depuis, par le roi Charles VI, son successeur, le mois de juin 1403, le 29 décembre 1406 et le mois de juin 1413 ; par le roi Henri II, le mois de

---

(1) Archives de Grenoble; *Titres*, n° 822.

(2) Mêmes archives; *Titres*, n° 739. Cette somme, payée par les habitants au prince Hugues, fut de 300 livres, bons viennois, et de 600 tournois d'argent, marqués d'un O *rond*.

(3) Mêmes archives; *Titres*, n° 578.

septembre 1548, et par le roi Henri IV, les mois de septembre 1595 et de novembre 1599.

Il existe aussi des *vidimus* de ces exemptions de péages, des gouverneurs du Dauphiné, des 28 juin 1404 et 28 mars 1476, et un arrêt du parlement du 4 janvier 1463, confirmatifs des mêmes exemptions, et portant défense aux péagiers de Voreppe, de Romans, de Pisançon, de Valence, de St-Paul, de St-Lattier, de St-Marcellin, de Vinay, de Poliénas, d'Albenc, de Chabeuil, de Château-Neuf-d'Isère, d'Armieu, de Charmanieu, d'Heyrieu, de la Côte-St-André, de Goncelin et de la Terrasse, de percevoir sur les habitants de Grenoble aucun droit ou aucune rétribution : tous ces péages sont dénommés dans les deux titres précités des années 1404 et 1463.

Disons qu'il en fut de ces exemptions de péages comme des autres libertés de la ville, c'est-à-dire qu'après de longs et d'inutiles efforts de la part des consuls, pour les conserver et les maintenir, elles devinrent, comme ces libertés, un vain nom. Au commencement du XVII° siècle, ces mêmes exemptions n'étaient plus reçues : d'abord contestées et ensuite rejetées par les tribunaux, elles cessèrent de profiter aux habitants, forcés de contribuer dès lors aux péages et aux autres charges de ce genre existant en Dauphiné. Grenoble se vit ainsi privé de ses anciennes franchises. Dépouillée de ses priviléges, cette ville perdit en même temps son importance et l'éclat dont elle avait joui sous les dauphins : elle se trouva, à l'exception de son rang et de son titre de capitale, assimilée aux autres cités de la province.

§ XIX. — *Liste des consuls de Grenoble, de 1244 à 1790.*

L'examen minutieux que nous avons fait d'une foule d'actes, de titres et de vieux registres qui sont dans les archives de la ville de Grenoble et dans d'autres dépôts publics et particuliers, nous ayant donné lieu de retrouver les noms épars d'anciens administrateurs de cette ville, nous avons pensé qu'on nous saurait gré de recueillir ici ces noms, et d'en dresser une liste, en commençant par les plus anciens que nous ayons pu trouver. Cette liste comprend un espace de près de cinq siècles et demi. Nous avons classé les noms année par année, et mentionné, autant que possible, les qualités des consuls lorsque nous avons pu nous les procurer ; car il faut convenir que ces qualités seules, bien mieux que des noms à la plupart desquels ne se rattache aucun souvenir, font connaître d'un seul trait l'esprit et les éléments de notre primitive organisation municipale. Les années qui ne sont point indiquées dans cette liste, sont celles pour lesquelles nous n'avons découvert aucun titre ni aucun document où il soit fait mention du nom des consuls.

Si, d'un autre côté, notre travail ne commence seulement qu'à 1244, c'est que nous n'avons pas trouvé non plus de consuls nommés antérieurement à cette année. Il existe, d'ailleurs, avant cette époque, bien peu de titres relatifs à la ville de Grenoble, attendu, ainsi que nous l'avons déjà observé, que cette ville eut à souffrir d'abord d'une submersion presque entière en 1219, et, plus tard, d'un incendie terrible, en 1252 : les papiers qui avaient échappé au premier désastre, furent complétement brûlés cette dernière fois.

Consuls de Grenoble

Dont nous avons trouvé les noms dans des anciens titres, depuis l'année 1244 jusqu'à l'année 1790.

XIIIe SIÈCLE.

1244.

Pierre Grinde (1); Humbert Gerenton; Julien Gras, apothicaire ; Guigues Czup (2), notaire.

---

(1) Famille noble et distinguée de Grenoble, éteinte depuis longtemps ; elle possédait la seigneurie du Mollard sur le territoire de Corenc, passée à la famille Alleman, de la branche d'Uriage, par le mariage de Gaspard Alleman, seigneur de cette dernière terre, avec Marie Grinde, fille et héritière de Jean Grinde décédé vers la fin du xve siècle.

(2) En latin *Czuppus* et *Czuppi;* nous avons trouvé, en français du temps, Czups. Ces quatre consuls ont le titre de *recteurs de la ville* dans une charte du 1er août 1244. Un autre Guigues Czup et André Czup étaient, sous le règne du dauphin Jean II, en 1315, le premier, châtelain de l'Oisans, et le second, auditeur des comptes du Dauphiné.

1252.

Chalveys (1) ; Pierre Albert ; Pierre Tatucy ; Antoine (2).

1281.

De juillet 1281 à juillet 1282.

Guillaume Grinde, jurisconsulte, chevalier (3); Pierre Viennois ; Guigues Mercier (4); André Gras.

1282.

De juillet 1282 à juillet 1283.

Pierre de Romans, *picolier* (5) et drapier ; Pierre Girard ; Didier de Bonnevaulx ; Jean Uboud.

1284.

Bernard Joffrey ou Jouffrey (6).

1287.

De juillet 1287 à juillet 1288.

Falques Czup ; Pierre Freynier ; Jean Fayssos, *couturier* (7); Pierre Maygnin.

---

(1) Sans autre nom.

(2) Sans autre nom.

(3) Juge de la cour commune de Grenoble, en 1296, et juge majeur du Graisivaudan en 1310.

(4) En latin *Mercerii ;* en français du temps *Mercer.*

(5) Marchand de poterie.

(6) Il est qualifié de *syndic de l'université des citoyens et des habitants de Grenoble*, dans une charte datée du mardi avant la fête du bienheureux Martin, de l'an du Seigneur 1284. Dans cet acte sont aussi nommés : Guigues Benoît, André de Vaulnaveys, Pierre Prunel, Pierre Viennois, Guillaume Garcin, Jean de Vaulnaveys et Pierre Garnier, agissant tous, avec Bernard Jouffrey, dans l'intérêt commun des habitants de la ville, et qui devaient être, soit d'anciens consuls, soit des consuls de cette année, soit de leurs conseillers.

(7) Tailleur d'habits.

1288.

De juillet 1288 à juillet 1289.

Jean de Goncelin le jeune, jurisconsulte(1) ; Pierre Garnier ; Pierre Garcin ; Jacques de Bonnevaulx.

1289.

De juillet 1289 à juillet 1290.

Pierre Benoît (2), jurisconsulte ; Humbert Villet ; Pierre Girard ; Jean Bauduyn (3).

1290.

De juillet 1290 à juillet 1291.

Pierre Benoît, jurisconsulte ; Hugues Garcin ; Julien Gras, apothicaire ; Barthélemy de la Perrière (4).

1291.

Elus le 16 juillet 1291.

Falques Czup ; Antoine de Theys (5) ; Martin Lombard ; Pierre de Romans, marchand de poterie et drapier (6).

---

(1) Juge de la cour commune de Grenoble, en 1292. Un autre Jean de Goncelin fut vice-châtelain de Briançon sous le dauphin Humbert II.

(2) En français du temps, *Beneyt*. Il est qualifié d'auditeur des comptes du Dauphiné dans un acte de 1321.

(3) En français du temps, *Bouduynoz*.

(4) Un quartier de la ville de Grenoble, sur la rive droite de l'Isère, était appelé, comme il l'est encore, la Perrière, c'est-à-dire *Pierrière*; ce qui signifie lieu couvert de pierres, lieu d'où l'on extrait des pierres, etc. Ce nom convenait à ce quartier, situé au pied de la montagne ; il paraît qu'une famille de Grenoble tirait elle-même son nom, ou avait été ainsi surnommée de son habitation située dans ce quartier ; ce Barthélemy devait être de cette famille.

(5) Il y eut de cette famille François de Theys, seigneur de Thoranne, conseiller du dauphin Humbert II et l'un de ses ministres en 1342.

(6) Ils élurent pour leurs conseillers, pendant l'année de leur consulat : Jean de Goncelin, juge de la cour des comtés de Vienne et d'Albon ; Pierre Benoît, Humbert Villet, Pierre Girard, Jean Bauduyn et Julien Gras, tous anciens consuls.

1292.

Elus en juillet 1292.

Falques Czup; Pierre Freynier; Jean Dufour (1); Pierre Maygnin.

1293.

Les mêmes consuls jusqu'en juillet 1294.

1294.

De juillet 1294 à juillet 1295.

Vincent Ranoulx (2); Falques Czup; Pierre Bigot; Barthélemy de la Perrière.

1296.

De juillet 1296 à juillet 1297.

Pierre de Chanchène, drapier; Jean Bauduyn; Jean Mercier; Jean Ronat, bâtier.

1297.

Elus le 18 juillet 1297.

Pierre Benoît, jurisconsulte; Jean de Vaulnaveys (3); Falques Czup; Guigues Boniel.

1300.

De juillet 1300 à juillet 1301.

Barthélemy de la Perrière; Vincent Ranoulx; Jean Tos-

---

(1) On disait, en ancien français, *Del four, Del molen, Del pont, Del saule*, etc., dénominations que nous avons trouvées dans des titres de cette époque. Dans l'origine, c'étaient des noms donnés à des personnes qui demeuraient près du four, du moulin, du pont ou d'un saule, et qui sont devenus, depuis, des noms de familles.

(2) En latin, *Ranulphi* et *Radulphi*. On trouve en langage du temps, *Ranoulx*, et quelquefois, *Raynoulx*.

(3) Jean de Vaulnaveys, commandeur de l'hôpital de Saint-Antoine de Grenoble en 1354, était de cette famille, éteinte depuis longtemps et qui tirait son nom de la paroisse de Vaulnaveys, située près de Vizille.

can (1); Pierre Chivalier ou Chevalier, dit de Quets, mercier.

XIVe SIÈCLE.

1301.

De juillet 1301 à juillet 1302.

Barthélemy de la Perrière ; Hugues Gruel ; Guigues Toscan ; Falques Czup.

1302.

Élus en juillet 1302.

Hugues Garcin ; Albert Maquard ou Macard ; Michel Robolin ; Falques Couturier (2).

---

(1) On disait aussi *Toquan*, *Tosquan* et *Touscan*. Cette famille possédait plusieurs fonds dans la partie de la vallée de Grenoble sur la rive droite de l'Isère. Jacques ou Jacquemond Toscan, qui vivait vers la fin du XIVe siècle, légua par son testament au couvent de Montfleury, entre autres terres et dépendances situées sur les paroisses de Corenc et de Meylan, une tour avec une maison et une vigne y attenant qu'il avait sur le territoire de Corenc, *vers Boqueron, et proche du chemin*. Cette tour existe encore : elle a servi longtemps de prison aux dames de Monfleury, pour l'exercice de la justice seigneuriale du lieu.

(2) En latin *Falquetus Codurerius*. Il serait possible, et nous ne serions pas éloigné d'adopter cette version, que ce mot fût ici, non point un nom propre, mais une simple qualité : dans ce cas, on devrait lire Falques, *couturier*, c'est-à-dire tailleur d'habits, homme qui fait des *coutures* ; d'autant plus que ce consul est nommé aussi dans un acte, *Falquetus Sartor*. Nous avons trouvé dans des actes français de cette époque, Guillaume l'*Armurer* (l'armurier), Ambroise le *Ganter* (le gantier) ou simplement *ganter*, etc., etc., pour désigner un Guillaume et un Ambroise dont les professions étaient celles d'armurier et de gantier. Ce n'est pas qu'au siècle dont nous parlons, les noms de famille ne fussent généralement adoptés, mais on conservait encore l'usage de désigner telle et telle personne, soit sous le nom de sa profession, soit sous celui de sa qualité ou du pays d'où elle était native; usage qui, dans les siècles précédents, avait été la cause de la plupart des noms de familles, et qui, depuis, a donné lieu à une foule de surnoms, qui eux-mêmes ont remplacé les noms primitifs. Dans le règlement consulaire de 1489, ci-devant rappelé et postérieur de 186 ans à l'époque ici indiquée, on lit encore, ainsi qu'on a pu le remarquer : *Pour les cordiers, les selliers et les bâtiers, Me Jean le cordier, le vieux*, sans aucun nom de famille.

1303.

De juillet 1303 à juillet 1304.

Falques Czup; Guigues Uboud; Pierre Freynier; Jean Bauduyn (1).

1305.

Barthélemy de la Perrière; Falques Czup; Hugues Gruel; Guigues Bonniel.

1307.

Jean Bauduyn; Falques Couturier; Antoine de Theys; Pierre Maygnin.

1308.

Guillaume Garcin; Jean Fayssos, tailleur d'habits; Jean Célérier; Martin Lombard.

1309.

De juillet 1309 à juillet 1310.

Guigues Bonniel; Pierre Bigot; Pierre Cordier (2); Guillaume Applagnet.

1313.

De juillet 1313 à juillet 1314.

Guillaume Garcin, marchand; Guigues de Vaulnaveys, jurisconsulte; Jean Bauduyn; Giraud Peyllard, marchand pelletier.

---

(1) Dans un acte du 9 novembre 1303 sont dénommés: Pierre Clocheyron, notaire, Jean de Montbonnot, Hugues Garcin, Guigues Toscan, Hugues Gruel, Barthélemy de la Perrière, Vincent Ranoulx, Albert Macard et André de Vaulnaveys, qualifiés de citoyens de Grenoble et d'anciens consuls. *Quondam et etiam cives alii predecessores in dicto consulatu.*

(2) En latin *Corderius*; peut-être faudrait-il lire: Pierre, *cordier*, ou cordier de profession (voir l'annotation précédente, année 1302).

1314.

De juillet 1314 à juillet 1315.

Pierre Benoit, jurisconsulte; Guigues Bonniel; Jean Mercier; Michel Vachier.

1315.

De juillet 1315 à juillet 1316.

Pierre de Chanchène, drapier; Guillaume Bagnoux (1); Jean de Betens, dit de Losane, tailleur d'habits; Hugues Garcin.

1316.

De juillet 1316 au 14 août 1317.

Guillaume Garcin, marchand; Jean Célérier; Jean Fayssos, tailleur d'habits; Martin Lombard.

1317.

Élus le 14 août 1317.

Jean Garnier; Jean Célérier; Jean Fayssos, tailleur d'habits; Pierre de Boqueron, jurisconsulte (2).

1318.

Les mêmes consuls jusqu'en juillet 1319.

1319.

De juillet 1319 à juillet 1320.

Hugues Mercier; Jean Célérier; Jean Fayssos, tailleur d'habits; Guillaume Garcin, marchand.

---

(1) En latin, *de Balneolis* et *de Bagnolibus*. Jean Bagnoux, de la même famille, fut châtelain de Grenoble en 1366, en 1369 et 1373.

(2) De la famille des seigneurs de l'ancienne terre et de l'ancien château de ce nom, sur la paroisse de Corenc.

1320.
De juillet 1320 à juillet 1321.

Guillaume Garcin, marchand; Jean Fayssos, tailleur d'habits; Guigues Toscan; Jean de Betens, dit de Losane, tailleur d'habits.

1321.
De juillet 1321 au 5 septembre 1322.

Jean Garnier; Giraud Peyllard, pelletier; André de Romans, drapier; Jacques de Gap (1).

1322.
Élus le 5 septembre 1322.

Jean Célérier; Jean Mercier, fils de feu Jean; Vincent Ranoulx; Pierre Fabre ou Favre, apothicaire (2).

1323.
De juillet 1323 à juillet 1324.

Guigues de Vaulnaveys, jurisconsulte; Giraud Peyllard, pelletier; Martin Ranoulx, notaire, garde supérieur de la monnaie du Dauphin; Hugues Mottet, dit de l'Eymare, notaire.

1324.
De juillet 1324 à juillet 1325.

Guigues de Vaulnaveys, jurisconsulte; Giraud Peyllard, pelletier; Jean Garcin; André de Romans, drapier.

1325.
De juillet 1325 à juillet 1326.

Jean Garnier; Giraud Peyllard, pelletier; André de Roin ou Royn (3); Jacques de Rapuit.

(1) Un Jean de Gap était notaire à Grenoble en 1291.

(2) Leurs conseillers furent : Pierre d'Avalon, chevalier; Nicolas Constant, professeur de droit (*Legum professor*, consul en 1326); Guigues de Vaulnaveys, jurisconsulte; Pierre Bermond; Reymond de Vaulnaveys; Hugues Garcin; Jean Bauduyn; Guillaume Bigot; Hugues Mercier; Jean Garnier et Giraud Peyllard.

(3) Famille qui a donné deux évêques à l'église de Grenoble : Guil-

1326.

De juillet 1326 à juillet 1327.

Nicolas Constant, jurisconsulte, chevalier, auditeur des comptes (1); Guigues de Vaulnaveys, jurisconsulte; Reymond de Vaulnaveys; Pierre de Chanchène, drapier.

1327.

De juillet 1327 à juillet 1328.

François de Goncelin; Jean Célérier, Anthelme Conoz, Cognoz ou Cogne (2).

1328.

De juillet 1328 à juillet 1329.

Guigues de Vaulnaveys, jurisconsulte; Pierre Benoît, jurisconsulte, auditeur des comptes; Jean Célérier; Martin Ranoulx, notaire, garde supérieur de la monnaie du Dauphin.

1329.

De juillet 1329 à juillet 1330.

Les mêmes consuls.

1330.

De juillet 1330 au mois d'octobre suivant.

Guigues de Vaulnaveys, jurisconsulte; Hugues Mottet,

---

laume III et Guillaume IV de Royn, décédés, le premier, en 1302, et le second en 1337. Jacques de Royn (*de Roynis*), était juge de la cour commune de cette ville, en 1367.

(1) Il était, en 1321, juge majeur du Graisivaudan. Il fut l'un des quatre députés envoyés en 1332 par le dauphin Guigues VIII au roi de France, pour assister au jugement qu'il devait prononcer sur les différends existants entre le Dauphin et le comte de Savoie, et à raison desquels ce roi avait été choisi pour arbitre. Les autres députés, chargés avec lui de cette mission, furent : le comte de Forêt; Guillaume Alleman, seigneur de Valbonnais; et François de Theys, l'un des conseillers du Dauphin.

(2) Il avait été vice-châtelain de Grenoble en 1320.

dit de l'Eymare, notaire ; Jean de Betens, dit de Losane, tailleur d'habits ; Giraud Peyllard, pelletier.

Au mois d'octobre 1330.

Guigues de Vaulnaveys, jurisconsulte ; Pierre Benoît, jurisconsulte, auditeur des comptes ; Giraud Peyllard, pelletier ; Berthon ou Barthélemy Maygnin.

1331.

De novembre 1330 à décembre 1331.

Jean Bauduyn, fils de feu Jean ; Guigues de Vaulnaveys, jurisconsulte ; Giraud Peyllard, pelletier ; Hugues Mottet, dit de l'Eymare, notaire.

1332.

Jean de Betens, dit de Losane, tailleur d'habits ; Druet de Betens, dit de Losane, drapier ; Pierre Garcin, drapier ; Pierre Chivalier ou Chevalier, dit de Quets, mercier.

1335.

Pierre Garcin, drapier ; Pierre Ranoulx ; Druet de Betens, dit de Losane, drapier ; Aimé Epier ou Espier.

1336.

Élus le 10 décembre 1335.

Hugues Froment (1) ; Guillaume Bauduyn ; Hugues Mottet, dit de l'Eymare, notaire ; Martin Barbier (2).

1337.

Élus le 15 décembre 1336.

Jean de Betens, dit de Losane, tailleur d'habits ; Pierre de Chanchène, drapier ; Aimé Rolland ; Jean de Saint-Martin, tisserand.

---

(1) Conseiller du dauphin Humbert II.

(2) Cette année, fut conseiller, Reymond Fallavel, qualifié *conseiller de Grenoble* dans le compte des recettes et des dépenses municipales de cette ville ; il lui est alloué, en cette qualité, pour ses peines, deux florins.

1338.

Guigues Toscan ; André de Romans, drapier; Anthelme Argoud (1) ; Guillaume Geneveys.

1339.

Les consuls précédents, jusqu'au mois d'octobre 1339.

Sont élus le 25 octobre de cette année :

Martin Ranoulx, notaire, garde supérieur de la monnaie du Dauphin ; Guillaume Bagnoux ; Hugues Mottet, dit de l'Eymare, notaire ; Armand Dupont, marchand.

1340.

Les consuls précédents, jusqu'au mois de décembre 1340.

1341.

Élus le 17 décembre 1340.

Druet de Betens, dit de Losane, drapier ; Guigues Toscan ; Hugues Mottet, dit de l'Eymare, notaire ; Martin Ranoulx, notaire, garde supérieur de la monnaie du Dauphin.

1342.

Guigues Grinde, notaire ; Jean Bauduyn (2).

1344.

Pierre de Chanchène, notaire; Druet de Betens, dit de Losane, drapier ; Simon Bastier ; Thomas des Balmes, *escoffier* (3).

---

(1) Richard ou Richardet Argoud était vice-courrier de l'évêque en 1330, et courrier de ce prélat en 1336.

(2) Lanthelme Cône ou Cogne, André de Romans, Armand Dupont, Guillaume Bauduyn, Pierre Garcin, Druet de Losane, Aimé Rolland, et Claude Ranoulx, sont qualifiés d'administrateurs de la ville de Grenoble dans un acte du 28 mai de la même année 1342.

(3) Tanneur, corroyeur, ouvrier travaillant sur les cuirs.

1345.

Élus le 26 juin 1345.

Guillaume Pilat (1); Reymond Atthoyne (2), notaire; Guillaume Bertrand ; Giraud de Bernin (3).

1346.

Pierre Garcin, drapier; Druet de Betens, dit de Losane, drapier; André de Romans, le vieux drapier; Guillaume Bauduyn.

1347.

Jacques de Saint-Martin ; Pierre Marc (4), apothicaire; Antoine Bruey, Bruyen ou Bruyène.

1348.

Guigues de Goncelin; Bernard Logos; Gaillard Garcin, boucher.

---

(1) De la famille d'Humbert Pilat, qui fut notaire, secrétaire du dauphin Humbert II, son protonotaire et son chancelier, et qui mourut auditeur de la chambre des comptes et prévôt du chapitre de l'église de Saint-André, en 1373. La famille Pilat, éteinte depuis le xvie siècle, était noble ; elle était originaire de la Buissière, où existe une rue appelée encore la rue des Pilats.

(2) C'est le nom que nous avons trouvé dans des titres français ; on disait en latin *Actayne* ou *Actheine*.

(3) Ils élurent pour leurs conseillers : Girin d'Imola, docteur en droit; Reymond Fallavel; Guigues Borel, le jeune; François André et Guillaume de la Gorge, jurisconsultes ; Gilet Benoît, chevalier ; Bernard Grinde ; Guigues de Vaulnaveys; Pierre Peyllard; Hugues Mottet; Lenthelme Argoud ; Jean Meynard de l'Argentière et Hugues Julien. Les deux premiers, conseillers du Dauphin, étaient membres du conseil delphinal, créé par Humbert II, en 1340. Il est souvent fait mention, dans les titres, de ce Girin, natif, selon toute apparence, de la ville d'Imola, en Italie, d'où il tirait son nom. Guigues Borel avait été juge de la cour commune de Grenoble en 1330 et 1332.

(4) Nous avons fait, plus haut, mention de François Marc, conseiller au parlement de Grenoble en 1490, et dont les descendants ont pris le nom de Demarc.

1350.

Guillaume de la Gorge (1), jurisconsulte ; Emery de Vaulnaveys ; Jean Mathieu ; Jean Villet.

1351.

Rodolphe Devaux (2); Henri Czup; Guigues Grinde, notaire; Jean Bauduyn.

1352.

Giles Benoît (3), chevalier ; Guillaume Henri (4), jurisconsulte; Pierre Marc, notaire ; Jacques de Saint-Martin.

1353.

François André, jurisconsulte ; Jean Dupont ; Jean du Saule (5), notaire, auditeur des comptes; Guigues de Goncelin.

1355.

Guigues Grinde, notaire ; André de Romans, drapier; Guillaume de Saint-Martin ; Berard ou Bernard Grinde.

(1) En latin *de Colle;* il fut, depuis, juge de la cour commune de Grenoble, successivement avocat fiscal au conseil delphinal.

(2) En latin *de Valle.*

(3) Nommé courrier ou correier de l'évêque, l'année suivante, 1353 : on appelait ainsi à Grenoble (*correarius* ou *courrerius*) l'officier qui, dans cette ville, remplissait au nom de l'évêque les mêmes fonctions que le châtelain au nom du Dauphin.

(4) Juge de la cour-commune de Grenoble en 1366.

(5) En latin *de Salice.* Il fut membre, en 1369 et 1371, du conseil de lieutenance générale créé, la première année, par Raoul de Loupy, gouverneur du Dauphiné, et, la seconde année, par Jacques de Vienne, aussi gouverneur et son successeur, pour administrer en leur absence. Ce conseil fut formé, la première fois, de Guillaume, évêque de Genève; de Didier, seigneur de Sassenage ; d'Humbert Pilat, prévôt de Saint-André, auditeur des comptes; de Guy Copier, seigneur d'Hières, bailli du Viennois et du Valentinois ; de Reynaud Reymond, juge majeur des appellations; d'Amédée de La Mothe, chevalier; de Reynaud Fallavel et de Jean du Saule. Les mêmes Pilat, La Mothe, Reymond et du Saule firent partie du second conseil avec Guy de Morges, seigneur de la Rochette, et Jacques des Roys (*de regis*), juge majeur du Graisivaudan.

1356.

Pierre Marc, notaire ; Guigues Vannos.

1357.

Jean Dupont (1).

1358.

André de Vaulnaveys ; André Toscan (2); François Bermund ou Bermond (3); Jean Barraquin.

1359.

Elus le 16 juin 1359.

Clocheron Bauduyn ; Guigues Guelin ; Pierre Garcin le vieux, drapier; Pierre Truchet, dit Baudon (4).

1361.

André Félix, docteur en droit ; François Dupont ; Pierre Rolland ; André David.

1362.

François Ponce.

1363.

De juillet 1363 à juillet 1364.

Boniface Devaux ; Guillaume Sevenet, doreur ; François André, notaire; Jean Ranoulx, drapier.

---

(1) Vice-courrier de l'évêque en 1363 et 1364.
(2) Châtelain de Grenoble en 1365.
(3) En latin, *Bermundi*.
(4) Ils eurent pour conseillers : Gilet Benoît, chevalier ; Humbert Pilat ; Guillaume Henri, jurisconsulte; Bernard Grinde; André Toscan; Jean Mathieu ; André de Vaulnaveys, Jean Dupont, Emery de Vaulnaveys ; Jean du Saule, notaire; Michel de Cognet ; André de Romans; Pierre Marc et Guillaume de Saint-Martin.

1364.

De juillet 1364 à juillet 1365.

Jean Mignot, notaire; Nicolas de Metz; Pierre de Cognet (1), drapier; Pierre d'Allevard, *escoffier*.

1365.

De juillet 1365 à juillet 1366.

Guillaume Pilat; Guillaume de Thoulouse, clerc (2); Guillaume Garcin, marchand; François Bermund ou Bermond.

1367.

De juillet 1366 à octobre 1367.

André Toscan; Jean Dupont; Pierre Byn; Pierre Marc, notaire.

1368.

Gilet Bermund ou Bermond; André de Vaulnaveys; Jean Gaudier, dit de Virieu, notaire; Jacques Cordier.

1369.

Elus le 6 novembre 1368.

Pierre Rolland; Henri Eybaudit, dit Dufour; Jean Ranoulx, drapier; Jacques Fiard.

1370.

Bernard Grinde; Pierre Garcin, drapier; Pierre Marc, notaire.

1371.

Guillaume Pilat; Pierre Fontane, aubergiste; Pierre de Cognet, drapier; Rambaud Sonnier (3), drapier.

---

(1) En latin *de Cugneto*. Un autre Pierre de Cognet était notaire à Grenoble en 1335.

(2) Praticien, homme de lois.

(3) Nom écrit aussi : *Saunier, Sannier et Sounier.*

1372.

Guillaume Rolland ; Pierre Gillin, licencié en droit.

1373.

François Bermond ; Jacques Fabre, dit Florensat, maréchal-ferrant ; Pierre Mictre ou Mitre ; Humbert Granet.

1374.

Élus le 11 décembre 1373.

Guillaume Chalmein ou du Chalmein (1), bachelier en droit ; Henri Rassart, notaire ; Jean Henri, notaire ; Barraquin Rolland.

1375.

Elus le 11 décembre 1374.

Pierre Grinde ; Jean Ranoulx, drapier ; Jean Gandier, dit de Virieu, notaire ; Pierre Byn, bâtier.

1376.

Jean Gaudier, dit de Virieu, notaire ; Guillaume Pilat ; André de Betens, dit de Losane, drapier ; Guillaume Bertrand.

1377.

Claude Mathieu ; Guillaume Armuet, notaire (2) ; Simon Fiard ; François de Commiers, dit de Theys, notaire.

1378.

Pierre Garcin, drapier ; François André, notaire ; Guillaume Sevenet, doreur ; Pierre Desportes, dit Pennot, notaire.

---

(1) Juge de la cour commune de Grenoble, en 1382 : son nom est écrit en latin, *de Chalmellis, de Chalmelis* et *de Chalmetâ* ; nous avons trouvé en français *Chalmein*, et *du Chalmein*.

(2) Famille surnommée, depuis, Bon-Repos, du château de ce nom, situé sur la commune de Jarrie, et qui a donné des officiers à la chambre des comptes, un prévôt au chapitre de Saint-André de Grenoble, en 1469, et un doyen au chapitre de la cathédrale de cette ville, en 1597.

1379.

Élus le 13 décembre 1378.

Boniface Devaux, écuyer; Jean Pic, notaire; Etienne Emoudrut, dit Ojadrut ou Eujadrut, notaire; Pierre Julien, *escoffier*.

1380.

Élus le 10 décembre 1379.

Pierre Marc; Pierre Mictre ou Mitre; Pierre Barrier, maréchal-ferrant; André Marin, dit de Biviers, drapier.

1381.

Jean Raffin, notaire; Etienne Chalveton, notaire; Pierre Berthallet, notaire; Guigues Garcin.

1382.

Élus le 20 décembre 1381.

Jean Ranoulx, drapier; Guillaume Surrel, notaire; Guillaume Garcin, marchand; Guigues Byn, dit Magnin, tailleur d'habits, de la rue Saint-Laurent.

1383.

Élus le 21 décembre 1382.

Guillaume Grinde; Jean Gandier, dit de Virieu, notaire; Jean Enjourand, dit de Troyes; Mallein Atthoyne, serrurier.

1384.

Élus le 20 décembre 1383.

Pierre Fontane, aubergiste; Jacques Sonnier, mercier; Rembaud Sonnier, drapier; Jacques Fabre, dit Florensat, maréchal-ferrant et marchand de fer.

1385.

Pierre Garcin, drapier; André Toscan; Jean Chicot; Pierre Desportes.

1386.

Rodolphe de Commiers, le vieux (1), chevalier; Pierre Gilin, licencié en droit; Jean Vallier, notaire, secrétaire au conseil delphinal (2) ; Jean Bermund ou Bermond, notaire.

1387.

De décembre 1386 à décembre 1387.

Pierre Rolland; Thibaud de Bellèze, notaire; Michel Bœuf, notaire; Pierre Martin, dit Vincent.

1388.

De décembre 1387 à décembre 1388.

Guillaume Armuet, notaire; Jean de Bernin, notaire; Henri Rassart, notaire; Jean de Commiers, dit Callat, aubergiste.

1389.

Elus le 13 décembre 1388.

Jean Sonnier, notaire ; Pierre Liesse ou Lajoie (3), aubergiste ; Pierre de Cognet, drapier ; Jean Chalmein ou du Chalmein, dit Cyparet, doreur.

1390.

De décembre 1389 à 1390.

Jean Gandier, dit Virieu, notaire ; Jean Mercier, dit Menon ; Lenthelme Mottet, notaire ; Jean Brochier, notaire.

---

(1) Ancien conseiller du dauphin Humbert II, et l'un des membres du conseil formé par ce prince, en 1342, pour seconder Henri de Villars, archevêque de Lyon, nommé son lieutenant général, pendant son expédition d'outre-mer. Le chapitre de la cathédrale de Grenoble a eu cinq doyens et plusieurs chanoines de cette famille, aujourd'hui éteinte. Hugues de Commiers a été châtelain de Grenoble en 1319.

(2) Les secrétaires du conseil delphinal étaient ordinairement des notaires de la ville: cette charge était du nombre de celles qui annoblissaient les titulaires. Les secrétaires du parlement et ceux de la chambre des comptes jouirent, depuis, de la même prérogative.

(3) En latin *Lætitiæ*.

1391.

De décembre 1390 à décembre 1391.

Jean Henri, notaire, secrétaire au conseil delphinal; André Marin, dit de Biviers, drapier; Rodolphe Reymond, mercier; Etienne Emoudrut, dit Ojadrut ou Eujadrut, notaire.

1392.

Jean Brun, notaire; Pierre Marc, notaire; François David, notaire; François Mallein, chaudronnier.

1393.

Jean Ranoulx, drapier; Guillaume Chabert, notaire; Jacques Fabre, dit Florensat, maréchal-ferrant; Pierre Desportes, dit Penot, notaire.

1394.

Jean Gandier, dit de Virieu, notaire; Pierre Barrier, maréchal-ferrant; Jacques Sonnier, mercier; Rembaud Sonnier, drapier.

1395.

De décembre 1394 à décembre 1395.

Pierre Garcin, drapier; Jean Mercier; Raphaël de Cartone ou Cortone, apothicaire, *lombard* (1) et marchand de fer; Jean Pic, notaire.

1396.

Guillaume Armuet, notaire; Clément Blanc, notaire; Jacques Henri; Jean Fontane.

1397.

André Marin, dit de Biviers, drapier; Michel de Colonne, notaire; Jean Bauduyn, notaire; Pierre Martin, dit Vincent.

(1) Banquier, prêteur sur gage. Voir la troisième note du § VI.

1398.

De décembre 1397 à décembre 1398.

Pierre Marc, notaire ; Arthaud Armuet, notaire, secrétaire au conseil delphinal ; Pierre des Montagnes (1), maréchal-ferrant ; Pierre Julien, dit Joly, *escoffier*.

1399.

De décembre 1398 à décembre 1399.

Eudes Ancellin, licencié en droit; Claude Mottet, dit de l'Eymare, clerc; Michel Bœuf, notaire ; Jacques Fabre, dit Florensat, maréchal-ferrant.

1400.

Elus le 14 décembre 1399.

Guillaume Gelinon, conseiller au conseil delphinal (2); Antoine Guiffrey, conseiller au même conseil ; Jean Gaudier, dit de Virieu, notaire; Jean Bermond, notaire.

XVme SIÈCLE.

1401.

Elus le 13 décembre 1400.

Jean Gendre, licencié en droit (3); Henri Garcin, auditeur à la chambre des comptes ; Rodolphe Reymond, mercier; Georges Tardy, batelier.

1402.

Élus le 18 décembre 1401.

Antoine Bompar, notaire ; Vincent Oujard, notaire; François de Theys, notaire; Jean Byn, potier d'étain.

1403.

André Marin, dit de Biviers, drapier ; Guillaume Chabert,

---

(1) En latin *de montibus*.
(2) Décédé le 20 avril 1423.
(3) Il avait été juge de la cour commune en 1388.

notaire ; Jean de Ciserin(1), notaire; Simon Desportes, drapier.

1404.

Jean Brun, notaire; Arthaud Armuet, notaire, secrétaire au conseil delphinal; Etienne Emondrut dit Ojadrut ou Eujadrut, notaire; François Bonnard.

1405.

François Joffrey ou Jouffrey, licencié en droit; Jean Vallier, notaire, secrétaire au conseil delphinal; Guillaume Chaléon, apothicaire, épicier et marchand de fer; Pierre Barrier, maréchal-ferrant.

1406.

Élus le 20 décembre 1405.

Antoine de Commiers, licencié en droit; Jean Henry, notaire, secrétaire au conseil delphinal; Jean du Saule, notaire; Pierre Liesse ou Lajoye, aubergiste.

1407.

Élus le 20 décembre 1406.

Eudes Ancellin, licencié en droit; Arthaud Armuet, notaire, secrétaire au conseil delphinal; Antoine Sonnier; Jean Bermond, notaire.

1408.

Élus le 19 décembre 1407.

Jean Pilat; Guillaume Chalvet, notaire; François Bonnard; Jean Mallein, notaire.

---

(1) Famille qui tirait son nom d'un fief noble, situé sur le coteau, au-dessus du village du Bachet, près de Grenoble, et qu'elle a possédé jusqu'au XV⁰ siècle, époque où il est passé, par alliance, aux Leutzon de Theys, seigneurs de Sillans. Cette famille, éteinte depuis longtemps, a fourni des châtelains du mandement de Montbonnot, des seigneurs de Saint-Murys de Meylan, des jurisconsultes, des officiers à la chambre des comptes, des conseillers au parlement, des juges de la cour commune de Grenoble, etc., etc.

1409.

Élus le 16 décembre 1408.

Jean Pic, notaire; André de Ciserin, décédé en août, année de son consulat; Simon Desportes, drapier; Pierre Bourgeois dit Pellisson, *escoffier*.

1410.

Élus le 19 décembre 1409.

Bernard Rolland; Jean Brochier, notaire; Jacques Sonnier, mercier; Jean Byn, potier d'étain.

1411.

Élus le 16 décembre 1410.

Robert Béatrix, bachelier en droit (1); Jean de Ciserin, notaire; Jean Barrier, décédé pendant l'année de son consulat; Jean Barruel, dit Michon.

1412.

Élus le 20 décembre 1411.

Jacques de Molène, Molein ou Dumolin (2), secrétaire au conseil delphinal, notaire; Reymond Ranoulx, notaire; Claude Fabre, dit Florensat; Pierre Fontane, aubergiste.

1413.

Élus le 18 décembre 1412.

Etienne Guillon, docteur en droit (3); Aimé ou Aimon Rolland; Jean Bermond, notaire; Pierre Babolin.

---

(1) Jurisconsulte distingué, dont les descendants ont conservé, en sa mémoire, le nom de Robert, comme étant devenu leur nom propre. Jean et Gaspard Béatrix-Robert ou Robert-Béatrix furent présidents au parlement de Grenoble, l'un en 1573 et l'autre en 1608.

(2) En latin *de Molenà*.

(3) Depuis conseiller au conseil delphinal et président unique de cette cour, en 1429.

1414.

Élus le 17 décembre 1413.

Claude Marc; Antoine Fabvier ou Favier; Jean Grail, notaire; Henri Gentil.

1415.

Élus le 16 décembre 1414.

Jean Pollat, drapier; Pierre Liesse ou Lajoye, aubergiste et marchand de bois; Barthélemy Girard (de la paroisse de Gresse), notaire; Guigues Disdier.

1416.

Élus le 15 décembre 1415.

Guillaume Chabert, notaire, décédé pendant l'année de son consulat; Guillaume Chaléon, apothicaire, épicier et marchand de fer; Guillaume Chalvet, notaire; Pierre ou Petramand Acquin.

1417.

De décembre 1416 à décembre 1417.

Louis Portier, docteur en droit (1); Pierre des Mollars, Mollard ou Dumollard (2), notaire; Jean de Vourey, notaire; Claude Emery.

1418.

Guigues Boisserat; Antoine Fusier, notaire; Guillaume Rolland, *Escoffier;* Jean Porret, notaire.

1419.

Simon Desportes, dit Penot, drapier; Pierre Guicharrel, notaire; Claude des Montagnes, dit de Mons, *boursier;* Jean Chaboud, dit de Tullins, *trouillandier* (3).

---

(1) Depuis, président unique de la chambre des comptes du Dauphiné, de 1434 à 1450.

(2) En latin *de Molariis* et *de Molario.*

(3) Presseur et marchand d'huile.

1420.

Jean Guiffray, secrétaire au conseil delphinal.

1421.

Jean Bernard.

1422.

Etienne Guillon, docteur en droit; Arthaud Armuet.

1423.

Arthaud Armuet; Jean Fabre, notaire; François Pétoillon; Pierre Barbier.

1424.

Élus le 19 décembre 1423.

Etienne Guillon, docteur en droit; Jean Rogier, notaire; Henri de Passiat, de Passat ou de Passy, barbier et chaussetier; Pierre Chaboud, dit de Tullins, *trouillandier*.

1425.

Jacques de Saint-Germain, docteur en droit (1); Nourri Rolland.

1426.

Jean de Ciserin, notaire; Jean Dumolin; Guillaume Chalmein ou du Chalmein, notaire; Jean Salin, de Salin ou du Salin, pelletier.

1427.

Jean de Ciserin, notaire; Jean de Vourey, notaire; Jacques Gollène; Nourri Rolland.

1428.

Antoine Armuet; Jean Eynard; Jean Jordan ou Jourdan, marchand; Pierre Balbe, bâtier et cordier.

---

(1) Ancien avocat fiscal au conseil delphinal; depuis, conseiller au parlement de Grenoble.

1429.

Jacques de Saint-Germain, docteur en droit; Jean de Ciserin, notaire; Reymond Fabre; Jean Byn, potier d'étain.

1430.

Guigues Boisserat; Hugues Giraud, apothicaire; Guillaume Prevot; Jean de Ciserin, notaire.

1431.

Pierre de Beaulieu (1); Nicolas Mestadier, drapier; François Dufour; Claude Emery.

1432.

Élus le 20 juin 1432.

Jean Grinde, dit Pichat; Claude de Vienne, dit Randon, barbier; Claude Chabert; Disdier Gontier.

1433.

André Sonnier, drapier; Pierre de Voie ou de la Voie (2), notaire; Claude des Mailles; Jean Armuet, drapier.

1434.

Jean Pilat; Pierre Garcin; Pierre de Voie, ou de la Voie, notaire; Claude Martin, dit Panatier, notaire.

1435.

Jean Pic; Guillaume Bas; Anthelme Argoud; Claude Vincent.

1436.

Elus le 18 décembre 1435.

Jean de Vourey, notaire; Pierre Richard, dit Surgayn, drapier; Antoine Neyret, notaire; Pierre Court.

---

(1) En latin *de Bolliaco.*
(2) En latin *de Viâ.*

1437.

Jean Ourand, notaire ; Martin Armuet ; Pierre des Montagnes ; Pierre de Soturne.

1438.

Claude Coct (1) ; Antoine Favier ; Jean Bœuf ; Claude Marrel.

1439.

Petramand ou Pierre Acquin.

1440.

Guillaume Rolin, jurisconsulte ; Aymard de Vaulnaveys; Jean Marc ; Jean Villian.

1441.

Antoine Fusier, notaire ; Pierre Rogier ; Claude De Vigne, ou de la Vigne, secrétaire au conseil delphinal (2) ; Barthélemy Chaboud.

1443.

Hugues Marc ; Claude Porret ; Guillaume Chalmein, ou du Chalmein, notaire ; Jean Guilloud.

1444.

Hugues Marc ; Michel Cassard ; Bertrand de Ciserin; Pierre Chivalier, ou Chevalier, dit de Quets.

1446.

Claude Coct; Jean Fabre ; Pierre Acquin ; Jean Roger, ou Rogier.

(1) Depuis, trésorier général du Dauphiné, père d'Hugues Coct, maître ordinaire en la chambre des comptes du Dauphiné, et d'Antoine Coct, officier en la même chambre et prieur de St-Laurent de Grenoble. Cette famille, qui a donné à cette ville cinq consuls et un capitaine ou gouverneur (Ennemond Coct) en 1562, s'est éteinte en Ennemond Coct ou Cot, capitaine sous Henri IV et sous Louis XIII, décédé à Voreppe en 1658, à l'âge de 80 ans. Madeleine Coct, femme de Bonaventure Boisson, aussi capitaine sous ces deux règnes, est décédée au même lieu et ayant le même âge, le 18 septembre 1653.

(2) En latin *de Vineâ*.

1448.

Guillaume Clément, docteur en droit; Antoine Brun; Claude Bœuf, notaire, secrétaire à la chambre des comptes; André Provensal.

1449.

Jacques Ancellin; Reymond Fabre; Pierre Graille; Hugues Sappey.

1450.

Antoine Armuet; Jean Cellot, notaire; Paul Urland, Herland, ou de Harland, mercier; Pierre Guillot.

1451.

Jean Portier, docteur en droit; Jean Joffrey ou Jouffrey, notaire; Anthelme Argoud, notaire; Jean Griffon, chaussetier et drapier.

1452.

Jean Pilat, écuyer; Pierre Giraud, apothicaire; Jean Foucherand, notaire; Pierre Murguet, dit Début, boucher.

1453.

Humbert Achard, licencié en droit; Nicolas Lagier, notaire; Jean Liesse ou Lajoye.

1458.

Claude de Beaulieu, docteur en droit; Pierre de Bule; Jean Servient, notaire; Guillaume Brun.

1459.

Claude Rogier, drapier; André Porret; Martin Chaboud, potier.

1461.

Hugues Marc; Jean Chivalier ou Chevalier, dit de Quets, marchand.

1463.

François Chantarel ou Chanterel, docteur en droit; François Dussert, dit Gonard, marchand; Etienne Voland, dit Coasset, boursier; Pierre Tissebout, éperonnier.

1464.

Jean Guigues ou Guigon, notaire; Claude Bermond; Claude Richard.

1466.

Antoine Vallier; Jean de Quets, marchand.

1467.

Jean de Vourey, notaire; Pierre de Suel, du Suel ou des Suelles; Jean Chappan ou des Chappans, marchand; Georges Revol, *escoffier*.

1468.

Guillaume Armuet, avocat.

1470.

Antoine Eybert; Jean Dumas; Jean Repellin; Aimé Repellin, notaire.

1472.

Jacques Roux, notaire.

1473.

Dominique des Alphèses, marchand.

1474.

Antoine Rolland, dit de Toulouse.

1475.

Pierre Rolland, seigneur d'Argenson; Guillaume Goyon; Jean Roboud; Jean Gabert.

1478.

Pierre Marc; Jean Joffrey ou Jouffrey, notaire; Guigues Giroud; Jean Mestadier.

1481.

Henri Mottet; Claude Rogier, drapier ; Jean Chapellan ; Antoine Chaboud.

1482.

Martin Perrot.

1483.

Pierre Rolland, seigneur d'Argenson ; Antoine Mestadier ; Aimé Gabert ; Georges Rivail.

1484.

Jacques Manein.

1486.

Antoine Giroud, docteur en droit.

1488.

Pierre Roux (1).

1489.

Guigues Domein, docteur en droit ; Pierre Roux ; Antoine Blanc ; Etienne Gay.

1490.

Antoine Clément, docteur en droit ; Jean Béranger ; Jean Malet, marchand ; Martin Chaboud, potier.

1491.

Claude Achard ; Claude Sernon, notaire, secrétaire au parlement; Jean Mestadier ; Georges Murguet, dit Début, notaire.

1492.

Jean Cathon (2), licencié en droit ; Noël Matheron, notaire, secrétaire au parlement; Pierre Gras, apothicaire ; Georges Murguet, dit Début, notaire.

---

(1) En latin *Rodulphus*. On disait, en français du temps, *Roulx* et *Rodoulx*.

(2) En latin *Catherinus*.

1493.

Pierre Chantarel, docteur en droit; Noël Matheron, notaire, secrétaire au parlement; Claude Fontane; Urbain Coct.

1494.

Hugues Marc; Pierre Botin, notaire; Simon Martin; Jacques Manein.

1495.

Claude Vallier, docteur en droit; Jacques Romain, notaire; Laurent Galbert, marchand; Sébastien Chaboud.

1496.

Elus le 20 décembre 1495.

Claude Vallier, docteur en droit; Jacques Romain, notaire; François Bourguignon, marchand; André Sonnier.

1497.

Elus le 18 décembre 1496.

Zacharie Menon, secrétaire au parlement; Pierre Foucherand, notaire; Aymard des Alphèses, marchand; Jean Cassin, notaire.

1498.

Elus le 17 décembre 1497.

Zacharie Menon, secrétaire au parlement; Antoine Chappan ou des Chappans, notaire; Pierre Rogier, marchand; Pierre Oddenod ou Oddenoud.

1499.

Albert de Ciserin; Antoine Chappan, notaire; Jacques Seignoret; Pierre Oddenod ou Oddenoud.

1500.

Antoine Galleys, docteur en droit; Jean Vollon; Antoine Aniel; Pierre Barbier.

XVIe SIÈCLE.

1501.

Martin Gallian ou Gallien, docteur en droit; Guillaume

Gallifet, secrétaire au parlement; Pierre Gras, apothicaire; Jacques Babe ou Balbe.

1502.

Jacques Morard, docteur en droit (1) ; Guillaume Bachod ou Bachoud, notaire; Jean Griffon, drapier; Auguste Conche ou de Conche, *panetier* (boulanger).

1503.

Jean Genton, docteur en droit; Guillaume Bachod, notaire; Guillaume Bourguignon, drapier; Antoine Fontane, apothicaire.

1504.

Jean Imen ou Ismen, docteur en droit; François Botin ; Jean Arragon ; Claude Liesse ou Lajoye.

1505.

Michel Chaboud, docteur en droit ; André Balbe, dit Chonet, notaire; Georges Cordier, apothicaire; Pierre Gras, apothicaire.

1506.

François Vallier, licencié en droit ; Claude Marrel; Jacques Mancin; Michel Chaboud, marchand.

1507.

Paul Coct, seigneur de Boqueron; Pierre Gallian ou Gallien, notaire; Georges Cordier, apothicaire; André Balbe, notaire.

1508.

Paul Coct, seigneur de Boqueron ; Jean Astier ou des Astiers; Jean Chosson, apothicaire et marchand épicier; Simon Guillet.

---

(1) Un autre Morard (Jean) était à la même époque conseiller et avocat fiscal général au parlement de Grenoble.

1509.

Paul Coct, seigneur de Boqueron; Pierre Chabert, notaire; André Balbe, notaire.

1510.

Paul Coct, seigneur de Boqueron; Pierre Chabert, notaire; Claude de Naux ou de Naves (1), drapier; Jean Mursein.

1511.

Charles Mottet, docteur en droit; Jean Surville (2), notaire; Claude des Alphèses, marchand; Pierre Merlin, décédé pendant son consulat.

1512.

Elus le 13 décembre 1511.

Guillaume Martin, docteur en droit; Jacques Morard, notaire; Jean Martin, dit Fayen, marchand; Guillaume Bonnet, dit Bras.

1513.

Elus le 19 décembre 1512.

Claude Falcon, docteur en droit; Martyr Chaminal, notaire; Guigues Rogier, le vieux; Luc Pâquier, dit Pâquetat.

1514.

Elus le 18 décembre 1513.

Jean Mesart, docteur en droit; Jean Chapuys, secrétaire au parlement; Pierre Crétaud, marchand; Martin Garbillon, dit Rossignol.

1515.

Elus le 17 décembre 1514.

François Faysan, docteur en droit (3); Jean Ventolet, secrétaire au parlement; Hugues Dufour, marchand; Laurent des Montagnes.

---

(1) En latin *de Navis*.

(2) En latin *de Supra-Villa*.

(3) Nommé, la même année, procureur fiscal général au parlement de Grenoble, depuis, conseiller en la même cour.

1516.

Elus le 16 décembre 1515.

Gaspard Fontane, docteur en droit; Pierre Joffrey ou Jouffrey, secrétaire au parlement; Jean Chorier ou Chourier, marchand; Laurent des Montagnes.

1517.

Elus le 14 décembre 1516.

Olivier Mottet, docteur en droit; Pierre Morrel, praticien, Jacques des Suelles, marchand; Pierre Martel.

1518.

Elus le 20 décembre 1517.

Jean Chantarel, docteur en droit; Antoine Chappan ou des Chappans, notaire, secrétaire au parlement; Cyprien Fléard, marchand (1); Pierre Perrot, drapier.

1519.

Elus le 19 décembre 1518.

François Rabot, docteur en droit (2); Denis Chapuys, secrétaire au parlement, praticien; Antoine Constantin, marchand; Jean Paviot, dit Berjat, marchand.

1520.

Elus le 16 décembre 1519.

Hector Gauteron, docteur en droit; André Rolin, secrétaire au parlement; Guillaume Allard, marchand; Georges Murguet, notaire.

---

(1) Nom qu'ont rendu illustre Jean Fléard, qui de conseiller au parlement de Grenoble en 1491, fut pourvu, quatre ans après, de la charge de chancelier du royaume de Naples et de Sicile, par Charles VIII, lors de la conquête de ce royaume, et François Fléard, premier président de la chambre des comptes du Dauphiné, nommé à l'évêché de Grenoble en 1575.

(2) Ancien chancelier du royaume de Naples, et adjoint au président Chaffrey Charles, par Anne de Bretagne, femme de Louis XII, pour l'éducation de sa fille Renée. La même famille a donné au Dauphiné plusieurs magistrats, dont le plus distingué fut Ennemond Rabot, seigneur d'Illins, premier président du parlement de Grenoble en 1584.

1521.

Elus le 16 décembre 1520.

Jean Griffon, docteur en droit; Gabriel Joffrey ou Jouffrey, praticien; Antoine Morard dit Royans, marchand; Simon Malet, marchand.

1522.

Elus le 15 décembre 1521.

François Roux, docteur en droit; Simon Mitalier, praticien; Guigues Giroud, marchand; Antoine Chaboud, notaire.

1523.

Elus le 14 décembre 1522.

Giraud de la Tour, docteur en droit; Glaude Darbion, secrétaire au parlement; Guillaume Desportes, marchand; Jean Sermet-Perrotin, dit Tardy.

1524.

Elus le 20 décembre 1523.

Jean Menon, secrétaire au parlement; Jean Bonnier, procureur fiscal du Graisivaudan; Yves Galbert, drapier; Pierre Barral.

1525.

Elus le 18 décembre 1524.

Jean Gauthier, seigneur de Seyssins, auditeur à la chambre des comptes; Jean Vernin, secrétaire au parlement; Jean Maxime, drapier; Jean Oudrut.

Jean Gauthier ayant refusé les fonctions de consul, comme devant en être exempt à cause de sa qualité d'auditeur des comptes on nomma à sa place, le 22 du même mois de décembre 1524, Denis Roybet, docteur en droit, décédé pendant son consulat le 20 avril suivant.

1526.

Elus le 17 décembre 1525.

Ponce Acthuier, docteur en droit; Guillaume Bachoud, notaire et praticien, ancien secrétaire au parlement; Ennemond Claquin, drapier; Jean Chaboud, potier.

1527.

Elus le 16 décembre 1526.

Zacharie Menon, docteur en droit, seigneur de Montbive; Pierre Reboud, dit Noyerat, clerc et praticien; Antoine Galbert, marchand; Amé ou Amédée Berthalet, notaire, châtelain de Monfleury.

1528.

Elus le 15 décembre 1527.

Jean Coct, seigneur de Boqueron; Jean Oudoard ou Audoard, clerc et praticien; Jean Arragon, drapier; Jean Fabre.

1529.

Elus le 13 décembre 1528.

Pierre Ponat, docteur en droit (1); François Roux, ancien secrétaire au parlement; André de Naves, drapier; Jacques des Alphèses.

1530.

Elus le 19 décembre 1529.

Antoine Paviot, docteur en droit; Martin Malet, procureur au bailliage du Graisivaudan; Claude Magnin, drapier; Ennemond Rossignol.

1531.

Elus le 18 décembre 1530.

Guillaume Fabre, docteur en droit; Urbain Thibaud, notaire et praticien; Pierre Michon, dit Fumet, marchand; Guigues Laurent dit Bâtier.

1532.

Elus le 17 décembre 1531.

Gaspard Fléard, docteur en droit; Antoine Avril, praticien; Antoine Oudrut ou Odrut, marchand; Egrève Jouffrey.

---

(1) Il y a eu, au parlement de Grenoble, plusieurs conseillers et des présidents de cette famille qui possédait la baronnie de Gresse et d'autres seigneuries.

1533.

Elus le 15 décembre 1532.

Gaspard Fléard, docteur en droit; Antoine Avril, praticien, mort de la peste, pendant son consulat, le 27 août 1533 (1); Jacques Monier, marchand; Claude Reynaud.

1534.

Elus le 14 décembre 1533.

Guillaume Perouse, docteur en droit, seigneur de Saint-Guillaume, ancien secrétaire au parlement; Antoine David; Jean Verdonnay, marchand; Jean Balbe, bâtier.

1535.

Elus le 20 décembre 1534.

Guillaume Perouse, seigneur de Saint-Guillaume; François Bernard; Jean Verdonnay, marchand; Pierre Crisail.

1536.

Elus le 18 décembre 1535.

Guigues Pilat, seigneur de la Perrière; Guillaume Corbic; Jean Verdonnay, marchand; Jean Manein, clerc.

1537.

Elus le 17 décembre 1536.

Aymon ou Aimé Gallifet, docteur en droit; Jacques Duport; François Gerin; Antoine Avenier.

---

(1) Les deux consuls Fléard et Avril étaient seuls restés à Grenoble, pour veiller au bon ordre et à la sûreté de la ville: avec eux étaient restés aussi deux conseillers municipaux : Jean Chosson, armurier, et Jean Maxime, marchand. Les deux autres consuls et les autres conseillers avaient pris la fuite dans la crainte du fléau. La peste fit en peu de temps de grands ravages. Ceux des autres habitants qui se distinguèrent, dans ce moment de calamité, par leur zèle et par leur dévouement à la chose publique, furent : Jean Vernin et Guillaume Perousset, seigneur de Saint-Guillaume, anciens secrétaires au parlement; Urbain Coct, Antoine Constantin, Jacques des Suelles, François Bonnier, et surtout le médecin Pierre Aréoud, homme de mérite et de considération.

1538.

Elus le 16 décembre 1537.

Guigues de Ciserin; Jean Sernaud; Jean du Suel ou des Suelles, apothicaire; Pierre Audeyard.

1539.

Elus le 15 décembre 1538.

Guigues Coct, seigneur de Châtelard; Laurent Boson; Jean Favre, dit de Corps, orfèvre; Jean Mancin, clerc.

1540.

Elus le 14 décembre 1539.

Girard Servient, avocat; Antoine Gratet, procureur au parlement (1) ; Louis Chosson, apothicaire; Barthélemy de la Gorge.

1541.

Elus le 19 décembre 1540.

Girard Serment, avocat; Georges Rogier; Louis Chosson, apothicaire; Guillaume Perrot.

1542.

Elus le 18 décembre 1541.

Fiacre Coct, docteur en droit; Georges Rogier; Guillaume Desportes, marchand; Guillaume Perrot.

1543.

Elus le 17 décembre 1542.

Giles de Saint-Germain, écuyer, seigneur de Saint-Germain; Crépin Colliard, clerc; Bernardin Curiat, marchand; Nicolas, de la Gorge.

---

(1) Chef d'une famille, depuis annoblie et qui compte parmi ses membres : des conseillers au parlement de Grenoble, le président Gratet-Dubouchage, officier de cette cour, et Déodat Gratet, marquis de Dolomieu, professeur distingué de minéralogie, à Paris, décédé en 1801, à l'âge de 51 ans.

1544.

Elus le 9 décembre 1543.

Giles de Saint-Germain, écuyer, seigneur de Saint-Germain; Crépin Colliard, clerc; Jean Guynier, marchand; Ennemond Mégard, notaire.

1545.

Élus le 14 décembre 1544.

Claude Vallier, docteur en droit; Antoine Roux, clerc, praticien; Jean Alleyron, dit Beneyton; Claude Perier, procureur au parlement, demeurant dans la rue Perrière.

1546.

Élus le 20 décembre 1545.

Antoine de Ruyns, docteur en droit; André Chamoux, clerc, praticien; Guigues Richard, dit Lancellot, marchand; Amiens, Amé ou Amédée Berthalet, clerc, châtelain de Montfleury.

1547.

Élus le 19 décembre 1546.

Jacques Servient, écuyer, sieur ou seigneur de la Balme; François Simon, dit Barbousson, procureur; Simon Fayen, marchand; Amiens Berthalet, clerc, châtelain de Montfleury.

1548.

Élus le 18 décembre 1547.

Jacques Servient, écuyer, sieur de la Balme; Pierre Dubonnet, dit Finé, procureur; Jean Fléard, drapier; Amiens Berthalet, clerc, châtelain de Montfleury.

1549.

Élus le 16 décembre 1548.

Charles Chamoux, docteur en droit; Rollet, Raoul ou Rodolphe Nercie ; François Rolland , dit le Marin , Antoine Mégard , apothicaire.

1550.

Élus le 15 décembre 1549.

Charles Chamoux , docteur en droit ; Humbert Girard , procureur ; Ennemond Lenfant dit Robinet, mercier ; Ennemond Robin , apothicaire.

1551.

Élus le 14 décembre 1550.

Claude Griffon , co-seigneur de Veynes ; Pierre Basset, procureur ; Jacques Aymoz, apothicaire ; Jean Paviot, dit Berjat , marchand.

1552.

Élus le 20 décembre 1551.

Claude Griffon , co-seigneur de Veynes ; André Chamoux, procureur ; Jacques Aymoz, apothicaire ; Claude Raynaud, clerc.

1553.

Élus le 18 décembre 1552.

Jean Béatrix-Robert , docteur en droit ; Ennemond Charvet, procureur ; Jean Verdonnay , apothicaire ; Paul Simon.

1554.

Élus le 17 décembre 1553.

Jean Béatrix-Robert, docteur en droit ; Ennemond Charvet, procureur ; Jean Verdonnay , apothicaire ; Pierre Guerin, ancien maître de la monnaie.

1555.

Élus le 16 décembre 1554.

Claude de Lamaladière, sieur de Massenas; Georges Rogier, procureur ; Louis Chosson , apothicaire ; Aubert Guys, clerc et praticien.

1556.

Élus le 15 décembre 1555.

Ennemond Bectoz, co-seigneur de Valbonnais ; Jean de Lagrange, procureur ; Claude Magnin, drapier ; Laurent Dalphas, clerc.

1557.

Élus le 20 décembre 1556.

Louis Joubert, docteur en droit ; Crépin Colliard, procureur ; Pierre Paquallet, apothicaire ; Nicolas Degorge, bourgeois.

1558.

Élus le 19 décembre 1557.

Claude Acquin, sieur du Fayet ; Jacques Robolet ou Rebolet, procureur ; Pierre Santon, marchand ; Guigues Chapot, notaire.

1559.

Élus le 18 décembre 1558.

François Paviot, docteur en droit ; Antoine Rives ou Ryves, procureur au parlement ; Jean Corrier dit Grasset, marchand ; Jean Rodilion, marchand, décédé pendant l'année de son consulat.

1560.

Élus le 24 décembre 1559.

Claude Vallier, docteur en droit ; Jean Lemaistre, procureur ; Jean Miard, marchand ; Pierre Palleyns, dit Barral.

1561.

Élus le 15 décembre 1560.

Jacques Servient, écuyer, sieur de la Balme ; Genthon Calignon, procureur au parlement (1) ; Jean Verdonnay, apothicaire ; Jean Paviot, dit Berjat, marchand.

---

(1) Père de Soffrey Calignon, d'abord secrétaire de Lesdiguières, puis chancelier de Navarre, sous Henri IV, et qui fut employé par ce prince dans les négociations les plus difficiles. La famille Calignon a eu plusieurs consuls de Grenoble. Anne Calignon, de cette famille,

1562.

Les mêmes consuls sont continués jusqu'à l'occupation de la ville par les protestants.

*Consuls élus le 3 mai 1562,
Après l'occupation de Grenoble par les protestants.*

Jacques Galleys, docteur en droit; Guillaume Fornet, procureur; Pierre Peynet, marchand; Nicolas Degorge, dit Dubarre.

*Consuls élus le 16 juin 1562,
Après l'occupation de Grenoble par les troupes catholiques.*

Ennemond Bectoz, co-seigneur de Valbonnais; Méraud Bourget, procureur; Ennemond Lenfant, dit Robinet, mercier; Nicolas Degorge, dit Dubarre, bourgeois.

*Consuls élus le 28 juin 1562,
Après la reprise de Grenoble par les protestants.*

Jacques Galleys, docteur en droit; Guillaume Fornet, procureur; Jean Nicoud-des-Imberts, marchand; Guigues Chapot, notaire.

1563.

Les derniers consuls de l'année précédente sont continués.

1564.

Élus le 19 décembre 1563.

Pierre Maistre, docteur en droit; Antoine Pynard, procureur; Jean Fléard (1), drapier; Nicolas de Luan ou de Lua, changeur.

a épousé Pierre Boisson, conseiller du roi et contrôleur général des finances en Dauphiné, père du capitaine Boisson, dont il est parlé plus haut.

(1) Jean Fléard ayant été malade pendant plusieurs mois de cette année et de l'année suivante, Jean Lemaistre, marchand, fut nommé pour le remplacer pendant tout le temps de sa maladie.

1565.

Les mêmes consuls jusqu'au mois d'avril.

Consuls nommés par le roi le 11 avril 1565, sur une liste de huit candidats proposés conformément à l'édit de juillet de l'année précédente (1).

Ennemond Bectoz, co-seigneur de Valbonnais ; Pierre Bonnard, procureur au bailliage du Graisivaudan ; Claude Pasquet, marchand ; Philibert Canel, bourgeois.

1566.

Les derniers consuls de l'année précédente sont continués.

1567.

Élus le 22 décembre 1566.

Claude Chapuis, sieur de Brigondière, docteur en droit ; François Jouvencel, procureur au parlement ; Eynard Fléard, marchand ; Etienne Chays, praticien.

1568.

Élus le 15 décembre 1567.

Jacques Menon, sieur de Montbive ; Claude Giroud, procureur ; Antoine Rossin ou Roussin ; Claude Berthalet.

1569.

Antoine Aréoud, docteur en droit ; Pierre Mermet, procureur ; Guigues Sonnier, apothicaire ; Ennemond Surville.

1570.

Gaspard Dornin, sieur de Chapotière ; Georges Rogier, sieur de la Bastie de Seyssinet, procureur ; Jean Blanc, marchand ; Jean Domengin, marchand regrattier.

(1) Ces huit candidats, choisis par les habitants suivant la forme ordinaire, furent quatre catholiques et quatre protestants, savoir : Ennemond Bectoz ; André Didier, procureur au bailliage du Graisivaudan ; Claude Pasquet et Philibert Canel, catholiques ; Guigues Vallambert, docteur en droit ; Pierre Bonnard ; Jean Chays, apothicaire, et Jeoffroy Dalmas, procureur au bailliage, de la religion réformée. Le roi choisit parmi ces candidats trois catholiques et un protestant.

1571.

François Larivière ; Antoine Ruine, procureur ; Jean Verdonnay, apothicaire, décédé pendant son consulat le 5 octobre 1571 ; Jean Rivière, praticien.

1572.
Élus le 16 décembre 1571.

Louis Coct, sieur ou seigneur de Châtelard ; Jean Flory; procureur ; Guigues Colisieux, huissier des états du Dauphiné, marchand ; Antoine Mégard fils, apothicaire.

1573.
Élus le 14 décembre 1572.

Félix Basset, docteur en droit (1); Amiens, Amé ou Amédée Vynier, procureur ; Ennemond Perrot, marchand ; Michel Paviot, marchand.

1574.
Élus le 13 décembre 1573.

Ennemond Bectoz, co-seigneur de Valbonnais ; Pierre Durif, procureur ; Jean Laucier, marchand ; Martyr Jouffrey, procureur.

1575.
Elus le 19 décembre 1574.

André Aréoud, docteur en droit ; Jean Calignon, procureur au parlement ; Ennemond Lenfant, dit Robinet, mercier ; Jacques Merle, procureur.

1576.
Elus le 18 décembre 1575.

Laurent de Briançon, docteur en droit (2); Antoine Lunejon

---

(1) Depuis, conseiller et garde des sceaux au parlement de Grenoble, auteur d'un ouvrage sur les Institutes de Justinien.

(2) Né à Grenoble, recteur de l'université de Valence en 1560, connu par les opuscules ci-après, composés en langage vulgaire du pays : *lo banquet de le faïes* (le banquet des fées), *lo batifict de la gizen* (le caquet de l'accouchée) et *la vientenency du cortizan* (le portrait du courtisan).

ou Lunojon, procureur au parlement (1); Jean Sarrazin, apothicaire; Jean Gallifet, notaire.

1577.
Élus le 16 décembre 1576.

Denis Bonnier, docteur en droit; André Chaboud, procureur au parlement; Ennemond Vernier, marchand; Jean Domengin, marchand regrattier.

1578.
Élus le 15 décembre 1577.

Urbain Fléard; Pierre Rochard, Rochas ou Rochat, procureur au parlement; Eynard Fléard, marchand; Abraham Morrut.

1579.

Claude Chamoux, docteur en droit; Ennemond Faure, procureur au parlement; Guigues Sonnier, apothicaire; Antoine Mégard, apothicaire.

1580.

Nicolas Mulet, sieur du Mas; Etienne Rochard, Rochas ou Rochat, procureur au parlement; Jean Peyronin, dit Guigues, marchand; Jean Degorge, marchand.

1581.

Félix Basset, docteur en droit; Pierre Rostaing, procureur au parlement; Robert Nicoud; Pierre Joubert, notaire.

1582.
Élus le 12 décembre 1581.

Laurent de Chapponay, sieur ou seigneur d'Eybens et de Bresson; Pierre Marchier, procureur au parlement; Antoine Verdonnay, apothicaire; Jacques Mégard, apothicaire.

1583.
Élus le 2 janvier 1583.

Antoine Servient, procureur des états du Dauphiné, avo-

(1) Ces deux consuls furent du nombre des députés du Dauphiné, envoyés, cette année, aux états généraux tenus à Blois.

cat (1); Jérome Coullet, procureur; Anthelme Fiatot, marchand; Odile Canel, bourgeois.

1584.

Elus le 18 décembre 1583.

Sébastien de Lyonne, docteur en droit (2); Pierre Rojon, procureur; Guigues Sonnier, apothicaire; François Tardin, procureur au parlement.

1585.

Élus le 21 décembre 1584.

Claude Desportes, docteur en droit; Ennemond Janon, procureur au parlement; Antoine Nicoud, marchand; Antoine Mégard, apothicaire.

1586.

Elus le 15 décembre 1585.

François Darragon, docteur en droit; François Jouvencel, procureur au parlement; Félix Chabert, dit Magnin, marchand; Jean Mégard, apothicaire.

1587.

Élus le 14 décembre 1586.

Jean-Louis Lemaistre, docteur en droit; Claude Berouard, procureur au parlement; Jacques Bernard, marchand; Pierre Joubert, notaire.

---

(1) Père d'Abel Servient ou Servien, né à Grenoble, procureur général au parlement de cette ville, depuis conseiller d'État, premier président au parlement de Bordeaux, ensuite ministre et surintendant des finances, décédé à Meudon le 17 février 1659, à 66 ans. François Servient, autre fils d'Antoine, fut évêque de Bayeux.

(2) Hugues de Lyonne ou Lionne, fils d'Arthus de Lyonne et d'Isabelle Servient, était de cette famille. Né à Grenoble en 1611, il s'acquit l'amitié et la confiance du cardinal Mazarin, qui l'employa avec distinction dans des ambassades à Rome, à Madrid et à Francfort. Il devint ministre d'Etat et fut chargé des négociations les plus difficiles dont il s'acquitta avec beaucoup d'honneur pour lui et pour la France.

1588.

Élus le 13 décembre 1587.

Faconde Bucher, seigneur de Saint-Guillaume; André Chaboud, procureur; Guigues Brun, marchand; Jean Pommier, procureur au bailliage.

1589.

Élus le 21 décembre 1588.

Claude Basset, docteur en droit; Pierre Fumet, procureur au parlement; Philippe Tacon, apothicaire; Abraham Morrin, dit Morrut.

1590.

Élus le 17 décembre 1589.

Armuet, sieur de Bon-Repos; Honoré Clapier, procureur au parlement; Jacques Jacquemet, marchand; Jacques Trouilleur, maître particulier de la monnaie.

Sur le refus d'Armuet, Claude Basset est continué dans les fonctions de premier consul.

1591.

Élus le 31 décembre 1590.

Laurent Allemand, sieur ou seigneur d'Allières; Jean Fayolle, procureur au parlement; Guigues Sonnier, apothicaire; Martin Jouffrey, procureur.

1592.

Élus le 15 décembre 1591.

Martin de Villiers, docteur en droit; Antoine Sirand, procureur au parlement, décédé en juin, pendant l'année de son consulat; François Nicoud, marchand; Michel Paviot, marchand.

Jean-Baptiste Fradel, procureur au parlement, est nommé, le 20 juin 1592, en remplacement d'Antoine Sirand.

1593.

Élus le 20 décembre 1592.

Jean Bailly, seigneur de Bellecombe; Jean-Baptiste-Fradel,

procureur au parlement; Antoine Bertrand, marchand; Moine Perrot, notaire.

Sur le refus de Jean Bailly d'accepter le consulat, Laurent de Chapponay, seigneur d'Eybens, est nommé à sa place.

1594.
Élus le 19 décembre 1593.

Jean Fiquel, docteur en droit; Henri Martinon, procureur au parlement; Pierre Disdier, apothicaire; Pierre Joubert, notaire.

1595.
Élus le 18 décembre 1594.

Guigues Girard, sieur de Grangères; Pierre Roboud, procureur au parlement; Antoine Nicoud, marchand; Jean Boson, procureur, greffier épiscopal.

1596.
Elus le 31 décembre 1595.

Modestin Vallambert, docteur en droit; Jean Bolliat, procureur au parlement; François Celerier, marchand; Jean Pommier, procureur au parlement.

1597.
Élus le 16 décembre 1596.

Pierre de la Rivière; Louis Giraud, procureur au parlement; Jean André, dit Marnaix ou Marnais, marchand regrattier; Alexandre de la Coste.

1598.

Les consuls de l'année précédente restent en charge jusqu'au 8 mars 1598, époque où sont élus :

Charles Borel, sieur de Ponsonnas, avocat; Claude Dupinet, procureur au parlement; Ennemond Matel, marchand; Jacques Trouilleur, garde de la Monnaie.

1599.
Élus le 9 janvier 1599.

Urbain Fléard, sieur de Saint-Martin-le-Vinoux; François Clapasson, procureur au parlement ; Martin Colaud, apothicaire; Antoine Mégard, apothicaire.

1600.

Les consuls de l'année précédente sont continués jusqu'au 24 décembre 1600.

XVIIme SIÈCLE.

1601.

Élus le 24 décembre 1600.

Louis Dufaure, docteur en droit ; Louis Besson, procureur au parlement; Ennemond Catillon, marchand; Jacques Sorin, notaire.

1602.

Élus le 23 décembre 1601.

Jean Ferrand ; Apostolique Cheyssieu, procureur au parlement; François Gagnière, marchand; Nicolas Pommier, notaire, greffier épiscopal.

1603.

Élus le 22 décembre 1602.

Gaspard Chapuis, seigneur de Brigondière, avocat; Pierre Spye, procureur au parlement; Mathieu Dubœuf, apothicaire; Pierre Joubert, notaire.

1604.

Élus le 21 décembre 1603.

Pierre de Morard ; Claude Dupinet, procureur au parlement; Jean Favet, marchand; Etienne Boson, dit la Fontaine.

1605.

Élus le 19 décembre 1604.

Thomas Boffin, docteur en droit (1); Jean Calignon, procureur au parlement; Pierre Pascal, marchand; Jean Boson, procureur au parlement.

(1) Depuis, vibailli du Graisivaudan, employé par Henri IV dans plusieurs affaires importantes.

1606.

Élus le 18 décembre 1605.

François Lemaistre, sieur du Mas; Moïse Rolland, procureur au parlement; Antoine Verdonnay, marchand; Ennemond Mégard, apothicaire.

1607.

Élus le 24 décembre 1606.

Adrien de Basemont, avocat; Jean Gardin, procureur au parlement; François Nicoud-des-Imberts, marchand; Bernard Ruynat, procureur au parlement.

1608.

Élus le 16 décembre 1607.

Pierre de la Motte, sieur de Bucelin; Pierre Vulson, procureur au parlement; Sébastien Pardessus, orfèvre; Balthazard Achard, ancien procureur au parlement, notaire.

1609.

Elus le 21 décembre 1608.

Pierre Rome, avocat; François Clapasson, procureur au parlement; Pierre Pascal, marchand; Jean Bernard, procureur au parlement.

1610.

Elus le 21 décembre 1609.

Antoine de Sautereau, sieur du Rozay; Jacques Charbonneau, procureur au parlement; Claude Rolland, marchand; Martyr Jouffrey, procureur au parlement.

1611.

Élus le 19 décembre 1610.

Ennemond Moret, docteur en droit; Paul Dupré, procureur au parlement; Pierre-Louis Massard, apothicaire; Pierre David.

1612.

Élus le 18 décembre 1611.

Charles Dumolet, sieur de Champier; Denis Peccat, procureur au parlement; Pierre Michel, marchand; Guy Barral, procureur au parlement.

1613.

Élus le 16 décembre 1612.

Charles de Villeneufve, avocat; Pierre Delacoste, procureur au parlement; François Nicoud, marchand; Pierre Chonet, garde de la monnaie.

1614.

Élus le 15 décembre 1613.

Constant Bucher, sieur de Saint-Guillaume; André Bosonnier, procureur au parlement; Daniel Caillat, marchand; Pierre Guerin, garde de la monnaie.

1615.

Élus le 21 décembre 1614.

Jean-François Reynaud, avocat; Jean Pascal, procureur au parlement; Antoine Jullien, marchand; Félix Molin, procureur.

1616.

Élus le 20 décembre 1615.

Jean d'Arces, sieur de Beaumont et de la maison forte de la Bayette; Moïse Rolland, procureur; Mathieu Robert, marchand et parfumeur du roi; Jean Gamond.

1617.

Élus le 18 décembre 1616.

Claude de Simiane, seigneur de Montbive, avocat; Félix Loys, procureur au parlement; Pierre Lardiller, orfèvre; Guillaume Canel, notaire.

1618.

Élus le 16 décembre 1617.

Charles Dumotet, sieur de Champier; Denis Peccat, procureur au parlement; Jacques Bernard, marchand; Jacques Joubert, apothicaire.

1619.

Élus le 16 décembre 1618.

Louis de Basemont, sieur de Fiançayes, avocat; Guillaume Musy, procureur au parlement; Daniel Archier, apothicaire; Etienne Gerente, officier de la garde urbaine.

1620.

Élus le 15 décembre 1619.

Constant Bucher, sieur de Saint-Guillaume; Salomon Blanc, procureur au parlement; Claude Honoré, marchand gantier; Hugues Joubert, notaire.

1621.

Élus le 20 décembre 1620.

Guigues Ponat, sieur de Montravier, avocat; Antoine Jassoud, procureur au parlement; Jean Nicolas, imprimeur-libraire; Antoine Mégard, apothicaire.

1622.

Élus le 19 décembre 1621.

Guillaume Ferrus; Pierre Perrot, procureur au parlement; Guigues Chabert, dit la Clochy, marchand; Balthazard Achard, notaire.

1623.

Élus le 18 décembre 1622.

Louis Marchier, avocat; Jean Caillat, procureur au parlement; Pierre Nicoud-des-Imberts, marchand; Bernard Ruynat, procureur au parlement.

1624.

Élus le 17 décembre 1623.

Jean Béatrix-Robert, sieur de Saint-Germain; Moïse Vulson, procureur au parlement; Jacques Balme, apothicaire; Jacques Joubert, apothicaire.

1625.
Élus le 15 décembre 1624.

Pierre de Micha, sieur de Boys-Ramier, avocat; Pierre Bergier, procureur au parlement; César Pascal, marchand; Pierre Chonet, garde de la monnaie.

1626.
Élus le 21 décembre 1625.

Joseph Audeyer, sieur de la Tour; Jacques Rolland, procureur au parlement; Michel Baron, orfèvre; Hugues Joubert.

1627.
Élus le 20 décembre 1626.

Jean Ferrand, sieur de Maubec; Gaspard Baroz, procureur au parlement; Antoine Julien, marchand; Etienne Gerente, officier de la garde urbaine.

1628.
Élus le 19 décembre 1627.

François Dumenon, sieur de la Motte en Champsaur; Moïse Rolland, procureur au parlement; Laurent Roux, apothicaire; Pierre Rossin, procureur au bailliage du Graisivaudan.

1629.

Les consuls de l'année précédente sont continués jusqu'au 16 décembre 1629.

1630.
Élus le 16 décembre 1629.

Pierre de Bardonnesche, avocat; François Perrin, procureur au parlement; Daniel Archier, apothicaire; François Firmand, praticien.

1631.
Élus le 15 décembre 1630.

Jean-Benoît Dufaure, co-seigneur de Saint-Martin-le-Vinoux; Marc Albert, procureur au parlement; Denis Barde, marchand; Balthazard Perrin, notaire.

1632.

Élus le 18 janvier 1632.

Gaspard Charensy, avocat; Michel Combe, procureur au parlement; Jean Alberton, marchand; Antoine Milhios ou Millioz, procureur au parlement.

1633.

Élus le 19 décembre 1632.

Blaise de Lovat; Jean Arthaud, procureur au parlement; Ennemond Colaud, apothicaire; Gabriel Frenoux, dit Ruelle.

1634.

Élus le 18 décembre 1633.

Ennemond Baudet, avocat; Jean Mezenc, procureur au parlement; Jean Choulier, marchand confiseur; Antoine Mégard, apothicaire.

1635.

Élus le 16 décembre 1634.

Soffrey Calignon, sieur de Chamoussière; David Corréard, procureur au parlement; Noël Disdier dit Violasque, marchand; Balthazard Achard, procureur au bailliage.

1636.

Élus le 15 décembre 1635.

Louis de Villeneufve, sieur de Burlet, avocat; Charles de la Vareyne, procureur au parlement; Paul Jullien, marchand; François Gellinot, dit Meilheuret, procureur au bailliage du Graisivaudan.

1637.

Élus le 14 décembre 1636.

Charles Jouffrey; André Bozonnier, procureur au parlement; Jacques Balme, apothicaire; Jean Gellinot, procureur au bailliage.

1638.

Élus le 20 décembre 1637.

André Basset, sieur de Champflory, docteur en droit; Antoine Delamanche, procureur au parlement; Jean Nicolas, imprimeur-libraire; Claude Monnier, procureur au bailliage.

1639.

Élus le 19 décembre 1638.

Gaspard Lemaistre; Pierre Dauteville, procureur au parlement; Jean Monier-Drevet, marchand; Jacques Villiat, procureur au parlement.

1640.

Élus le 18 décembre 1639.

Antoine de Dorne, avocat; Pierre Copin, procureur au parlement; Gaspard Nicoud-des-Imberts cadet, marchand; César Perrin, dit le Romain, bourgeois.

1641.

Élus le 23 décembre 1640.

Benoît Dufaure, co-seigneur de Saint-Martin-le-Vinoux; Pierre Segaud, procureur au parlement; Jean-Baptiste Chousson ou Chosson, marchand; Gaspard Domengin.

1642.

Les consuls de l'année précédente sont continués.

Gaspard Domengin, quatrième consul, meurt pendant l'année de son consulat.

1643.

Hugues de Morard, co-seigneur du Fontanil, avocat; Pierre Caillat, procureur au parlement; Daniel Sicard, marchand; Léonard Sappey, procureur au parlement.

1644.

Ennemond Garcin, sieur de Pariset; Jacques Florentin, procureur au parlement; Claude Pellissier, apothicaire; Jean Calignon, procureur au bailliage.

1645.

Alphonse de Labeaume, avocat; André Faure, procureur au parlement; Isaac Déségaulx, marchand; Pierre Fayolle, procureur au parlement.

1646.

Arnoux de Viennois, écuyer; David Ruynat, procureur au parlement; Nicolas Bonnard, marchand; Etienne Gérente, capitaine de la garde urbaine.

1647.

Pierre Perrot, avocat; Léonard Pétrequin, procureur au parlement; Jacques Massard, apothicaire; Benoît Prost-la-Robinière, procureur au parlement.

1648.

César Maurianne, sieur d'Allemont et de Laval; Louis Hortal, procureur au parlement; Pierre Brun, marchand; Paul Disdier, procureur au parlement.

1649.

Les consuls de l'année précédente continués.

1650.

Antoine Armand, avocat; Georges Giraud, procureur au parlement; Marc Goumans, marchand; Jacques Neyroud, procureur au bailliage.

1651.

Les consuls de l'année précédente continués.

1652.

Sébastien Pourroy de l'Auberivière, docteur en droit (1); Honoré Bonfils, procureur au parlement; Disdier Cayol, marchand; Barthélemy Colin, procureur au bailliage.

(1) Depuis conseiller et président au parlement de Grenoble, estimé par son esprit et ses vertus sociales.

1653.

Les consuls de l'année précédente continués.

1654.

Elus le 11 janvier 1654.

François Barral, sieur de Saint-Aupre; Claude Mollard, procureur au parlement; Jean Nicolas, imprimeur-libraire, Pierre Bonnet, notaire.

1655.

Les consuls de l'année précédente continués.

1656.

Les consuls de l'année précédente continués.

1657.

Jean-Benoît Dufaure, sieur de Saint-Martin-le-Vinoux; Jean Borel, procureur au parlement; Pierre Didier, marchand; Guillaume Villiat, bourgeois.

1658.

Élus le 27 janvier 1658.

Charles Gallian, avocat; Michel Chapellat, procureur au parlement; Louis Nicolas, marchand; Pierre Belluard, procureur au bailliage.

1659.

Les consuls de l'année précédente continués.

1660.

Élus le 11 janvier 1660.

Pierre Vignon, sieur de Barnoux; Pierre Clavière, procureur au parlement; François Pascal, apothicaire; Reynaud Barral, procureur au bailliage.

1661.

Les consuls de l'année précédente continués.

1662.

Les consuls de l'année précédente continués.

1663.

Jean-Baptiste Barral, sieur de Chalisière ; Pierre Meisenc, procureur au parlement ; Marc Goumans, marchand ; Reynaud Sorin, procureur au parlement.

1664.
Élus le 13 janvier 1664.

Joachim de Monteynard, sieur de l'Eyssaud ; Claude Allemand, procureur au parlement ; Urbain Perier, marchand ; Pierre Freney, procureur au bailliage.

1665.

Les consuls de l'année précédente continués.

1666.
Élus le 10 janvier 1666.

François Dorcières, avocat ; Ennemond Baulme, procureur au parlement; Jacques Massard, apothicaire ; Antoine Courin, marchand.

1667.

Les consuls de l'année précédente continués.

1668.

Les consuls de l'année précédente continués.

1669.

Ignace de Labaulme, sieur de Saint-Martin ; André Bozonnier, procureur au parlement; André Chastellard, marchand; Balthazard Arnaud, procureur au bailliage.

1670.

Louis Delemps, avocat; Claude Reynaud, procureur; André Corréard, chirurgien; Jean-Claude Marquian.

1671.

Les consuls de l'année précédente continués.

1672.

Louis Delemps, avocat; Louis Hortal, procureur au parlement; Charles Lestelley, orfèvre; Jean-Claude Marquian (1).

1673.

Jacques de Vienne, sieur de Brunières; Louis Hortal, procureur au parlement; Charles Lestelley, orfèvre; André Satre, marchand.

1674.

Jacques de Vienne, sieur de Brunières; Jean Teyssier, procureur au parlement; Jean Pellat, marchand; André Satre, marchand.

1675.

Louis Saint-Ours, sieur de l'Echaillon; Jean Teyssier, procureur au parlement; Jean Pellat, marchand; Jean Guinier.

1676.

Louis Saint-Ours, sieur de l'Echaillon; Alexandre Heurard, procureur au parlement; Jean Février, marchand; Jean Guinier.

1677.

Les consuls de l'année précédente continués.

1678.

François Vignon, sieur de Barnoux; Alexandre Heurard, procureur au parlement; Jean Février, marchand; Reynaud Barral.

(1) De 1672 à 1690, deux consuls, seulement, furent élus chaque fois et alternativement, savoir : une première année, les second et troisième consuls, et l'année suivante, les premier et quatrième consuls.

1679.

François Vignon, sieur de Barnoux; Léonard Meyer, procureur au parlement; Etienne Gontard, marchand; Reynaud Barral.

1680.

Sébastien Pourroy, sieur de Monferrier; Léonard Meyer, procureur au parlement; Etienne Gontard, marchand; Etienne Rosset.

1681.

Sébastien Pourroy, sieur de Monferrier; Gaspard Chagnard, procureur au parlement; Claude Raisson, marchand; Antoine Rosset.

1682.

Les consuls de l'année précédente continués.

1683.

Les consuls de l'année précédente continués.

1684.

Philippe de Galle; Gaspard Chagnard, procureur au parlement; Claude Raisson, marchand; Thomas Guinier, marchand.

1685.

Les consuls de l'année précédente continués.

1686.

Philippe de Galle; Pierre Bulliffon, procureur au parlement; Mathieu Bonnard, marchand; Thomas Guinier, marchand.

1687.

Les consuls de l'année précédente continués.

1688.

Les consuls de l'année précédente continués.

1689.

Achille Gallien-de-Chabons, seigneur de Rives, avocat; Pierre Bulliffon, procureur au parlement; Mathieu Bonnard, marchand; André Satre, marchand.

1690.

Les consuls de l'année précédente continués.
Mathieu Bonnard, décédé pendant l'année de son consulat, le 11 décembre 1690.

1691.

Jean-Louis de Saint-Germain, sieur de Villette; François Brotel, procureur au parlement; François Jalliffier, marchand; André Satre, marchand.

1692.

Les consuls de l'année précédente continués (1).

Création d'un office de maire, par édit du roi du mois d'août 1692.

Jean Liousse, écuyer, conseiller du roi, nommé maire par ordonnance royale du 20 novembre 1692.

1693.

Jean Liousse, maire.

Nomination de trois consuls seulement.

Jean Joubert, procureur au parlement, Romain Couppier, marchand; Ennemond Boson.

1694.

Jean Liousse, maire.

Nomination de trois consuls seulement.

Charles Bonnet; Claude-François Bolliat, procureur au parlement; Claude Robert, procureur au bailliage.

(1) Il résulte d'une délibération du conseil de ville, du 12 février de cette année, qu'une somme de 90 livres était portée au chapitre des dépenses pour gages annuels des consuls et des autres officiers de la maison de ville.

1695.

Les consuls de l'année précédente continués.

1696.

Jean Liousse, maire.

Consuls élus le 15 janvier 1696.

Romain Couppier, marchand; François Clapasson, procureur au parlement; Laurent Colaud, apothicaire; Joseph Bonnet, procureur au bailliage.

Nouveaux consuls élus le 13 mai 1696, conformément à l'arrêt du conseil d'État du 10 avril précédent.

Charles Bonnet, conseiller du roi, assesseur; Claude-François Bolliat, procureur au parlement; Pierre Aymard, conseiller du roi, assesseur; Joseph Bonnet, procureur au bailliage (1).

1697.

Jean Liousse, maire.

Consuls.

Pierre Eymard, assesseur; François Clapasson, procureur au parlement, élu le 27 janvier 1697; Antoine Marsal, conseiller du roi, assesseur; Joseph Bonnet, procureur au parlement.

1698.

Jean Liousse, maire.

---

(1) De cette année à 1703, les premier et troisième consuls furent des conseillers du roi, assesseurs au maire, nommés suivant leur rang d'inscription et successivement, de sorte que le troisième consul d'une année devenait le premier l'année suivante. Il n'y eût ainsi de réellement élu, pendant ce temps, qu'un seul consul chaque fois, savoir : le second consul, une année, et l'année suivante, le quatrième. Ces deux consuls continuèrent à être choisis, l'un, parmi les procureurs au parlement, et l'autre, parmi les habitants de la partie de la ville sur la rive droite de l'Isère.

Consuls.

Antoine Marsal, assesseur; François Clapasson, procureur au parlement; Simon Bonety, conseiller du roi, assesseur; Antoine Amar, marchand, élu le 9 février 1698 (1).

1699.

Jean Liousse, maire.

Consuls.

Simon Bonety, assesseur; Jean Aubert, procureur au parlement, élu le 1er février 1699 (2); Antoine Ebrard-Lavalonne, conseiller du roi, assesseur; Antoine Amar, marchand.

1700.

Jean Liousse, maire.
Les consuls de l'année précédente continués.

XVIIIme SIÈCLE.
1701.

Jean Liousse, maire.

Consuls.

Antoine Ebrard-Lavalonne, assesseur; Jean Aubert, procureur au parlement; Antoine-Gabriel Sappey, procureur au parlement, conseiller du roi, assesseur; Pierre Marquian, ancien capitaine de cavalerie, élu le 20 janvier 1701.

1702.

Jean Liousse, maire.

Consuls.

Antoine-Gabriel Sappey, procureur au parlement, asses-

---

(1) Depuis directeur-trésorier de la monnaie de Grenoble, père de Jean Amar, son successeur dans cette charge, et de qui est né André Amar, trésorier de France en la généralité du Dauphiné, membre de la Convention.

(2) De cette famille est issu Annibal Aubert-Dubayet, général en chef de l'armée des Indes-Orientales et des côtes de l'Ouest, ministre de la guerre, décédé à Constantinople, où il fut ambassadeur, en l'an V.

seur; Joseph Vulpian, procureur au parlement, élu le 12 mars 1702; Jean Lestelley, conseiller du roi, assesseur; Pierre Marquian, ancien capitaine de cavalerie.

1703.

Jean Liousse, maire.

Consuls.

Jean Lestelley, assesseur; Joseph Vulpian, procureur au parlement; Jean-Antoine Gueydan, marchand drapier, conseiller du roi, assesseur; Thomas Guinier, marchand, élu le 18 février 1703.

Jean Liousse se démet, le 12 novembre 1703, de sa charge de maire que la ville achète au prix de 30,000 livres, pour la faire exercer comme elle l'entendra.

1704.

Consuls élus le 20 janvier 1704 :

Jean Repellin, écuyer; Benoît Brochier, procureur au parlement.

Consuls de l'année précédente continués :

Jean-Antoine Gueydan, marchand drapier; Thomas Guinier, marchand.

Joseph Faurès, sieur de Gonas et de Frontonnas, chargé de l'office de maire, le 17 mars 1704.

1705.

Joseph Faurès, maire.

Consuls de l'année précédente continués :

Jean Repellin, écuyer; Benoît Brochier, procureur au parlement.

Consuls élus le 21 février 1705 :

Claude Lagrange, marchand; Thomas Guinier, marchand, décédé le 1er avril 1705.

1706.

Joseph Faurès, maire.

Consuls de l'année précédente continués :

Jean Repellin, écuyer ; Benoît Brochier, procureur au parlement ; Claude Lagrange, marchand.

Consul élu le 17 janvier 1706, en remplacement de Thomas Guinier, décédé :

Laurent Arnaud, procureur au bailliage du Graisivaudan.

1707.

Joseph Faurès, maire.
Les consuls de l'année précédente continués.

1708.

Joseph Faurès, maire.

Consuls élus le 22 janvier 1708 :

Pierre Dorcières, écuyer, avocat ; Louis Serre, procureur au parlement.

Consuls de l'année précédente continués :

Claude Lagrange, marchand ; Laurent Arnaud, procureur au bailliage du Graisivaudan.

1709.

Joseph Faurès, maire.

Consuls de l'année précédente continués :

Pierre Dorcières, écuyer, avocat ; Louis Serre, procureur au parlement.

Consuls élus le 13 janvier 1709 :

Simon Bonety, marchand ; Barthélemy Gontier, marchand.

1710.

Joseph Faurès, maire.
Les consuls de l'année précédente continués.

Antoine Girin, chevalier, seigneur de la Motte, ancien président en la chambre des comptes de Savoie, trésorier de France en la généralité du Dauphiné, nommé maire en remplacement de Joseph Faurès, le 22 février 1710.

1711.

Antoine Girin, maire.

Consuls de l'année précédente continués :

Pierre Dorcières, écuyer, avocat; Louis Serre, procureur au parlement.

Consuls élus le 22 février 1711 :

Antoine Morin, commissaire de la police; Pierre Robert, bourgeois.

1712.

Antoine Girin, maire.

Consuls élus le 17 janvier 1712 :

Marie-Mathias Allemand, seigneur de Montrigaud, écuyer; Pierre Baulme, procureur au parlement.

Consuls de l'année précédente continués :

Antoine Morin, commissaire de la police; Pierre Robert, bourgeois.

François Basset, seigneur de Saint-Nazaire, nommé maire en remplacement d'Antoine Girin, le 12 mars 1712.

1713.

François Basset, maire.

Consuls de l'année précédente continués :

Marie-Mathias Allemand de Montrigaud, écuyer; Pierre Baulme, procureur au parlement.

Consuls élus le 29 janvier 1713 :

Antoine Blanc, marchand; André Laud, procureur au bailliage du Graisivaudan.

1714.

François Basset, maire.

Consuls élus le 14 janvier 1714 :

Joseph Delemps, avocat; Pierre Peycherand, procureur au parlement.

Consuls de l'année précédente continués :

Antoine Blanc, marchand; André Laud, procureur au bailliage du Graisivaudan.

1715.

François Basset, maire.

Consuls de l'année précédente continués :

Joseph Delemps, avocat; Pierre Peycherand, procureur au parlement.

Consuls élus le 24 février 1715 :

Joseph Duclot, bourgeois; Joseph Thibaud, receveur de l'émolument du sceau de la chancellerie.

1716.

Jacques Moret, avocat, nommé maire le 8 janvier 1716.

Consuls élus le 19 janvier 1716 :

Gaspard Repellin; Louis Farconnet, procureur au parlement.

Consuls de l'année précédente continués :

Claude Duclot, bourgeois; Joseph Thibaud, receveur de l'émolument du sceau de la chancellerie.

1717.

Jacques Moret, maire.

Consuls de l'année précédente continués :

Gaspard Repellin ; Louis Farconnet, procureur au parlement.

Consuls élus le 17 janvier 1717.

Marc Michon, marchand; Jean-Baptiste Bozonat fils, apothicaire.

Melchior Gilliers, baron de la Bastie, nommé maire en remplacement de Jacques Moret, le 14 mars 1717.

La charge de maire est abolie par un édit du mois de juin 1717, qui ordonne qu'à dater du premier juin 1718, l'ancien usage en vigueur, avant les édits de 1690 et de 1692 seront rétablis.

1718.

Les consuls de l'année précédente continués.

1719.

Les consuls de l'année précédente continués.

1720.

Les consuls de l'année précédente continués.

1721.

Consuls de l'année précédente continués :

Gaspard Repellin ; Louis Farconnet, procureur au parlement.

Consuls élus le 12 janvier 1721.

Antoine Berard, marchand; Pierre Guinier, procureur au bailliage du Graisivaudan.

1722.

Consuls élus le 11 janvier 1722:

Claude Jouvens des Perouses, écuyer; Alexandre Gontard, procureur au parlement.

Consuls de l'année précédente continués :

Antoine Berard, marchand; Pierre Guinier, procureur au bailliage du Graisivaudan.

1723.

Consuls de l'année précédente continués :

Claude Jouvens des Perouses, écuyer; Alexandre Gontard, procureur au parlement.

Consuls élus le 10 janvier 1723 :

Joseph Pellissier, marchand; François Gamon, ancien capitaine d'infanterie au régiment de Belzunce, capitaine de la milice.

1724.

Consuls élus le 9 janvier 1724:

François de la Baume-Pluvinel, chevalier; Antoine Olagnier, procureur au parlement.

Consuls de l'année précédente continués:

Joseph Pellissier, marchand; François Gamon, ancien capitaine d'infanterie, capitaine de la milice.

1725.

Les consuls de l'année précédente continués (1).

(1) Nous avons mentionné à la fin du § xvii, que le conseil de ville, dans une de ses réunions, avait délibéré que le peintre Pierre-Joseph

1726.

Consuls élus le 13 janvier 1726 :

Jean-Baptiste Dupré de Mayen, écuyer, avocat; Pierre Benoit, procureur au parlement.

Consuls de l'année précédente continués :

Joseph Pellissier, marchand; François Gamon, ancien capitaine d'infanterie, capitaine de la milice.

1727.

Consuls de l'année précédente continués :

Jean-Baptiste Dupré de Mayen, écuyer, avocat ; Pierre Benoit, procureur au parlement.

Consuls élus le 12 janvier 1727 :

Adrien Blache, marchand ; François Falquet, bourgeois.

1728.

Consuls élus le 11 janvier 1728 :

François de la Baume-Pluvinel, chevalier ; Pierre Julien, procureur au parlement.

Consuls de l'année précédente continués :

Adrien Blache, marchand ; François Falquet, bourgeois.

1729.

Les consuls de l'année précédente continués.

1730.

Consuls élus le 8 janvier 1730 :

Claude Jouvens des Perouses, écuyer; Claude Duclot, procureur au parlement.

Desneiges serait chargé de faire les portraits des consuls pour être placés dans la salle principale des séances. Cette délibération fut prise le 9 mars 1725, et exécutée la même année. Les portraits des consuls furent faits depuis cette époque jusqu'à la mort de Desneiges, arrivée le 5 juin 1738.

Consuls de l'année précédente continués :

Adrien Blache, marchand; François Falquet, bourgeois.

1731.

Consuls de l'année précédente continués :

Claude Jouvens des Perouses, écuyer; Claude Duclot, procureur au parlement, décédé le 11 novembre 1731.

Consuls élus le 3 février 1731 :

Lambert Peysson, marchand; Jean-Baptiste Richard, avocat.

1732.

Consuls élus le 13 janvier 1732 :

Louis Girin de la Morte, écuyer; Hugues Trouillet, procureur au parlement.

Consuls de l'année précédente continués :

Lambert Peysson, marchand; Joseph-Barthélemy Richard, avocat.

1733.

Consuls de l'année précédente continués :

Louis Girin de la Morte, écuyer; Hugues Trouillet, procureur au parlement.

Consuls élus le 11 janvier 1733 :

Claude Dupuys, marchand; Laurent Moulezin père, bourgeois.

1734.

Les consuls de l'année précédente continués.

1735.

Les consuls de l'année précédente continués.

Nomination d'un maire par ordonnance du roi du 23 août 1735, en exécution de l'édit du mois de novembre 1733, portant rétablissement des offices de maire:

Pierre Benoit-Dupivol, maître particulier des eaux et forêts des élections de Grenoble et de Gap, maire.

1736.

Pierre Benoit-Dupivol, maire.

Consuls nommés par lettres patentes du roi du 31 décembre 1735:

Nicolas Amabert, écuyer, avocat; François Provansal, procureur au parlement.

Consuls de l'année précédente continués:

Claude Dupuys, marchand; Laurent Moulezin, bourgeois.

1737.

Pierre Benoit-Dupivol, maire.

Consuls de l'année précédente continués:

Nicolas Amabert, écuyer, avocat; François Provansal, procureur au parlement.

Consuls élus le 13 janvier 1737:

Pierre Jomaron l'aîné, droguiste; François Gamon, ancien capitaine d'infanterie au régiment de Belzunce.

La charge et l'office de maire sont suspendus et révoqués par arrêt du conseil d'Etat du 4 décembre 1737.

1738.

Les consuls de l'année précédente continués.

1739.

Consuls de l'année précédente continués:

Nicolas Amabert, écuyer, avocat; François Provansal, procureur au parlement.

Consuls élus le 11 janvier 1739 :

François Senterre, marchand; Benoît Bozonat l'aîné, avocat.

1740.

Consuls élus le 10 janvier 1740 :

François Surville, seigneur d'Eybens, écuyer; Antoine Sorrel, procureur au parlement.

Consuls de l'année précédente continués :

François Senterre, marchand; Benoît Bozonat l'aîné, avocat.

1741.

Les consuls de l'année précédente continués.

1742.

Les consuls de l'année précédente continués.

1743.

Consuls de l'année précédente continués :

François Surville, seigneur d'Eybens, écuyer; Antoine Sorrel, procureur au parlement.

Consuls nommés par lettres patentes du roi, du 21 février 1743 :

Marc Michon l'aîné, marchand; Pierre Guinier, procureur au bailliage du Graisivaudan.

1744.

Les consuls de l'année précédente continués.

1745.

Les consuls de l'année précédente continués.

1746.

Consuls nommés par lettres patentes du roi, du 10 février 1746 :

Nicolas Amabert, écuyer, avocat; Jacques Corréard, procureur au parlement.

Consuls de l'année précédente continués:

Marc Michon, marchand; Pierre Guinier, procureur au bailliage du Graisivaudan.

1747.

Consuls de l'année précédente continués:

Nicolas Amabert, écuyer, avocat; Jacques Corréard, procureur au parlement.

Consuls nommés par lettres patentes du roi, du 20 janvier 1747:

Réné Marmion, apothicaire; Claude Bovier, marchand gantier (1).

1748.

Les consuls de l'année précédente continués.

1749.

Les consuls de l'année précédente continués.

1750.

Les consuls de l'année précédente continués.

1751.

Les consuls de l'année précédente continués.

1752.

Les consuls de l'année précédente continués.

1753.

Deux consuls élus le 7 janvier 1753 : le premier et le troisième. Deux consuls de l'année précédente continués : le second et le quatrième :

François Surville, seigneur d'Eybens, écuyer ; Jacques Cor-

---

(1) C'est dans sa maison, rue Saint-Laurent, aujourd'hui n° 52, ci-devant n° 20, et chez lui, que logea Jean-Jacques Rousseau, son ami, lorsque, persécuté et dégoûté d'une célébrité devenue pour lui fastidieuse, il vint à Grenoble, vers le milieu de l'été 1768, pensant y trouver le calme et la tranquillité, sous le pseudonyme de *Renou*.

réard, procureur au parlement; Jean Mallein, procureur au bailliage; Claude Bovier, marchand gantier (1).

1754.

Deux consuls élus le 13 janvier 1754 : le second et le quatrième : Deux consuls de l'année précédente continués : le premier et le troisième :

François Surville, seigneur d'Eybens, écuyer; Joseph Toscan, procureur au parlement; Jean Mallein, procureur au bailliage; Joseph Félix, marchand.

1755.

Les consuls de l'année précédente continués.

1756.

Les consuls de l'année précédente continués.

1757.

Deux consuls élus le 9 janvier 1757 : le premier et le troisième. Deux consuls de l'année précédente continués : le second et le quatrième :

Balthazard Romand, avocat; Joseph Toscan, procureur au parlement; Laurent Trousset, procureur au bailliage; Joseph Félix, marchand.

(1) A partir de cette année jusqu'à l'époque de l'organisation municipale en 1790, le troisième consul fut élu indistinctement parmi les procureurs au bailliage du Graisivaudan, les notaires et les marchands ou gens de négoce, tandis qu'auparavant ce consul était toujours pris dans le commerce : le quatrième consul continua à être choisi parmi les notables de la paroisse de Saint-Laurent, qui comprenait le quartier de la ville sur la rive droite de l'Isère. C'est à dater de cette année que les élections consulaires, depuis longtemps un vain nom, devinrent serviles au point que le gouverneur de la province, en adressant au conseil de ville ses lettres d'autorisation pour la réunion des habitants appelés à ces élections, faisait connaître les nouveaux consuls qu'il désirait être nommés en remplacement des anciens, demandant qu'ils fussent, à cet effet, présentés aux suffrages du peuple. Nous n'avons trouvé, pendant cette durée de 37 ans, aucune trace d'exemple que cette volonté suprême du gouverneur ait éprouvé une seule contradiction.

1758.

Deux consuls élus le 8 janvier 1758 : le second et le quatrième. Deux consuls de l'année précédente continués : le premier et le troisième :

Balthazard Romand, avocat; Joachim Perreton, procureur au parlement; Laurent Trousset, procureur au bailliage; Balthazard Giroud, avocat, procureur au bailliage.

1759.

Les consuls de l'année précédente continués.

1760.

Les consuls de l'année précédente continués.

1761.

Les consuls de l'année précédente continués.

1762.

Deux consuls élus le 9 janvier 1762 : le second et le quatrième. Deux consuls de l'année précédente continués: le premier et le troisième :

Balthazard Romand, avocat; Joseph Perreton, procureur au parlement; Laurent Trousset, procureur au bailliage; Charles Faure-Gorgy, ancien notaire.

1763.

Les consuls de l'année précédente continués.

1764.

Les consuls de l'année précédente continués.

1765.

Deux consuls élus le 17 janvier 1765 : le premier et le troisième. Deux consuls de l'année précédente continués: le second et le quatrième :

Paul-François Rousset, avocat; Joachim Perreton, procureur au parlement; Paul Charmeil, procureur au bailliage ; Charles Faure-Gorgy, ancien notaire.

1766.

Deux consuls élus le 26 janvier 1766 : le second et le quatrième. Deux consuls de l'année précédente continués : le premier et le troisième :

Paul-François Rousset, avocat; Barthélemy Reymond, procureur au parlement ; Paul Charmeil, procureur au bailliage; Claude Bovier, marchand gantier.

1767.

Deux consuls élus le 11 janvier 1767 : le premier et le troisième. Deux consuls de l'année précédente continués : le second et le quatrième :

Jean-Baptiste-Fortunat Savoie cadet, écuyer, avocat; Barthélemy Reymond, procureur au parlement ; Jacques Perier, marchand toilier ; Claude Bovier, marchand gantier.

1768.

Les consuls de l'année précédente continués.

1769.

Les consuls de l'année précédente continués.

1770.

Deux consuls élus le 14 janvier 1770 : le second et le quatrième. Deux consuls de l'année précédente continués : le premier et le troisième :

Jean-Baptiste-Fortunat Savoie cadet, écuyer, avocat; Claude Drevon, procureur au parlement ; Jacques Perier, marchand toilier ; Charles Faure-Gorgy, ancien notaire.

1771.

Les consuls de l'année précédente continués.

1772.

Deux consuls élus le 12 janvier 1772 : le second et le quatrième. Deux consuls de l'année précédente continués : le premier et le troisième :

Jean-Baptiste-Fortunat Savoye, écuyer, avocat; Benoît

Morand, procureur au parlement; Jacques Perier, négociant; Charles Faure-Gorgy, ancien notaire, décédé le 18 avril 1772.

1773.

Les consuls de l'année précédente continués.

Jean Botut, marchand de draps, élu le 2 janvier 1773, en remplacement de Faure-Gorgy, décédé.

1774.

Les consuls de l'année précédente continués.

1775.

Deux consuls élus le 8 janvier 1775 : le premier et le troisième. Deux consuls de l'année précédente continués : le second et le quatrième :

Etienne Royer, avocat; Benoît Morand, procureur au parlement; Antoine Dupuys, marchand épicier; Jean Botut, marchand de draps.

1776.

Les consuls de l'année précédente continués.

1777.

Les consuls de l'année précédente continués.

1778.

Les consuls de l'année précédente continués.

1779.

Trois consuls élus le 17 janvier 1779 : le premier, le second et le quatrième. — Un consul de l'année précédente conservé : le troisième :

Gabriel-Louis Faure-Fombelle, avocat; Marc-Claude Dubœuf, procureur au parlement; Antoine Dupuys, marchand épicier; François Félix, marchand épicier.

1780.

Les consuls de l'année précédente continués.

1781.

Un consul élu le 17 février 1781 : le troisième. Trois consuls de l'année précédente continués : le premier, le second et le quatrième :

Gabriel-Louis Faure-Fombelle, avocat; Marc-Claude Dubœuf, procureur au parlement; François Marpoz-Laforest, procureur au bailliage; François Félix, marchand épicier.

1782.

Un consul élu le 13 janvier 1782 : le second. Trois consuls de l'année précédente continués : le premier, le troisième et le quatrième.

Gabriel-Louis Faure-Fombelle, avocat; Claude-François Dubois, procureur au parlement; François Marpoz-Laforest, procureur au bailliage du Graisivaudan; François Félix, marchand épicier.

1783.

Un consul élu le 19 janvier 1783 : le premier. — Trois consuls de l'année précédente continués: le second, le troisième et le quatrième.

Pierre Dupré-de-Mayen, avocat; Claude-François Dubois, procureur au parlement; François Marpoz-Laforest, procureur au bailliage; François Félix, marchand épicier.

1784.

Un consul élu le 18 janvier 1784 : le quatrième. — Trois consuls de l'année précédente continués:

Pierre Dupré-de-Mayen, avocat; Claude-François Dubois, procureur au parlement ; Claude-François Marpoz-Laforest, procureur au bailliage; Claude Romand, marchand gantier.

1785.

Les consuls de l'année précédente continués.

1786.

Les consuls de l'année précédente continués.

1787.

Les consuls de l'année précédente continués.

1788.

Deux consuls élus le 20 janvier 1788 : le second et le quatrième. Deux consuls de l'année précédente conservés : le premier et le troisième.

Pierre Dupré-de-Mayen, avocat; Jacques-Philippe Revol, procureur au parlement; François Marpoz-Laforest, procureur au bailliage; Jean Botut, marchand drapier (1).

(1) Ces quatre magistrats municipaux, qui, pendant plus de deux ans, ont conjointement administré la ville dans les circonstances les plus difficiles, méritent ici une mention particulière, surtout le troisième consul, Laforest, homme de caractère et d'énergie, qui encourut par sa fermeté la disgrâce et les persécutions du pouvoir. Les autres membres qui faisaient partie, en 1788, du conseil ordinaire, et qui, avec les consuls précités, formaient le corps municipal de la ville, étaient : François Savoie, avocat, lieutenant général de la police; Pierre-Alexis Allemand-Dulauron, procureur du roi près de l'hôtel de ville; le chanoine Barthélemy et le chanoine Eymard Legalière, députés, le premier, de la cathédrale, et le second, de la collégiale de Saint-André; le vicomte de Bardonnenche, député ou syndic de la noblesse; Lemaître, avocat de la ville; Nicolas-Camille Perrard, avocat; Duboys, négociant, et Maurice Rubichon, marchand toilier. Le conseil général de la commune, remplaçant l'ancien conseil des Quarante, était composé des mêmes membres et de ceux dont les noms suivent : Alexandre-François Savoie, chanoine, député de la cathédrale; Michon, chanoine, député de Saint-André (prêtre depuis déporté); le marquis de Viennois, syndic de la noblesse; Berthaud et Farconnet, avocats; Alexandre-Marie Sorrel et Pierre-Jean-François Crêt, procureurs au parlement; Etienne Peronnard-Dubertin, procureur au bailliage; Dole aîné, neveu, marchand toilier, et Roche, orfèvre. Cette dernière organisation d'un conseil général, en remplacement du conseil des Quarante, et ordonnée en exécution d'un arrêt du conseil d'Etat du roi, du 11 avril 1752, datait de cette même année. Voici quels étaient le rang et la qualité des membres composant ce conseil : le premier consul, le lieutenant général de la police, le second, le troisième et le quatrième consul, le procureur du roi près de l'hôtel de ville, un député du chapitre de Notre-Dame, un député du chapitre de Saint-André, un député du corps de la noblesse, l'avocat de la ville, un avocat du parlement, le procureur de la ville et deux marchands, membres du conseil ordinaire; un second député du chapitre de Notre-Dame, un second député du chapitre de Saint-André, un second député du corps de la noblesse, deux avocats au parlement, deux procureurs au parlement, un procureur au bailliage et deux marchands, membres adjoints. Quelques années auparavant,

1789.

Les consuls de l'année précédente continués.

1790.

Les consuls de l'année précédente continués, jusqu'au 18 février 1790, jour de l'installation de la nouvelle municipalité.

§ XX. — *Office des anciens maires de Grenoble,
de 1692 à 1737.*

Par un édit du mois d'août 1692, il fut créé, dans chaque hôtel de ville et communauté du royaume, des offices de maires perpétuels et héréditaires, et d'assesseurs, avec le titre de conseillers du roi. Dans plusieurs villes, des maires existaient déjà ; ils étaient nommés annuellement, ou tous les deux ou trois ans ; mais, comme il arrivait que, malgré les soins pris par l'administration supérieure pour choisir des sujets capables parmi ceux qui étaient présentés, la cabale se mêlait aux élections, et que les officiers ainsi élus, pour se ménager soit les particuliers auxquels ils étaient redevables de leur charge, soit ceux qu'ils prévoyaient pouvoir leur succéder, surchargeaient les autres habitants et surtout ceux dont le vote leur avait été contraire, le gouvernement crut devoir, par une mesure de justice et de bon ordre, rendre ces offices perpétuels. Par là, les maires n'étant plus redevables de leur emploi aux suffrages des habitants et n'ayant plus rien à appréhender de leurs successeurs, pouvaient plus facilement exercer leurs fonctions, sans passion et avec la liberté nécessaire pour conserver l'égalité dans la distribution des charges publiques. D'un autre côté, les mêmes officiers, devenant perpétuels, se trouvaient plus en état d'acquérir une connaissance parfaite des affaires de leur communauté, et se rendaient ainsi, par une longue expérience, plus capables de satisfaire à leurs devoirs et aux obligations attachés à leur ministère.

en 1731, une autre modification avait déjà été apportée dans l'élection du premier consul, dont le choix pouvait être fait indistinctement parmi les avocats inscrits au tableau, et non plus alternativement dans le corps de la noblesse et dans celui des avocats.

Ce dernier motif donna lieu de créer de semblables officiers dans les villes où il n'en existait pas auparavant.

Les fonctions de ces maires étaient de présider les assemblées du conseil; de diriger et d'administrer les affaires municipales; de présider à l'examen, à l'audition et à la clôture des comptes; de recevoir le serment des consuls et de signer avec eux les mandats de paiement des dettes et des charges de la cité; ils nommaient l'huissier et les sergents de ville; ils avaient une clef des archives; ils allumaient les feux de joie et portaient la robe de satin violet. Ils avaient entrée et séance, comme députés nés de la commune, aux états et aux assemblées de la province; ils étaient aussi chargés de l'inspection des exercices militaires qui avaient lieu : la lecture des lettres et des ordres qui étaient adressés aux consuls et aux officiers de la ville était faite en leur présence, à moins qu'ils ne fussent absents. Ils étaient exempts de tutelle et curatelle, de la taille personnelle, des droits d'octroi, du guet et de la garde, du service du ban et de celui de l'arrière-ban, du logement des gens de guerre et autres charges et contributions.

Les assesseurs au maire étaient ses conseillers; ils avaient rang après les consuls.

En conformité à l'édit précité, Jean Liousse fut nommé maire par ordonnance royale du 20 novembre 1692 : il remplit cette charge jusqu'en 1703, époque où il se démit de son office en faveur des consuls et de la communauté « pour qu'il » fût supprimé ou réuni au corps de la ville et qu'il fût » ensuite exercé par qui la communauté le jugeroit à propos. » Cette démission de Liousse eut lieu le 12 novembre de cette année, moyennant la somme de 32,052 livres que le conseil de ville s'engagea à payer à l'ancien maire. Le même conseil, dès le 4 février suivant, s'occupa de prendre les mesures pour faire gérer l'office qu'il venait d'acquérir; et pour s'attirer, par ce moyen, la haute protection d'une autorité puissante, et, afin d'obtenir avec plus de facilité la confirmation de la cession de cet office par l'acceptation du choix du maire qui serait fait par le premier fonctionnaire de la province, il offrit au gouverneur du Dauphiné de vouloir choisir et nommer lui-même le nouveau titulaire. Il est dit dans la délibération prise à la date de ce jour et relative au mode à suivre pour

cette nomination, « que la ville et la communauté de Greno-
» ble n'étant pas en état de marquer par d'autres voies à très-
» haut et très-puissant seigneur, monseigneur Louis, vicomte
» d'Aubusson, duc de la Feuillade et de Roannais, pair de
» France, gouverneur, lieutenant général en la province du
» Dauphiné et lieutenant général de ses armées, comman-
» dant en chef en Dauphiné et en Savoie, à quel point elle
» souhaite de pouvoir mériter l'honneur de sa protection, et
» celui de l'avoir pour gouverneur de cette province, elle con-
» cluoit qu'il soit très-humblement supplié d'accepter la ces-
» sion du droit de nommer un maire pour l'exercice de cette
» charge. » Le gouverneur accepta cette offre, s'obligea même,
pour mettre la ville en état de jouir dès ce moment du rachat
précité, à faire les avances de la somme promise, consen-
tant à en recouvrer le montant plus tard par les moyens qui
seraient jugés les plus convenables. Cette cession de l'office
de maire en faveur de la ville et celle du droit de nommer ce
maire, faite par la communauté au gouverneur, furent approuvés et ratifiés par un arrêt du conseil d'État.

En se livrant ainsi à l'entière volonté du gouverneur pour
l'exercice de la charge de maire et pour le choix et la nomination de celui qui devait l'occuper, la ville de Grenoble était
loin de penser qu'un jour elle aurait lieu de se repentir de
cette détermination, d'autant plus qu'elle s'exposait à voir
maintenir un office malgré l'intention qu'elle aurait eue dans
la suite de le supprimer ; sans compter qu'elle devait s'attendre aussi à ne point toujours devoir accueillir avec faveur
le titulaire qui lui serait imposé. Peut-être espérait-elle que,
dans tous les cas, et en supposant de part et d'autre un même
inconvénient, elle pourrait encore mieux réussir dans ses
projets futurs auprès du gouverneur que de tout autre ; elle
dut voir, bientôt, que si elle avait compté sur cette faible res-
source, ses prévisions n'étaient rien moins que fondées. Elle
put en juger lorsque, après la mort de Moret, arrivée le 15
avril 1717, le conseil des Quarante, à l'exception d'une seule
voix, celle du premier consul, demanda la suppression de
l'office de maire, motivée sur des motifs plausibles. Les trois
autres consuls furent chargés, au nom de la ville, d'adresser
au gouverneur cette demande du conseil. La réponse de ce der-

nier fut qu'il venait de nommer un maire et qu'il fallait obéir.

Suivent la délibération du conseil des Quarante, la lettre des consuls au gouverneur, et la réponse du gouverneur aux consuls.

« *Conseil des Quarante notables, du samedi sixième mars* 1717.

» A été encore proposé, par le premier consul, que le sieur Moret, maire de cette ville, décéda le jour d'hier, étant nécessaire de délibérer si on fera faire un service pour le repos de son âme. Ouï le procureur du roi, signé Expilly, procureur du roi (1), a été délibéré que MM. les consuls feront

(1) Un conseiller procureur du roi près de l'hôtel de ville fut établi en titre d'office à Grenoble, en 1692, en exécution d'un édit du mois de juillet 1690, portant création de ces offices. Les fonctions de ce procureur du roi, aux termes de cet édit, étaient de tenir registre des oppositions formées à sa requête et de celles qui lui étaient signifiées, concernant le domaine, les revenus, les deniers patrimoniaux, les dons et les octrois de la ville; de faire, pour la conservation et la perception des droits de la cité, toutes les diligences nécessaires; de veiller au renouvellement des titres et des reconnaissances, ainsi qu'à l'emploi qui devait être fait des revenus, des deniers et autres produits de la commune; d'assister aux assemblées générales et particulières de la ville, et d'y requérir et proposer ce qui était d'utilité publique et du service du roi : il portait, aux cérémonies, la robe de satin violet, comme celle du maire; son rang était après celui des consuls. L'avocat de la ville, à Grenoble, depuis longtemps, exerçait à peu près les mêmes fonctions. Les traitants des nouveaux offices, dans la crainte que cette charge d'avocat ne fût, dans cette ville, un obstacle à l'établissement de celle de procureur du roi près de la commune, avaient obtenu, la même année 1692, un arrêt du conseil d'Etat qui abolissait cette première charge, avec défense de donner un traitement à celui qui la remplissait, et de l'admettre à aucun emploi. Cet avocat était alors Vion jeune, nommé en survivance à Nicolas Chorier, titulaire, historien du Dauphiné et auteur de plusieurs ouvrages historiques sur cette province. Le conseil de ville, qui s'intéressait à Vion et qui tenait à ce qu'il fût maintenu dans une charge qui lui avait été promise après le décès de Chorier, demanda à M. de Pontchartrin, contrôleur général des finances, de vouloir lui accorder la préférence du nouvel office de procureur du roi près de la communauté, ce qui fut agréé : son installation eut lieu le 22 mai 1692.

La charge d'avocat de la ville fut, dans la suite, rétablie.

Chorier ne survécut pas longtemps à la perte d'une place qu'il occu-

faire incessamment, dans l'église de Saint-André, un service pour ledit fut sieur Moret, et qu'il sera payé, pour raison de ce, la somme de quinze livres.

» Ce fait a été représenté par le conseil général, que par la clôture de plusieurs comptes des deniers de la ville, il a été vérifié qu'encore que la ville ait environ cinquante mille livres de revenu, ses charges annuelles qu'elle est obligée de payer sont si considérables, qu'il n'est point douteux qu'elle ne soit en arrérages envers les parties prenantes ou ceux qui rendent les comptes ; ce qui est de notoriété publique : en sorte que si les choses restent en l'état, malgré tous les soins qu'on

pait ou qui était occupée en son nom depuis 22 ans, devenue, depuis bien des années, son seul moyen d'existence, et que la ville lui avait conservée jusque-là, malgré son grand âge et ses graves infirmités : on sait que dans les dernières années de sa vie, son état était voisin de celui de la misère. Il mourut le 14 août 1692, âgé de 84 ans. Le conseil de ville vota, en sa faveur, une somme de cent livres, destinée à ses funérailles. Nous avons pensé qu'on nous saura gré de consigner ici un extrait de cette délibération :

« Du 15 aoust 1692, dans l'hostel de ville de Grenoble, le conseil
» des Quarante assemblé,
» A esté encore proposé par monsieur le second consul, que le sieur
» Chorier, qui a exercé pendant vingt-deux ans la charge d'advocat
» de la ville avec beaucoup de diligence, d'intégrité et de succès pour
» le bien du public, et qui a composé l'histoire du Dauphiné en deux
» grands volumes, et une autre histoire en abrégé où il a relevé les
» privilèges de cette province et faict connoître les grands hommes
» qu'elle a produits, outre les autres livres qu'il a faicts, remplis
» d'esprit et d'érudition, est décédé le jour d'hier, quatorzième de ce
» mois, et attendu qu'on est en coustume de contribuer aux frais de
» l'enterrement de ceux qui sont décédés dans l'exercice des charges
» de la maison de ville, il est à propos de deslibérer ce qu'il conviendra faire au subject de l'enterrement dudit sieur Chorier, sur quoy,
» après avoir ouy le sieur procureur du roy oppiné, conclud que pour
» subvenir aux frais de l'enterrement dudit sieur Chorier, il est accordé à ses héritiers la somme de cent livres, laquelle leur sera payée
» par les fermiers et receveurs des deniers d'octroys, sur autres fonds,
» toutefois, que celui des dix mille livres, destinées pour les charges
» ordinaires de l'hostel de ville.»

En marge est écrit : *Enterrement de Mr Chorier, advocat de la ville; expédié au sieur Chorier fils.* Ce qui donnerait lieu de croire que l'ancien historien du Dauphiné a été marié et qu'il n'est pas mort sans postérité.

a pris de payer les intérêts des sommes capitales que la ville doit, il faudra, de nécessité absolue, pour arrêter les justes plaintes de ses créanciers, qu'on en vienne à une imposition générale, laquelle dérangeroit extraordinairement les propriétaires des maisons et héritages de cette ville et tous ses autres habitants ; que si monseigneur le duc de la Feuillade, gouverneur de cette province, étoit informé, au vrai, de l'état des affaires de la ville et de ses nouvelles charges, il y auroit lieu d'espérer de la bonté de son cœur et de la protection dont il honore la ville, qu'il voudroit l'exempter d'une dépense annuelle d'environ cinq cents écus de gages ou émoluments que la ville paie au maire dont les fonctions sont inutiles. Ouï le procureur du roi qui a requis que, le droit de monseigneur le duc de la Feuillade étant affermi par une délibération homologuée par un arrêt du conseil, il ne fût rien délibéré sur cette proposition, signé Expilly, procureur du roi, a été délibéré que MM. les consuls sont priés d'écrire, incessamment, à monseigneur le duc de la Feuillade, la lettre la plus respectueuse qui leur sera possible, pour le supplier de faire attention aux charges extraordinaires dont la ville est accablée et à l'impossibilité où elle est ; de lui accorder la grâce de l'en dispenser, en ne nommant plus de maire à l'avenir. »

Lettre écrite par les second, troisième et quatrième consuls, à monseigneur le duc de la Feuillade, ensuite de la délibération ci-dessus.

« A Grenoble, le 7 mars 1717.

» Monseigneur,

» Nous sommes forcés, par la délibération du conseil des Quarante qui fut tenu hier, et que nous prenons la liberté de joindre à cette lettre, de vous donner avis de la mort subite de M. Moret, qui arriva le cinq de ce mois. Cette conjecture, monseigneur, nous donne occasion de représenter très-humblement à votre Excellence, par le même ordre du conseil des Quarante, la triste situation où se trouvent les affaires de notre ville que le malheur des guerres passées et la nécessité de subvenir à plusieurs frais extraordinaires avoient dérangée, outre les nouvelles charges qui lui ont été imposées. Nous ne pouvons, monseigneur, les rétablir que par le secours de la protection dont votre Excellence a toujours honoré la ville. Nous sommes si persuadés de la bonté et de la générosité de votre cœur, que si vous nous permettez de vous en faire le détail, vous en serez touché.

» Ce n'est que dans cette vue, monseigneur, que le conseil des Quarante s'est déterminé d'avoir recours aux prières et aux supplications auprès de votre Excellence, pour lui demander très-humblement la grâce de ne plus nommer de maire à l'avenir, et de dispenser la ville, par ce moyen, de 1,200 livres annuellement, outre plusieurs droits que le maire s'attribuoit. La ville attend, à cet effet, de la grandeur de votre âme, l'application que nous aurons toujours à ne rien faire qui puisse blesser vos intérêts; et votre autorité sera une preuve perpétuelle de la sincérité de nos respects et un motif, pour nous, d'espérer la continuation de votre protection. Nous sommes avec un très-profond respect, monseigneur, vos très-humbles et très-obéissants serviteurs. Signés : FARCONNET, *second consul;* MICHON, *troisième consul;* BOZONAT, *consul.*»

Lettre de monseigneur le duc de la Feuillade du 14 mars 1717, à messieurs les consuls, en réponse à la même délibération.

« Messieurs..... La charge de maire de la ville de Grenoble estant présentement vacante par la mort du sieur Moret, et estant nécessaire d'y pourvoir et de luy donner un successeur qui sache se comporter au gré et à la satisfaction du public, j'ay cru, pour cet effet, ne pouvoir faire un meilleur choix que de M. de Gilliers, gentilhomme de la province. On m'a rendu de luy des tesmoignages si avantageux que j'ay tout sujet d'estre persuadé qu'il remplira dignement cette place, et que son administration sera agréable à chascun. Je ne doute pas que vous n'aprenies mes intentions sur cela avec plaisir, et que l'assemblée générale qui sera convoquée pour son installation ne le reçoive avec applaudissement.

» Je suis, Messieurs, votre affectionné à vous servir. Signé : le duc de LA FEUILLADE.

» A Paris, le 14 mars 1717.»

Après la signature est écrit de la main même du duc : *Je ne réponds pas à la lettre que vous m'avez écrite, parce qu'il convient, s'il vous plaist, que vous commenciés par obéir.*

Heureusement pour l'accomplissement du désir et des vœux de la ville, les fonctions du nouveau maire ne furent pas longtemps remplies. Depuis plusieurs années les communes se plaignaient de se voir obligées de subvenir à une dépense inutile, affectée au traitement des maires. Le gouvernement crut devoir faire droit, enfin, à une plainte générale; il supprima leur charge par un édit du mois de juin 1717. Elle fut, depuis, rétablie par un autre édit du mois de novembre 1733, et supprimée de nouveau par un arrêt du conseil d'Etat du 4 décembre 1737.

§ XXI. — *Office d'un lieutenant du maire et office de deux consuls à Grenoble, en* 1702 *et* 1704.

Deux édits du roi, du mois de mai 1702 et du mois de janvier 1704, créèrent à Grenoble un office de lieutenant du maire et deux offices de consuls perpétuels et héréditaires. C'était une nouvelle mesure, adoptée dans les mêmes vues que celles qui sont énoncées en l'édit de création de l'office de maire, dont il est parlé dans le précédent paragraphe, et afin de donner à ce fonctionnaire un remplaçant qui, à son défaut et en son absence, prît la direction de la commune, et deux adjoints qui le secondassent d'une manière plus utile que ne pouvaient le faire, malgré leur zèle, des consuls élus chaque année et peu versés dans les affaires administratives. Cette mesure privait les habitants de l'élection de deux consuls. Le conseil de ville, pour continuer à jouir de la liberté que, malgré les atteintes portées à ses anciennes franchises, il avait conservée jusqu'alors de procéder aux élections consulaires, résolut d'acquérir ces nouveaux offices, comme il avait fait de celui de maire, et de demander en même temps leur suppression : il fut arrêté aussi que les consuls resteraient en charge plus longtemps, afin de mieux s'initier dans les affaires municipales.

Le roi, en son conseil, consentit à la demande qui lui était faite pour l'achat et la suppression des offices précités, il reçut l'offre des consuls et des habitants de payer, à cet effet, une somme de 20,000 livres qui fut imposée sur la ville, avec celle de 2,000 livres, ou deux sols par livres, pour droit du dixième, et dont le recouvrement se fit en trois ans, à commencer par 1705.

Maires de Grenoble de 1692 à 1737.

Jean Liousse, nommé par ordonnance du roi du 6 novembre 1692; démissionnaire le 12 novembre 1703.

Joseph Faurès, sieur de Gonas et de Frontonnas, nommé le 17 mars 1704.

Antoine Girin, seigneur de la Morte, nommé le 22 février 1710.

François Basset, seigneur de Saint-Nazaire, nommé le 14 mars 1712.

Jacques Moret, avocat, nommé le 14 mars 1716.

Melchior de Gilliers, baron de la Bastie, nommé le 14 mars 1717.

La charge de maire est supprimée par un édit du mois de juin 1717; elle est rétablie par un autre édit du mois de novembre 1733.

Pierre Benoit-Dupivol, maître particulier des eaux et forêts des élections de Grenoble et de Gap, nommé maire par lettres du roi du 23 août 1735.

La charge de maire est suspendue et révoquée par un arrêt du conseil d'Etat du 4 décembre 1737.

§ XXII. — *Organisation municipale à Grenoble, de 1790 à 1795.*

Le décret de l'assemblée nationale du 14 décembre 1789, sur la constitution des municipalités, contenait que le corps municipal, dans chaque ville, bourg, paroisse ou communauté du royaume, serait composé d'un maire, chef de ce corps; d'un nombre plus ou moins grand d'officiers municipaux, déterminé suivant la population; d'un procureur de la commune remplaçant l'ancien procureur du roi, chargé de défendre les intérêts et de poursuivre les affaires de la communauté, et d'un substitut du procureur, établi dans les villes dont la population s'élèverait à plus de dix mille âmes : ces deux derniers membres n'avaient pas voix délibérative. Un conseil de notables, comptant un nombre double de celui des officiers municipaux, était créé aussi dans chaque commune. Ce conseil et le corps municipal réunis, formaient le conseil général : tous ces membres étaient élus pour deux ans, et renouvelés par moitié, chaque année.

D'après les dispositions de ce décret, le nombre des officiers municipaux, à Grenoble, devait être de quinze et celui des notables de trente : ces nouveaux membres, le maire, le procureur de la commune et son substitut, furent élus dans le mois de février 1790 ; leur installation eut lieu publiquement et avec solennité le 18 du même mois. Ce jour, à neuf heures du matin, la cérémonie de l'installation fut annoncée par trois volées de toutes les cloches de la ville, qui furent répétées à deux heures de l'après-midi. Au dernier son des cloches, un détachement de la milice nationale, composé de douze hommes par compagnie, se mit sous les armes : un piquet de ce détachement, commandé par un officier, se rendit à l'hôtel de ville ; le restant fut placé dans l'église cathédrale, pour en garder les portes intérieures et extérieures, et pour former deux haies qui s'appuyèrent l'une à droite et l'autre à gauche de l'entrée principale de l'église.

A deux heures et demie, les présidents, les secrétaires et les citoyens actifs de chaque district s'assemblèrent dans les lieux accoutumés de leurs séances pour les élections : chaque district, marchant en corps, conduisit à l'église les membres élus dans son sein. A l'arrivée des districts, le détachement de la garde nationale, placé sur les deux côtés de la principale entrée, porta les armes et fit battre aux champs. Tous les citoyens actifs prirent place, sans distinction de rang, dans la nef et sous les bas côtés de l'église. Les présidents et les secrétaires des districts, vêtus en noir, et ayant les cheveux longs, entrèrent dans le chœur et se mirent à droite et à gauche du maître-hôtel : les présidents prirent rang par ancienneté d'âge, chacun d'eux ayant à son côté le secrétaire de son district. Le maire, les officiers municipaux, le procureur de la commune, son substitut et les notables, aussi vêtus en noir et ayant les cheveux longs, entrèrent également dans le chœur, mais sans distinction de rang, jusqu'au moment où chaque membre fut appelé à prêter le serment décrété par l'assemblée nationale. M. Savoye-Rollin, ancien avocat général au parlement, président du cinquième district (1), s'avança vers la porte de l'entrée du chœur, et prononça un discours analogue à la circonstance et qui fut goûté avec un vif intérêt. Un des secrétaires du district fit ensuite, et suivant l'ordre des élections, l'appel nominal du maire, des autres membres du corps municipal et des notables présents, qui, tous, au nombre de quarante-trois, et individuellement, promirent et jurèrent de maintenir de tout leur pouvoir la constitution du royaume, d'être fidèles à la nation, à la loi et au roi, et de bien remplir leurs fonctions.

Chaque membre du corps municipal, après avoir prêté serment, se plaça dans les stalles, du côté de l'évangile, dans l'ordre où il venait d'être appelé. Les notables se placèrent, dans le même ordre, du côté opposé : un *Te Deum* solennel fut ensuite chanté par les chanoines de la cathédrale. Cette cérémonie finie, le maire, les officiers municipaux, le procureur de la commune, son substitut et les notables sortirent de l'église, accompagnés des présidents et des secrétaires des districts. Les tambours de la garde nationale de nouveau battirent aux champs, et tout le détachement, formant deux haies, conduisit le corps municipal et les notables à l'hôtel de ville, où le maire prononça un discours en présence de la commune réunie. Après que les citoyens se furent retirés, le conseil général entra en séance et vota deux adresses, l'une à l'assemblée nationale et l'autre au roi.

La nouvelle organisation municipale a subsisté depuis le mois de février 1790, jusqu'au mois de brumaire an IV, époque où furent apportées diverses modifications à la constitution des municipalités, conformément à la loi du 19 vendémiaire précédent et à la constitution de l'an III.

---

(1) Depuis, commissaire pour l'organisation du département de l'Isère, membre du Tribunat, préfet du département de l'Eure et successivement de celui de la Seine-Inférieure, membre de la chambre des députés, décédé à Paris en 1823, à l'âge de soixante-neuf ans.

Membres du corps municipal et notables de Grenoble de 1790 au mois de brumaire an IV (octobre 1795).

1790.

Elections du mois de février.

CORPS MUNICIPAL.

Joseph-Marie de Barral, ancien conseiller au parlement de Grenoble, maire (1).

Charles Rosset-Bressand, agriculteur; Louis Gautier, notaire (2); Ennemond-Louis Michal, dit Anodin, bourgeois (3); Joseph Chanriont aîné, peigneur de chanvre; Jean-Baptiste-Benoît Chevrier, gantier; Louis-Benoît Genevois, avocat (4); Mathieu Girard aîné, apothicaire; Pierre-François Arthaud, notaire; Alexandre Royer-Deloche, avocat (5); Antoine Michon, avocat (6); Antoine Michal père, marchand de draps; Pierre Breton, apothicaire.

Alexandre-Joseph Duport aîné, avocat, procureur de la commune (7).

Laurent Trousset, ancien procureur au bailliage, substitut du procureur de la commune (8).

---

(1) Depuis, député au corps législatif, président du tribunal d'appel, premier président de la cour d'appel et successivement de la cour impériale de Grenoble.

(2) Auteur d'un éloge historique de Bayard, couronné par la société littéraire de Grenoble en février 1789.

(3) Depuis, greffier de la police correctionnelle, ensuite juge de paix de l'arrondissement oriental du canton de Grenoble.

(4) Genevois-Duroizon, depuis, député à la convention, membre du comité de sûreté générale, élu le 15 prairial an III, successivement juge au tribunal de cassation.

(5) Depuis, procureur général près de la cour impériale de Grenoble, maire de cette ville en 1818.

(6) Frère du chanoine Michon, ancien membre du conseil général de la commune avant 1790.

(7) Depuis, juge à la cour d'appel et successivement à la cour impériale de Grenoble.

(8) Depuis, juge à la cour d'appel de Grenoble, et successivement à la cour impériale de la même ville.

NOTABLES.

François Félix aîné, marchand épicier; François Perier-Lagrange, marchand de draps; Charles Pâques fils, cordonnier (1); Charles Bonin, ferblantier; Charles Cheminade aîné, cartier; Louis Dumas aîné, avocat; Joseph Dumas, entrepreneur-maçon; Pierre Enfantin, avocat; François Dumoulin aîné, chamoiseur; André Réal, avocat (2); François Navizet, chamoiseur; Jacques Falquet-Planta, ancien conseiller, maître en la chambre des comptes du Dauphiné (3); Charles-Yves Bonnefoy, avocat; Jean-Joseph-Victor Génissieux, avocat (4); Joseph Pollin aîné, bourgeois (5); Pierre Lamorte père, tanneur; Jean-Baptiste Bertier aîné, épicier; Etienne

---

(1) Depuis, régisseur du dépôt de mendicité de Grenoble, ensuite inspecteur de la police générale à Paris, homme maniéré et dont les prétentions ridicules ont donné lieu au refrain assez peu poétique connu dans sa ville natale, au temps de sa grandeur populaire :

Aristocrates, mettez-vous à genoux,
Quand monsieur Pâques passera devant vous.

On doit dire toutefois que, devenu riche, il ne chercha point, par des dehors simulés, à cacher à ses concitoyens son premier état : des témoins oculaires ont vu chez lui, à Paris, dans ses salons, au moment où il jouissait d'une fortune brillante, un escabeau de cordonnier qu'il affectait d'étaler comme un souvenir de son ancienne profession.

(2) Depuis, député à la convention, envoyé en mission, comme représentant du peuple, près de l'armée d'Italie et des Alpes, député au conseil des Cinq-Cents, juge à la cour d'appel de Grenoble, président de cette cour par intérim, premier conseiller à la cour impériale de la même ville.

(3) Depuis, président du département de l'Isère, ensuite membre du conseil général du même département.

(4) Depuis, député à la Convention et au conseil des Cinq-Cents qu'il a présidé, ministre de la justice sous le directoire, ensuite juge au tribunal d'appel du département de la Seine.

(5) Frère de l'abbé Pollin, auteur d'un recueil d'idylles, du *Citoyen des Alpes*, et du *Hameau de l'Agnelas*. C'est en la mémoire de cet abbé, mort et enterré à la Tronche, près de Grenoble, en 1807, que le conseil municipal de cette commune a donné au chemin du péage, conduisant à son ancienne propriété, et qui tend de la grande route à l'église, le nom de *l'Agnelas*; dénomination restée ignorée, et qui n'est connue que par la délibération qui en fait mention.

Laville, gantier; Louis Buisson neveu, marchand de draps; Jean-Balthazard Laugier, médecin; Jean-François Hilaire, avocat (1); André Rey, marchand; François Blanc, boulanger; Joseph Pouchot, ancien curé (2); Claude Buscoz, marchand de draps; Pierre Giroud, notaire (3); Jean Botut père, marchand de draps; Jean-Baptiste Delhors, ancien procureur au parlement (4); Jean-Pierre Tournû, marchand toilier; Henri Gagnon, médecin.

Louis Dumas aîné, avocat, et Charles Pâques fils, cordonnier, élus par les sections pour compléter le nombre des officiers municipaux, sont installés le 12 mars.

Gautier, notaire, élu procureur général syndic du département, est remplacé, dans les fonctions d'officier municipal, par Félix aîné, premier notable, installé le 18 juillet.

Antoine-Pierre-Joseph-Marie Barnave, avocat, membre de l'assemblée nationale, est élu maire le premier août 1790, en remplacement de Joseph-Marie de Barral, nommé président du département, démissionnaire.

Genevois et Royer-Deloche, avocats, officiers municipaux, nommés juges du district de Grenoble, sont remplacés par Charles Bonin et Charles Cheminade aîné, les premiers inscrits sur la liste des notables, attendu le refus de Perier-Lagrange d'accepter.

3 novembre 1790, tirage au sort des officiers municipaux et des notables sortants, qui sont :

Michon, Chanriont aîné, Chevrier, Breton, Rosset-Bressand, Bonin et Félix, membres du corps municipal; Tournû, Buscoz, Pollin, Enfantin et Botut père, notables.

(1) Depuis, commissaire central du département de l'Isère, sous-préfet de l'arrondissement de Vienne, préfet du département de la Haute-Saône.
(2) Ancien curé de la Tronche, évêque constitutionnel de Grenoble, nommé en 1791, oncle d'Annibal Aubert-Dubayet.
(3) Depuis, receveur général des finances du département de l'Isère.
(4) Administrateur du département de l'Isère et de l'hospice civil de Grenoble.

1790-1791.

Élections du mois de novembre 1790 pour le remplacement des membres sortants du corps municipal et des notables.

CORPS MUNICIPAL.

Daniel-Paul Dizoard, ancien conseiller-maître en la chambre des comptes du Dauphiné, maire.

Charles Rosset-Bressand et Chanriont aîné, réélus ;

Pierre Marcel, ancien officier; Louis-Joseph Dantard, ancien procureur au bailliage du Graisivaudan (1) ; Léonard-Joseph Prunelle-Delières, avocat (2) ; Jacques-Nicolas-Joseph Couturier, homme de loi (3) ; Félix aîné, réélu, nouveaux officiers municipaux.

Jean-Baptiste Delhors, ancien procureur au parlement, procureur de la commune.

Claude-Sébastien-Louis-Félix Bourguignon-Dumollard, ancien procureur au bailliage du Graisivaudan, substitut du procureur de la commune (4).

NOTABLES.

Pierre Breton, apothicaire ; Guillaume David, ex-procureur ; Humbert David, marchand ; Paul-François Baudot, curé de Saint-Joseph; Jean Bertrand, entrepreneur-maçon ; Joseph-Victor Durand, ex-procureur ; Claude Morin, ex-prêtre ; Joseph Thibaud fils, gantier ; Jean-Gabriel Béranger, ex-procureur; François Bernard, entrepreneur-maçon ; Claude Ducruy, gantier ; Alary, ancien militaire, armurier ; Pierre-Adrien Accarier, notaire ; Claude Perier, négociant (5) ; Charles Bonin, ferblantier ; Pierre Enfantin, avocat, nouveaux notables.

(1) Depuis, président du tribunal civil de l'arrondissement de Grenoble.
(2) Depuis, député à la Convention nationale.
(3) Depuis, accusateur public, successivement commissaire du gouvernement près du tribunal criminel du département de l'Isère.
(4) Depuis, substitut du commissaire du directoire près du tribunal de cassation, ministre de la police en remplacement de Duval, en l'an VII, juge au tribunal civil du département de la Seine, conseiller à la cour d'appel de Paris.
(5) Depuis, régent de la banque de France et membre du corps législatif, fils de Jacques Perier, ancien consul de Grenoble de 1767 à

Dantard, Couturier et Chanrioni, nommés juges de paix des trois arrondissements du canton de Grenoble, sont remplacés par Dumoulin, Navizet père et Bonnefoy, anciens notables.

Louis Dumas, nommé juge au tribunal du district de Grenoble, est remplacé par Joseph Dumas, aussi ancien notable.

1791-1792.

Elections du mois de novembre 1791 pour le remplacement des anciens membres du corps municipal et des notables.

Corps municipal.

Léonard-Joseph Prunelle-Delières, homme de loi, député à la convention nationale.

André-Barthélemy Fontaine, avoué; Claude Salicon, notaire; Pierre-François Arthaud, notaire; Jean-Pierre Duport, homme de loi (1); Jean-François Hache aîné, ébéniste; Daniel Grimaud, ancien procureur au bailliage du Graisivaudan; Jean-Gabriel Beranger, ex-procureur, réélus ou élus pour la première fois, officiers municipaux;

Jean-Baptiste Delhors, procureur de la commune, réélu;

Claude-Sébastien-Louis-Félix Bourguignon-Dumollard, substitut du procureur de la commune, continué.

Notables.

Pierre Raffin, peigneur de chanvre; Jean-Baptiste-Benoît Chevrier, gantier; Jean-Louis Dantard, ancien procureur au bailliage du Graisivaudan, juge de paix; André Lamouroux, ancien trésorier des guerres, payeur du département; Antoine Mérand aîné, cultivateur; Louis-Benoît Genevois, juge du

---

1773, père de Casimir Perier, né dans cette ville en 1777, membre de la chambre des députés, ministre des finances et président du conseil des ministres, décédé à Paris en 1832, à l'âge de 55 ans.

(1) Député au corps législatif à l'époque des cent jours; jurisconsulte distingué, décédé à Grenoble le 19 avril 1827, auteur des *Questions de droit* publiées par M. Duport-Lavilette, président de chambre à la cour royale de Grenoble, son fils. L'ordre des avocats du ressort de cette cour a élevé en sa mémoire, sur sa tombe, un monument funéraire.

district de Grenoble; Etienne Trouilloud, notaire; Joseph-Victor Génissieux, député à la Convention; Jean Bouvier, charpentier; Charles Pâques fils, cordonnier; Jean-Laurent Martinais, ancien marchand, avoué; François Poudré, bourrelier; Joseph Chanriont, juge de paix; Louis Grange, vicaire épiscopal; Jean Fantin, homme de loi; tous installés le 20 novembre 1791.

Sur le refus d'Arthaud d'accepter les fonctions d'officier municipal, Hyacinthe-Camille Teisseire, liquoriste (1), est nommé par sa section pour le remplacer.

Pierre Breton est élu officier municipal en remplacement de Jean-Pierre Duport, nommé juge au tribunal du district de la Tour-du-Pin; installé le 6 avril 1792.

Alary, officier municipal en remplacement de Claude Salicon, démissionnaire, installé le 11 mai suivant.

Bertrand, officier municipal, en remplacement de Marcel, décédé, installé le 24 du même mois.

1792-1793.

Elections du mois de décembre 1792, pour le renouvellement du corps municipal et des notables.

Corps municipal.

Joseph-Marie de Barral, maire.

Hyacinthe-Camille Teisseire, liquoriste; Claude Perier, négociant; Etienne Marcel, ancien employé d'administration (2); Pierre Raffin, peigneur de chanvre; Jean-Baptiste Dalban, ancien procureur au bailliage; Gabriel Charvin fils, gantier; Charles Rosset-Bressand, cultivateur; Jean-Pierre Guédy, ancien procureur au parlement de Grenoble (3); Etienne Gonnet fils, gantier; Pierre-Adrien Accarier, notaire; Jean-François

---

(1) Depuis, membre de la chambre des députés, pour le département de l'Isère.

(2) Depuis, membre du conseil de préfecture du département de l'Isère.

(3) Depuis, président du tribunal civil de l'arrondissement de Grenoble.

Hache, aîné, ébéniste; Gilles Ollagnier, orfèvre; Claude Vallier cadet, marchand de draps; Etienne Trouilloud, notaire, officiers municipaux;

Jean-Joseph Barthelon, ancien procureur au parlement, procureur de la commune.

Pierre-Roch-André Blanc, ancien procureur au bailliage du Graisivaudan, substitut du procureur de la commune.

Notables.

Charles Bonin, ferblantier; Louis-Joseph Dantard, juge de paix; André Lamouroux, payeur du département; Pierre-François Arthaud, notaire; Pierre Breton, apothicaire; Jean-Baptiste Hélie, ancien curé de la cathédrale, premier vicaire épiscopal; Alexis-François Pison, premier juge au tribunal civil du district de Grenoble (1); Jean-Adam Belair, maître à danser; Alexandre Botut fils, négociant; Jacques-Nicolas-Joseph Couturier, ancien homme de loi, accusateur public près du tribunal criminel du département de l'Isère; François Navizet père, chamoiseur; Etienne Dupuys, employé (2); Alexandre-Joseph Duport, juge au tribunal civil du district de Grenoble; André Ferrouillat, confiseur; Antoine Mérand aîné, cultivateur; Louis Berthon, second vicaire épiscopal; Charles Cheminade aîné, cartier; Jean Fantin, homme de loi; Antoine Michal père, marchand de draps; Jean-Louis Morénas, ancien procureur au bailliage du Graisivaudan; Louis Grange, vicaire épiscopal; Sixte-François Perrotin aîné, ancien procureur au parlement; Jacques-François Laurent, ancien procureur au bailliage du Graisivaudan (3); Jean-Baptiste-Abraham Mallein, juge de paix du canton de Grenoble (4); Jean-

---

(1) **Pison-Dugalland**, ancien député aux états généraux, depuis, député au conseil des Cinq-Cents, juge au tribunal d'appel de Grenoble, et successivement conseiller à la cour impériale de cette ville.

(2) Depuis, capitaine commandant des guides du Mont-Blanc.

(3) Laurent-Duchesne, depuis, vice-président du tribunal civil de l'arrondissement de Grenoble.

(4) Depuis, député au conseil des Anciens, juge du tribunal civil de Grenoble, conseiller à la cour royale de la même ville. Un de ses frères, Claude-Izaac Mallein-Larivoire, d'abord procureur au bailliage du Graisivaudan, et depuis militaire, fut tué dans la rivière de Gênes,

Louis Pyot, orfèvre; Jean-François Royer-Desgranges, homme de loi; Jean-Louis Blachier, garde-magasin des vivres; Louis Buisson neveu, marchand de draps; Claude Ducruy, gantier; Joseph-Antoine Lemaître, président du tribunal criminel du département de l'Isère, notables;

Installés le dimanche 16 décembre 1792.

Elections du mois de juillet 1793, faites en exécution d'un arrêté des citoyens Dubois-Crancé et Gauthier, représentants du peuple près de l'armée des Alpes, du 29 juin de la même année.

Corps municipal.

Joseph-Marie de Barral, maire;

Claude Clément, parfumeur; Laurent Giroud, officier de santé; François Charvet, chaussetier; Claude Gaudoz, gantier; Laurent Gravier, vinaigrier; Pierre Raffin, peigneur de chanvre; Victor Dumas, officier de santé; Pierre-François Arthaud, notaire; Jean-Baptiste Guillermety, épicier; Georges Bertier, tanneur; Etienne Trouilloud, notaire; Antoine Baret aîné, plâtrier; Alexandre Compagnon, instituteur; Etienne Gonnet fils, gantier, officiers municipaux;

Hyacinthe-Camille Teisseire, liquoriste, procureur de la commune;

Pierre-Roch-André Blanc, ancien procureur au bailliage du Graisivaudan, substitut du procureur de la commune.

Notables.

Pierre Cap-Devielle, armurier; Pierre Grand, cordonnier; Charles Cheminade aîné, cartier; Barthélemy-Etienne Besson fils, vitrier; Pierre-Henri Legrand, marchand de tabac; Charles Bonin, ferblantier; Etienne Barroil aîné, marchand de draps; Louis Buisson neveu, marchand de draps; César Pons père, luthier; Paul-François Baudot, curé de Saint-Joseph; Jean Chavand cadet, charpentier; François Bernard, entrepreneur-maçon; Pierre Breton, apothicaire; Pierre-

en l'an V, au moment où il venait de recevoir un brevet d'adjudant-général. Ils étaient fils de Jean Mallein, procureur au même bailliage, consul de Grenoble, de 1753 à 1756.

Adrien Accarier, notaire; Pierre-Jacques Pèlerin fils; ceinturonnier; André Ferrouillat, confiseur; Joseph-Antoine Lemaitre, juge au tribunal du district de Grenoble; Jourdan, marchand de vins; Jean-Baptiste Blanc-Subé, architecte; Louis Berthon, vicaire épiscopal; Benoît Mazet, cordonnier; Joseph Martin, homme de loi; Sixte-François Perrotin aîné, ancien procureur au parlement, avoué; Ennemond-Louis Michal, greffier de la police correctionnelle; Louis Charavel, charpentier; Jean-Charles Falcon, libraire (1); Antoine Marceau, ancien concierge du dépôt de mendicité, garde-magasin des lits militaires; Louis Grange, vicaire épiscopal; Antoine Michal père, marchand de draps;

Installés le 11 juillet 1793.

Epuration et complétement des autorités constituées de Grenoble, par arrêté du citoyen Petit-Jean, représentant du peuple près de l'armée des Alpes, du 9 nivôse an II (27 février 1794).

CORPS MUNICIPAL.

Joseph-Marie de Barral, maire;

Etienne Gonnet fils, gantier; Victor Dumas, officier de santé; Etienne Trouilloud, notaire; Pierre Raffin, peigneur de chanvre; Pierre-François Arthaud, notaire; Laurent gravier, vinaigrier; Claude Clément, parfumeur; Georges Bertier, tanneur; Claude Gaudoz, gantier; François Chalvet cadet, chamoiseur; Alexandre Compagnon, ex-instituteur, garde-magasin; Antoine Baret, aîné, plâtrier; Laurent Giroud, gantier; Jean-Baptiste Guillermety, confiseur; officiers municipaux;

Hyacinthe-Camille Teisseire, liquoriste, ancien procureur de la commune, agent national près de l'administration municipale de Grenoble;

Jean-Laurent Martinais, ancien marchand, ex-avoué, substitut de l'agent national.

(1) Et toi Barroil, et toi Falcon,
Tous dignes patriotes,
Venez chanter les vers de la nation,
En bons vrais sans-culottes.
(*Extrait d'une chanson populaire du temps.*)

Notables.

Louis Buisson neveu, marchand de draps; Pierre Breton, apothicaire; Etienne Barroil aîné, marchand de draps; Pierre-Jacques Pèlerin fils, ceinturonnier; Pierre Grand, cordonnier; André Ferrouillat, confiseur; Louis Charavel, charpentier; Julien Bariot, maître de la poste aux chevaux; Jean-Charles Falcon, libraire; Antoine Marceau, ancien concierge du dépôt de mendicité, garde-magasin des lits militaires; Charles Cheminade aîné, cartier; Pierre-Henri Legrand, marchand de tabac; Pierre Cap-Devielle, armurier; Jean-Baptiste Blanc-Subé, architecte; Jean Chavand cadet, charpentier; Pierre-Adrien Accarier, notaire; François Bernard, entrepreneur; Jean-Louis Pyot père, orfèvre; Antoine Liotard, ancien gantier; Jean-Marc Téron, graveur; Jean-Baptiste Rigolier, ex-prêtre, employé dans les charrois militaires; François Mollard, greffier du juge de paix de l'arrondissement occidental du canton de Grenoble; Daniel Grimaud aîné, ancien procureur au bailliage du Graisivaudan; Barthélemy-Antoine Besson fils, vitrier; Charles Bonin, ferblantier; Jacques-Nicolas-Joseph Couturier, accusateur public; Benoît Mazet, cordonnier; André Blanc, notaire; Charles-Yves Bonnefoy, homme de loi; Jean-Baptiste-Benoît Chevrier, gantier.

Épuration et complétement du même conseil général, par arrêté des représentants du peuple Laporte et Albitte en mission près de l'armée des Alpes, daté de Grenoble du 8 prairial an II (27 mai 1794) (1).

Corps municipal.

Victor Dumas, officier de santé, maire;

Pierre-Jacques Pèlerin fils aîné, ceinturonnier; Pierre Grand, cordonnier; Laurent Gravier, vinaigrier; Claude Clé-

---

(1) Cet arrêté, rendu dans le moment le plus fort de la terreur et qui porte l'empreinte des passions subversives de cette époque, est ainsi conçu:
Les représentants du peuple, etc.
Considérant qu'il est instant que le gouvernement révolutionnaire soit établi dans toute sa force dans la commune de Grenoble et dans le département de l'Isère;
Considérant qu'il est nécessaire que toutes les autorités soient com-

ment, parfumeur; Claude Gaudoz, gantier; François Chabert cadet, chamoiseur; Laurent Giroud, officier de santé; Jean-Baptiste Guillermety, épicier; Daniel Grimaud, ancien procureur au bailliage du Graisivaudan; François Bernard, entrepreneur; Charles Cheminade, cartier; Jean Crolin, cultivateur; Pierre-Henri Legrand, marchand de tabac; officiers municipaux;

Hyacinthe-Camille Teisseire, liquoriste, agent national;

Etienne Barroil aîné, marchand de draps, substitut de l'agent national.

Notables.

Louis Buisson neveu, marchand de draps; Pierre Breton,

plétées et composées d'hommes patriotes, fortement prononcés pour la révolution, après avoir pris les renseignements les plus scrupuleux et les plus précis, et consulté l'opinion des citoyens réunis en société populaire;

Arrêtent ce qui suit : etc.

Nous dirons en passant, qu'à Grenoble, quoiqu'on y ait eu moins à souffrir que dans d'autres villes où les orages révolutionnaires exercèrent de grands ravages, le régime de la terreur s'y fit toutefois sentir pendant plus d'une année, depuis l'époque de la proscription des Girondins jusqu'à celle de la chute de Robespierre. L'attestation suivante, extraite d'une délibération du conseil général de la commune prise le 7 thermidor an III, et signée par tous les membres du conseil, en est la preuve la plus authentique; cette délibération est ainsi conçue:

Le conseil général, le procureur de la commune ouï, atteste qu'il est vrai que le terrorisme a régné à Grenoble depuis le 31 mai 1793, jusques et postérieurement au 9 thermidor de l'an II;

Qu'il est vrai que les citoyens qui étaient connus pour avoir manifesté leurs opinions contre les événements du 31 mai, ou soupçonnés d'y être contraires, y ont été persécutés soit par menaces d'emprisonnement, soit par refus de certificats de civisme, soit par exécution d'emprisonnements arbitraires, et que plusieurs ont été obligés de se soustraire par la fuite à ces persécutions;

Qu'il a été formé plusieurs listes de proscription par les comités de la société des Jacobins de Grenoble, ensuite de la commission expresse de ladite société; que sur ces listes il avait été porté un grand nombre de citoyens que la notoriété publique élevait à celui de huit cents, parmi lesquels se trouvaient principalement les gens d'affaires et les négociants;

Que les registres de la société populaire ont été soustraits et que les recherches faites par les autorités constituées n'ont pu encore les faire découvrir.

apothicaire ; Julien Bariot, maître de la poste aux chevaux ; Jean-Charles Falcon, libraire ; Barthélemy-Etienne Besson fils, vitrier ; Benoît Mazet, cordonnier ; Pierre Cap-Devielle, dit la carabine de Robespierre, armurier ; Jean-Baptiste Blanc-Subé, architecte ; Jean Chavand cadet, charpentier ; Jean-Louis Pyot père, orfèvre ; Antoine Liotard, ancien gantier ; Jean-Marc Téron, graveur ; Pierre Chevrier, gantier ; Claude Gonnet, peigneur de chanvre ; Joseph Terrier, chamoiseur ; Etienne Mollard, horloger ; François Richard, épicier ; Jacques Ducreux père, ex-receveur des contributions ; Antoine Vizios cadet, orfèvre ; André-Balthazard Fantin, ex-prêtre, instituteur ; Antoine Pascal, ferblantier ; Antoine Magnon, teinturier ; Jacques Sorrel, peigneur de chanvre ; Joseph Thibaud fils, gantier ; Etienne Laville, gantier ; Joseph Joubert, cordonnier ; Jean-Baptiste Beauthier, luthier ; Louis Rivière, père, chaudronnier (1) ;

Installés le 11 prairial an II.

Chevrier, démissionnaire, est remplacé par Jean-Pierre

---

(1) Presque tous faisaient partie de la société des Jacobins, et étaient membres ou anciens membres du comité de surveillance révolutionnaire de la commune, notamment : Dumas, Pèlerin fils, Gravier, Crolin, Barroil aîné, Falcon, Cap-Devielle, Téron, Chevrier, Claude Gonnet, Terrier, Richard, Pascal, Magnon, Sorrel, Beauthier, Grand, Laurent Giroud, François Bernard, Legrand, Buisson, Besson, Mazet, Etienne Mollard, Fantin, Joubert, etc. Les seize premiers nommés et ceux dont les noms suivent, savoir : Jourdan, marchand de vin ; Poudré, Michal dit Anodin, Paradis, Compagnon et Grange, membres aussi de la municipalité dans le temps de la Terreur, furent compris au nombre des citoyens que fit désarmer le conseil général de la commune, après le 9 thermidor, comme signalés d'avoir *participé aux horreurs commises* à Grenoble *sous la tyrannie*. Le règlement qui ordonne ce désarmement et qui enjoint aux personnes désarmées d'être retirées dans leur domicile dès la retraite battue, avec défense expresse de se réunir dans un lieu public quelconque, sous peine de huit jours de détention et même de plus grande peine s'il y a lieu, est daté du 24 thermidor an II. Le même règlement contient que le conseil général se constitue en séance permanente jusqu'à ce qu'il ait été autrement délibéré, chargeant spécialement l'agent national et son substitut de l'exécution de la mesure adoptée.

Ailloud, marchand, suivant arrêté (1) du représentant du peuple Gauthier, daté de Grenoble du 1er vendémiaire an III (22 septembre 1794).

Epuration et complétement du même conseil général de la commune de Grenoble, par arrêté des représentants du peuple Gauthier et Cassanyes, du 21 dudit vendémiaire an III (12 octobre 1794).

CORPS MUNICIPAL.

Pierre-François Arthaud, notaire, membre du comité de surveillance du district de Grenoble, maire ;

Daniel Grimaud, ancien procureur au bailliage du Graisivaudan ; François Bernard, entrepreneur ; Claude Clément, parfumeur ; Claude Gaudoz, gantier ; Pierre Grand, cordonnier ; François Chalvet, chamoiseur ; Antoine Baret, plâtrier ; Charles Cheminade aîné, cartier ; Jean Crolin, cultivateur ; Pierre-Henri Legrand, marchand de tabac ; Charles Bonin, ferblantier ; Louis Buisson neveu, marchand de draps ; Pierre Breton, apothicaire ;

Hyacinthe-Camille Teisseire, liquoriste, agent national ;
Jean-Laurent Martinais, ex-avoué, substitut de l'agent national.

NOTABLES.

Jean-Charles Falcon ; Barthélemy-Etienne Besson fils ; Benoît Mazet, cordonnier ; Jean-Baptiste Blanc-Subé, architecte, Pierre-Jacques Pèlerin fils aîné, ceinturonnier ; Jean Chavand cadet, charpentier ; Jean-Louis Pyot père, orfèvre ; Antoine Liotard, ex-gantier ; Jean-Marc Téron, graveur ; Claude Gonnet, peigneur de chanvre ; Joseph Terrier, chamoiseur ; Etienne Mollard, horloger ; François Richard, épi-

---

(1) Par le même arrêté, Christophe Pyot fils ; Poudré, bourrelier ; Giroud, officier de santé ; Reynaud, aubergiste ; André Chanriont cadet, peigneur de chanvre ; anciens membres du comité de surveillance de la commune de Grenoble, furent conservés pour faire partie du nouveau comité de surveillance du district. Arthaud, notaire ; Disdier, agent national à Crolles ; Ducros, du Monestier-de-Clermont ; Bettou, notaire à Oz ; Payen, maire à Mens, et Michal fils, notaire à Voiron, furent nommés pour le compléter.

cier; Jacques Ducreux père, ex-receveur des contributions; Antoine Vizios cadet, orfèvre; André-Balthazard Fantin, instituteur; Antoine Pascal, ferblantier; Théophile Paradis, ferblantier; Antoine Magnon, teinturier; Joseph Thibaud, gantier; Etienne Laville, gantier; Joseph Joubert, cordonnier; Jean-Baptiste Beauthier, luthier; Louis Rivière père, chaudronnier; Jean-Pierre Ailloud, toilier; André Bérard, marchand; Joseph Grambin, tailleur d'habits; Jean Dumoulin, chamoiseur; Antoine Michal père, marchand de draps; Julien Bariot, maître de la poste aux chevaux.

Par arrêté du représentant du peuple Gauthier, du 15 brumaire an III (5 novembre 1794), les citoyens Falcon, Pèlerin fils aîné, Téron, Richard et Fantin, notables, sont remplacés par André Rey, marchand; Etienne Trouilloud, notaire; Pierre-Adrien Accarier, notaire; Gilles Ollagnier, orfèvre, et François Berlioz, marchand de draps.

1794-1795.

Épuration et complétement du même conseil général, par arrêté du représentant du peuple Gauthier, en mission dans les départements de l'Isère et du Mont-Blanc, daté de Grenoble du 16 frimaire an III (6 décembre 1794).

Corps municipal.

Pierre-François Arthaud, notaire, maire;

François Bernard, entrepreneur; Jean-Baptiste Guillermety, épicier; Claude Clément, parfumeur; Pierre Grand, cordonnier; François Chalvet cadet, chamoiseur; Jean Crolin, cultivateur; Pierre-Henri Legrand, marchand de tabac; Charles Bonin, ferblantier; Louis Buisson, marchand de draps; Etienne Marcel aîné, ancien employé d'administration; Jean-Baptiste Dalban, ancien procureur au bailliage du Graisivaudan, ex-avoué; Jean-Pierre Ailloud fils, toilier; Pierre-Adrien Accarier, notaire; Antoine Dumas-Larochetière, homme de loi; officiers municipaux;

Jean-Laurent Martinais, ex-avoué, agent national;

Jacques-François Laurent-Duchesne, ancien procureur au bailliage du Graisivaudan, substitut de l'agent national.

NOTABLES.

Claude Gaudoz, gantier; Antoine Baret aîné, plâtrier; Charles Cheminade, cartier; Pierre Breton, apothicaire; Julien Bariot, maître de la poste aux chevaux; André Rey, marchand; André Lamouroux, payeur du département; Barthélemy-Antoine Besson fils, vitrier; Benoît Mazet, cordonnier; Jean-Baptiste Blanc-Subé, architecte; Etienne Trouilloud, notaire; Jean Chavand cadet, charpentier; Gilles Ollagnier, orfèvre; Jacques Ducreux père, receveur des contributions; Antoine Vizios cadet, orfèvre; François Berlioz, marchand de draps; Antoine Pascal, ferblantier; François Michal, ancien notaire; Théophile Paradis cadet, ferblantier; Antoine Magnon, teinturier; Etienne Laville, gantier; Henri Joubert, avoué; Jean-Baptiste Beauthier, luthier; Joseph Grambin, tailleur d'habits; André Berard, marchand; Joseph Dumoulin, gantier; Pierre Raffin, peigneur de chanvre; Joseph Rivier, ancien avocat, juge au tribunal civil du district de Grenoble; Pierre-Honoré Duport-Préville, homme de loi, ex-procureur national à la maîtrise de Grenoble (1);

Installés le 22 frimaire.

Par arrêté des représentants du peuple Tellier et Richard, en mission dans les départements de l'Ain et de l'Isère, en date du 29 nivôse an III (18 janvier 1795), le citoyen Trouilloud, notable, est nommé officier municipal en remplacement d'Accarier, et Victor Jat, officier de santé, est nommé notable en remplacement de Trouilloud.

Épuration du conseil général de la commune de Grenoble, par arrêté des mêmes représentants du peuple Tellier et Richard, daté du 1er ventôse an III (19 février 1795).

Les citoyens Louis Buisson et Claude Clément, officiers municipaux; Claude Gaudoz, Antoine Baret, André Rey, Mazet, Mollard, Vizios cadet, Paradis, Henri Joubert, Beauthier et

(1) Frère d'Alexandre-Joseph Duport, et de Jean-Pierre Duport, mentionnés plus haut, fils d'un ancien procureur au bailliage du Graisivaudan.

Berard, notables, sont remplacés par Cheminade aîné, et Ennemond Hélie, propriétaire, officiers municipaux ; Charles Renauldon, homme de loi (1) ; Hugues Blanc, gantier ; André Gerboud aîné, notaire ; Claude Vallier cadet, marchand de draps ; Louis-Joseph Corréard aîné, toilier ; Antoine Michon, ancien avocat ; Gabriel Charvin, gantier ; Charbonnel, marchand ; Antoine Souveran, gantier, et Etienne Emery, officier de santé (2).

Ces nouveaux membres sont installés le 3 ventôse.

Épuration et complétement du même conseil général, par arrêté du représentant du peuple Borel, en mission dans les départements de l'Ain, de l'Isère, du Rhône, de la Loire et de Saône-et-Loire, daté de Grenoble du 9 prairial an III (28 mai 1795).

CORPS MUNICIPAL.

Pierre-François Arthaud, notaire, maire ;

Charles Bonin, ferblantier ; Antoine Dumas-Larochetière, homme de loi ; Jean-Baptiste Guillermety, épicier ; Etienne Marcel aîné, ancien employé d'administration ; Jean-Baptiste Dalban, ex-procureur au bailliage du Graisivaudan ; Jean-Pierre Ailloud, toilier ; Charles Cheminade aîné, cartier ; Ennemond Hélie aîné, propriétaire ; Pierre Raffin, peigneur de chanvre ; Charles Renauldon, homme de loi ; Gilles Ollagnier fils, orfèvre ; Claude Vallier cadet, marchand de draps ; Antoine Michon, ancien avocat, officiers municipaux ;

Jean-Laurent Martinais, ex-avoué, agent national ;

Jacques-François Laurent-Duchesne, ancien procureur au bailliage du Graisivaudan, substitut de l'agent national.

NOTABLES.

Pierre Breton, pharmacien ; André Lamouroux, payeur du département de l'Isère ; Barthélemy-Antoine Besson fils, vitrier ; Jean Chavand cadet, charpentier ; Jacques Ducreux père, ex-

---

(1) Depuis, maire de Grenoble.
(2) Père de Joseph-Augustin-Apollinaire Emery, chirurgien-major, médecin de Napoléon, à l'Ile d'Elbe, et après son retour en France pendant les Cent-Jours ; décédé au Grand-Lemps le 4 octobre 1821.

receveur des contributions; François Berlioz, marchand de draps; Victor Jat, officier de santé; François Michal père, ancien notaire à Voiron; Etienne Laville, gantier; Jean Dumoulin, chamoiseur; Pierre-Honoré Duport-Préville, homme de loi; Etienne Emery, officier de santé; Joseph Rivier, juge au tribunal civil du district de Grenoble; François Blanc, boulanger; André Gerboud aîné, notaire; Louis-Joseph Corréard, toilier; Jean-Laurent Bernard, caissier du payeur du département; Jacques Pellat, ex-avoué; Jean-Baptiste-Joseph-Charles Bernard, homme de loi (1); Antoine Barthelon, négociant; Pierre-Roch-André Blanc, ancien procureur au bailliage, ex-avoué; Hugues Dutrait-Deshayes, homme de loi; André Duhamel, gantier; Barbier, cultivateur; Antoine Mérand aîné, cultivateur; Pierre-César Lamorte fils aîné, tanneur; Rétif, ancien receveur des tailles; François Navizet père, chamoiseur; Charles Brunel père, ex-avoué.

Installés le lendemain 10 prairial.

§ XXIII. — *Organisation municipale de 1795 à 1800.*

Le conseil général de la commune, établi près de chaque municipalité par le décret de l'assemblée nationale du 14 décembre 1789, et divisé en corps municipal et en notables, fit place, en l'an IV (1795), à une administration municipale ou communale composée de sept membres dont l'un président, et d'un commissaire du pouvoir exécutif, remplaçant l'ancien agent national et chargé des fonctions d'officier de l'état civil, conformément à la constitution de l'an III et à la loi du 19 vendémiaire an IV (11 octobre 1795). Cette nouvelle organisation a duré jusqu'à la constitution de l'an VIII et à la loi du 28 pluviôse de la même année (17 février 1800), époque où fut créé, dans chaque commune, un maire assisté d'un conseil.

---

(1) Depuis, premier président de la cour royale de Limoges, ensuite conseiller à la cour de cassation.

Membres de l'administration municipale de Grenoble, du mois de brumaire an IV au mois de germinal an VIII (novembre 1795 à mars 1800).

1795-1796.

Élections (1) du 12 brumaire an IV (3 novembre 1795).

Administrateurs élus :

Hyacinthe-Camille Teisseire, liquoriste; Pierre Enfantin, ex-juge du tribunal civil du district de Grenoble; Joseph Martin, homme de loi, ex-administrateur du département de l'Isère; Léonard-Joseph Prunelle-Delières, ex-député à la convention nationale; Claude Gonnet, peigneur de chanvre; Antoine Baret, ancien plâtrier, entrepreneur; André Muret, ex-prêtre, commissaire des poudres.

Installés le lendemain 13 brumaire.

Martin, administrateur président.

Jean-Laurent Martinais, ex-agent national près de la commune de Grenoble, chargé par intérim des fonctions de commissaire du pouvoir exécutif près de l'administration municipale de la même ville.

Nicolas-Pierre Trembley, employé dans les bureaux du directoire du département, nommé commissaire du pouvoir exécutif près de l'administration municipale de Grenoble, par arrêté du directoire du 15 frimaire an IV (5 décembre 1795).

Enfantin et Prunelle-Delières, démissionnaires, sont remplacés par Joseph Chanriont aîné, peigneur de chanvre, et Claude Pascal, marchand fripier, le 4 frimaire an IV (25 novembre 1795).

Chanriont et Camille Teisseire, démissionnaires, sont remplacés par Charles Cheminade aîné, cartier, et Jean-Joseph-

---

(1) A ces élections furent d'abord nommés Joseph-Marie de Barral, ancien maire, et François Bernard, entrepreneur, qui donnèrent immédiatement leur démission, fondée sur ce qu'étant parents et alliés d'émigrés, ils se trouvaient incapables d'accepter aucune charge municipale, en conformité à la loi du 15 frimaire an IV : ils furent, le même jour, remplacés par Baret et Muret.

Antoine Balmet aîné, ancien négociant, le 9 pluviôse an IV (29 janvier 1796).

Élections du 7 germinal an V (27 mars 1797).

Administrateurs élus en remplacement de Muret, Pascal, Cheminade et Balmet, membres sortants:

Joseph-Jean Cousin, ancien procureur au parlement; Gilles Ollagnier, orfèvre; François Navizet, chamoiseur; André Gerboud aîné, notaire.

Installés le même jour 7 germinal.

Martin, continué président.

François Perret-Imbert, homme de loi (1), ex-administrateur du département de l'Isère, nommé commissaire du directoire près de l'administration municipale de Grenoble, en remplacement de Trembley, par arrêté du directoire exécutif du 7 floréal an V (26 avril 1797).

Cousin, Ollagnier, Navizet et Gerboud, destitués par arrêté du même directoire du 27 vendémiaire an VI (18 octobre 1797), comme prévenus d'avoir favorisé des prêtres non assermentés, exerçant clandestinement leur ministère, sont remplacés par Louis Grange, ex-prêtre, chapelier; Nicolas-Philippe Ducros, ex-juge du tribunal civil du district de Grenoble, André Julliard, gantier, et Victor Michal, homme de loi, ex-juge au même tribunal.

Ducros et Michal, démissionnaires, sont remplacés par Jean-Baptiste Bertier, épicier, ex-receveur du district de Grenoble, et Jean-Baptiste Verd, commissionnaire, le 16 brumaire an VI (6 novembre 1797).

Louis Grange, ex-prêtre, nommé commissaire du directoire près de l'administration municipale de Grenoble, par arrêté du directoire exécutif du 21 brumaire an VI (11 novembre 1797), est remplacé, le 7 frimaire an VI (27 novembre 1797), en sa qualité d'administrateur municipal, par Jean-Aimé Reverchon, géomètre.

---

(1) Depuis, député au conseil des Cinq-Cents, préfet du département de la Loire, décédé à Montbrison le 10 mars 1807.

Élections du 5 germinal an VI (25 mars 1798).

ADMINISTRATEURS ÉLUS :

Jean-Baptiste Berthier, ex-receveur du district de Grenoble ; André Julliard, gantier ; Claude Gonnet, peigneur de chanvre, pour rester en fonctions jusqu'aux élections de l'an VIII ; Jean-Baptiste Verd, commissionnaire ; Etienne Mollard, horloger ; Pierre-Henri Legrand, marchand de tabac, et Pierre-Jacques Pèlerin fils, ceinturonnier, pour sortir après une première année.

Installés le 1er floréal suivant.

Berthier, administrateur président.

Louis Grange, commissaire du pouvoir exécutif près de l'administration municipale de Grenoble.

Gonnet, démissionnaire, est remplacé par Noël Chabert, pharmacien, le 2 brumaire an VII (23 octobre 1798).

Etienne Mollard, démissionnaire, est remplacé par Pierre Cadou, imprimeur (1), le 8 frim. an VIII (30 nov. 1799).

§ XXIV. — *Organisation municipale actuelle.*

De conformité à la constitution de l'an VIII et à la loi du 28 pluviôse de la même année (17 février 1800), un maire, deux adjoints au maire et vingt-trois conseillers municipaux furent nommés à Grenoble, en l'an VIII, en remplacement de l'ancienne administration municipale. Ces deux premiers adjoints au maire furent : Louis Grange, ancien commissaire près de cette administration, et Joseph-Jean-Baptiste-Hippolyte Beaufort, ancien employé à l'intendance de Grenoble. Un troisième adjoint au maire a été créé par ordonnance royale du 28 décembre 1825. Cette dernière organisation municipale, successivement modifiée par les lois ultérieures, quant au mode d'élection ou de nomination, au nombre des membres et à la durée de leurs fonctions, est encore en vigueur quant au fond et au principe. Aujourd'hui, le conseil municipal de Grenoble est composé d'un maire, de trois adjoints au maire, et de vingt-trois conseillers municipaux : en tout 27 membres.

(1) Depuis, receveur principal des contributions indirectes.

Maires de la ville de Grenoble depuis l'année 1800 (*an VIII*)
jusqu'en 1845.

MM.

Joseph-Marie de Barral, ancien maire, nommé par arrêté du premier consul, du 8 germinal an VIII (29 mars 1800).

Louis Royer aîné, ex-procureur général, syndic du département de l'Isère, nommé par arrêté du premier consul du 2 thermidor an VIII (21 juillet 1800), non acceptant (1).

Charles Renauldon, ancien officier municipal de Grenoble, nommé par arrêté du même consul, du 28 fructidor suivant (15 septembre 1800).

Pierre Giroud, receveur général du département de l'Isère, nommé par décret impérial du 22 avril 1815.

Charles-Laurent-Joseph-Marie Mascrani-Planelli-de-la-Valette, ancien adjoint au maire, nommé par ordonnance royale du mois de juillet 1815 (2).

Jean-François-Calixte de Pina, adjoint au maire, nommé en 1816 (3).

Joseph-Jean-Baptiste-Hippolyte Beaufort, ancien adjoint au maire et ancien secrétaire général de la préfecture de l'Isère, nommé par ordonnance royale du 23 septembre 1818, non acceptant.

Alexandre Royer-Deloche, ancien procureur général près de la Cour impériale et royale de Grenoble, nommé maire par ordonnance royale du 14 octobre 1818 (4).

De la Valette, ancien maire, renommé par ordonnance royale du 10 août 1820.

De Pina, ancien maire, renommé par ordonnance royale du 26 août 1824.

---

(1) Depuis, conseiller de préfecture du département de l'Isère; fils d'Etienne Royer, avocat, consul de Grenoble de 1775 à 1778 compris.

(2) Depuis, membre de la chambre des députés, préfet du département du Gard.

(3) Depuis, membre de la chambre des députés.

(4) Frère de Louis Royer aîné, précité.

Une commission de mairie est formée par arrêté du préfet de l'Isère, en remplacement de M. de Pina, démissionnaire, pendant le gouvernement provisoire de 1830; elle est composée de:

MM. Félix Penet, négociant; Vincent Rivier, notaire; Hyacinthe-Camille Teisseire, ancien négociant.

MM.

Félix Penet, négociant, nommé maire par ordonnance royale du 16 août 1830 (1).

Vincent Rivier, notaire, nommé par ordonnance royale du 25 décembre 1831.

Honoré-Auguste Berriat, sous-intendant militaire en retraite, nommé par ordonnance royale du 29 janvier 1835.

Anne-César-Loup-Arthur Copin-de-Miribel, ancien officier de cavalerie, nommé par ordonnance royale du 8 avril 1842 (2).

Marc-Joseph-Frédéric Taulier, professeur à la faculté de droit, adjoint au maire, nommé par ordonnance royale du 16 février 1845 (3).

---

(1) Depuis, membre de la chambre des députés et du Conseil général du département de l'Isère.
(2) Pierre Copin, procureur au parlement de Grenoble, consul en 1640, était de cette famille, ennoblie, en 1652, en la personne d'Ennemond Copin, avocat au même parlement.
(3) Auteur de la *Théorie raisonnée du Code civil*.

FIN DU TOME Ier.

TABLE DES MATIÈRES

Contenues dans le Tome Ier de l'Histoire municipale.

Préambule.................................page 5
Chap. 1. — Immunités romaines à Grenoble........ 9
— 2. — Immunités sous les Bourguignons et sous les rois francs..................... 14
— 3. — Traces d'une organisation municipale à Grenoble, aux Xe, XIe et XIIe siècles.. 16
— 4. — Charte municipale de Grenoble de 1244.. 21
— 5. — Concession de nouvelles franchises en 1294............................. 26
— 6. — Charte du 1er décembre 1316........... 31
— 7. — Nouvelles libertés et nouveaux privilèges 39
— 8. — Confirmation des franchises déjà accordées............................. 46
— 9. — Prestation de serment des Dauphins et des évêques pour l'observation des franchises........................ 49
— 10. — Même serment prêté par les officiers du Dauphin et de l'évêque............. 51
— 11. — Prestation de serment de fidélité par les habitants de Grenoble............... 52
— 12. — Noms des habitants de Grenoble qui prêtèrent serment de fidélité en 1350.... 53
— 13. — Plaintes, émeutes et séditions des habitants de Grenoble 56
— 14. — Faits et actes des consuls pour la défense des libertés de la ville.......... 61

Chap. 15. — Atteintes portées aux franchises de Grenoble par Louis XI.................. 75
— 16. — Régime consulaire depuis l'époque la plus reculée jusqu'en 1790.......... 78
— 17. — Costume, rang, présence des consuls... 104
— 18. — Exemptions de péages................ 114
— 19. — Liste des consuls de Grenoble, de 1244 à 1790............................ 119
— 20. — Office des anciens maires de Grenoble, de 1692 à 1737.................... 199
— 21. — Office du lieutenant du maire et des consuls, en 1702 et 1704............... 206
— 22. — Organisation municipale à Grenoble, de 1790 à 1795.................... 207
— 23. — Organisation municipale, de 1795 à 1800. 226
— 24. — Organisation municipale, de 1800 à 1845. Liste des maires.............. 229

www.ingramcontent.com/pod-product-compliance
Lightning Source LLC
Chambersburg PA
CBHW071907160426
43198CB00011B/1203